□浙江大学环境与能源政策研究中心

本书为国家社科基金项目"新型城镇化背景下我国清洁能源发展战略、激励机制与政策工具研究"（15CZZ025）最终成果，结项证书号：20190563。

A Multi-dimensional Perspective of China's Clean Energy Revolution

浙江大学公共管理蓝皮书系列

A Multi-dimensional Perspective of China's Clean Energy Revolution

多维视野下的中国清洁能源革命

周云亨 著

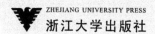

ZHEJIANG UNIVERSITY PRESS
浙江大学出版社

目　　录

绪　　论

第一部分　发展战略篇

第二部分　供需管理篇

绪　　论

美国麻省理工学院(MIT)的 Solow 曾说过一段既风趣又实在的话:"如果世界上有瑞士人的生产率、中国人的消费习惯、瑞典人的平均主义天性、日本人的社会秩序,那么这个地球就能承受数倍于今天的人口而任何人都不至于贫困。相反,如果人类有乍得人的生产率、美国人的消费习惯、印度人的平均主义天性、阿根廷人的社会秩序,那么这个地球就可能无法承受现有的人口数。"[①]然而,得益于中国经济的腾飞,中国人的消费习惯与美国人日益趋同。进入 21 世纪以来,随着工业化、城市化和机动车化在中国的迅速推进,中国消费者的能源消费模式也越来越向美国人看齐。由于中国的人口基数远远超过美国,随着国内人均能源消耗量的快速增长,中国已于 2009 年超越美国成为全球最大的能源消费国,而煤炭独大的能源消费结构更是导致中国早在 2006 年便已超越美国成为全球最大的碳排放国。[②] 时至今日,如何确保能源供应、降低碳排放不仅是我国城镇化进程中面临的重大挑战,也是国际社会关注中国的焦点问题之一。

一、选题缘起及研究意义

自改革开放以来,中国经历了快速的城镇化进程,取得了举世瞩目的成就,同时也产生了严重的资源与环境问题。无论是从城镇人口总量,还是每年净增量看,中国的城镇化规模都已跃居全球首位。事实上,中国仅用了四十年时间就将本国城镇人口从 1978 年的 1.7 亿提升至 2018 年的 8.3 亿,[③]相当于美国与欧盟当年人口规模的总和,这无疑是人类发展史

---

① 转引自邹艳芬.中国能源安全测度[M].南昌:江西人民出版社,2009:40.

② BP. BP Statistical Review of World Energy 2017 [DB/OL]. 2017:47. [2017-12-01]. https://www.bp.com/content/dam/bp/en/corporate/pdf/energy-economics/statistical-review-2017/bp-statistical-review-of-world-energy-2017-full-report.pdf.

③ 国家统计局.2018 年国民经济和社会发展统计公报[EB/OL]. (2019-02-28) [2019-03-08]. http://www.stats.gov.cn/tjsj/zxfb/201902/t20190228_1651265.html.

上的奇迹。中国快速的城镇化进程导致了本国能源消费的快速增长。据英国石油公司(BP)统计,2007年至2017年间中国年均能源需求增速高达3.9%,远高于世界各国同一时期1.5%的能源需求增速。2018年中国的全年能源消费总量高达32.74亿吨标准油,占全球总量的23.6%,比紧随其后的能源消费大国美国与印度当年的能源消费总量还要高出1.64亿吨标准油。[①]

如此庞大的能源消费量导致中国面临着越来越大的能源供应缺口,同时能源行业需要面对极大的温室气体减排压力。仅以石油为例,自1993年成为石油净进口国以来,中国仅用了短短20多年的时间就一跃成为全球最大的石油进口国。2017年中国的原油进口量已经高达4.188亿吨,相当于全球原油贸易总量的五分之一。石油对外依存度的迅速攀升使得中国经济对国际油价的高涨十分敏感。海关数据显示,2017年中国原油进口额高达1623亿美元,比上年增长39%。[②] 与此同时,2017年中国温室气体排放量已经高达92.33亿吨,占全球总量的27.6%,相较而言,美国与欧盟成员国当年的温室气体排放总量占全球排放总量的25.8%。[③] 这使得目前我国在能源与环境领域面临着前所未有的节能减排的压力,同时也意味着过去高投入、高消耗、高排放的工业化、城镇化发展模式难以为继。[④]

中国政府已经意识到推动能源革命和追求绿色低碳发展的重要性与紧迫性。早在2014年,国家主席习近平就明确提出要推动能源的消费革

---

① BP. BP Statistical Review of World Energy 2019[DB/OL]. 2019:8. [2019-07-15]. https://www.bp.com/content/dam/bp/business-sites/en/global/corporate/pdfs/energy-economics/statistical-review/bp-stats-review-2019-full-report.pdf.

② 田春荣.2017年中国石油进出口状况分析[J].国际石油经济,2018(3):11-13.

③ BP. BP Statistical Review of World Energy 2018 [DB/OL]. 2018:49. [2018-07-20]. https://www.bp.com/content/dam/bp/en/corporate/pdf/energy-economics/statistical-review/bp-stats-review-2018-full-report.pdf.

④ 中华人民共和国国家发展和改革委员会发展规划司.国家新型城镇化规划(2014-2020)[EB/OL]. (2016-05-05)[2018-01-20]. http://ghs.ndrc.gov.cn/zttp/xxczhjs/ghzc/201605/t20160505_800839.html.

命、供给革命、技术革命和体制革命,并且通过国际合作加快我国能源转型发展。^① 为了推动能源革命向纵深发展,国家发展改革委与国家能源局制定了到 2030 年中国将能源消费总量控制在 60 亿吨标准煤以内的发展目标,其中非化石能源占能源消费总量比重达到 20% 左右,天然气占比达到 15% 左右,清洁能源将成为未来我国能源增量的主体。^② 此外,中国政府还在"十三五"规划中提出了创新、协调、绿色、开放和共享的发展理念。绿色发展已经成为新时期我国经济与社会发展的重要组成部分。在发展思路上,"十三五"规划明确提出坚持节约资源与保护环境的基本国策,全面推进能源的节约利用,加快绿色环保产业的发展,有效应对全球气候变化。^③

对于中国而言,积极推进能源生产与消费革命,努力倡导绿色发展方式与生活方式,不单是为了应对温室气体减排的国际压力,更是加快产业转型升级、推进新型城镇化以及建设美丽中国的必要之举。^④ 首先,为了应对气候变化,中国政府已经明确提出到 2020 年本国的单位 GDP 二氧化碳排放量要比 2005 年下降 40%～45% 的目标,到 2030 年左右二氧化碳排放量达到峰值,并争取尽早达峰,届时单位国内生产总值二氧化碳排放量比 2005 年下降 60%～65%。^⑤ 如果从能源生产与消费的角度看,这意味着中国不仅应增加清洁能源供应总量,而且需要提升能源利用效率,

---

① 习近平:积极推动我国能源生产和消费革命[EB/OL]. (2014-06-13)[2015-01-03], http://news.xinhuanet.com/politics/2014-06/13/c_1111139161.htm.

② 国家发展改革委,国家能源局.能源生产和消费革命战略(2016-2030)[EB/OL]. 2016:8-9.[2017-06-01]. http://www.ndrc.gov.cn/zcfb/zcfbtz/201704/t20170425_845284.html.

③ 新华社.中华人民共和国国民经济和社会发展第十三个五年规划纲要[EB/OL]. (2016-03-17)[2016-05-05]. http://www.xinhuanet.com/politics/2016lh/2016-03/17/c_1118366322.htm.

④ 习近平.决胜全面建成小康社会　夺取新时代中国特色社会主义伟大胜利:在中国共产党第十九次全国代表大会上的报告[EB/OL]. (2017-10-27)[2017-12-01]. http://www.gov.cn/zhuanti/2017-10/27/content_5234876.htm.

⑤ 新华社.强化应对气候变化行动:中国国家自主贡献(全文)[EB/OL]. (2015-11-19)[2017-11-30]. http://www.scio.gov.cn/xwfbh/xwbfbh/wqfbh/2015/20151119/xgbd33811/Document/1455864/1455864.htm.

降低能源消费强度。其次,服务业发展、城市化进程与大气污染治理将带动清洁能源消费持续增长。以天然气为例,发达国家的经验数据表明,服务业比重每提高 1 个百分点,天然气占能源消耗的比重提高 0.84 个百分点。服务业比重之所以与天然气比重高度关联,一方面得益于经济的发展,特别是服务业的发展,人们对高品质能源的需求随之增加;另一方面,与服务业比重上升相伴的城市化进程,以及对更清洁空气的需求,将是推动能源清洁化的重要驱动力。从发达国家发展历程来看,天然气占能源消费的比重与微细颗粒浓度高度关联,天然气消费比重上升,颗粒物的浓度就会下降。[①]

很显然,要想解决本国发展进程中面临的资源与环境问题,中国亟须加快能源转型进程,优化本国的能源结构。然而,究竟怎样的能源结构才是优化的能源结构? 在经济发展仍然有赖于能源供给持续增长的今天,中国又该如何加快能源转型,实现能源结构的优化? 尽管这些问题的答案仁者见仁,智者见智,不过大体而言,要想解决这些问题,离不开技术和制度这两个要素。技术的重要性自不必言,但是制度因素同样至关重要。这点诚如世界银行所言,中国的资源与环境问题产生的根源主要是制度性的,但大多数环境政策的制定偏重于狭义的技术与工程解决方案,而不是体制和经济上的解决方法。[②] 换言之,尽管发展阶段难以逾越,但我国的能源体制政策环境存在着巨大的改善空间。有鉴于此,如何保持本国经济、能源与环境的可持续发展,已成为中国在新时期面临的一个重大战略问题,而从制度与政策层面探讨新型城镇化背景下我国清洁能源产业发展,则兼具理论与现实意义。

[①] 国务院发展研究中心,壳牌国际有限公司.中国天然气发展战略研究[M].北京:中国发展出版社,2015:9.

[②] 世界银行,国务院发展研究中心.中国:推进高效、包容、可持续的城镇化(总报告)[R/OL]. 2014: 31. [2015-01-03]. http:// www. cssn. cn/dybg/gqdy _ ttxw/201403/W020140328524920426573.pdf.

二、国内外研究现状述评

工业化带动城市化,城市化促进市郊化,市郊化催生机动车化,这是自工业革命以来能源问题产生的根源。学术史表明,节能开篇之作《煤炭问题》在工业革命发源地英国问世绝非偶然。在这本书中,经济学家杰文斯(William Stanley Jevons)提出,提高煤炭利用效率只会加快煤炭的消耗与枯竭速度,这是因为煤炭开采与利用技术的改进会导致煤炭价格走低,这反而会刺激人们更多地使用煤炭资源。在他看来,解决问题的方案同时也是问题产生的根源。[①]　由此,如何化解化石能源的有限存量与工业化、城市化、机动车化导致的需求增长之间的矛盾,便成了能源专家难以回避的议题。

对此,罗马俱乐部显然属于悲观派。米都斯(Dennis L. Meadows)等人强调,由于人类对资源的需求呈指数增长,自然资源将会难以为继。他们预言,即便对尚未发现的资源储量、技术进步、替代品或者再循环等有最乐观的设想,包括化石燃料在内的大多数不可再生资源在未来一个世纪都会变得极其昂贵。[②]　而以西蒙(Julian Lincoln Simon)为代表的经济学家属于乐观派,他们认为科技进步将扩大人类对自然资源开发利用的范围,市场将自动调节资源开发强度。西蒙认为,两方面原因使得以往的研究对于资源枯竭的技术预测难以令人信服:一方面,无论基于何种严密定义,地球的资源储量在任何时候都难以精准评估,这是因为各种资源只有在需要时才会被找寻与开采;另一方面,即便能够精确地掌握自然资源的数量,那也没有什么经济意义,因为人类有能力通过开发替代品来满足自身所需。[③]

[①]　Jevons W S. The Coal Question: An Inquiry Concerning the Progress of the Nation, and the Probable Exhaustion of Our Coal-mines [M]. London: Macmillan, 1866.

[②]　米都斯. 增长的极限:罗马俱乐部关于人类困境的报告[M]. 李宝恒,译. 长春:吉林人民出版社,1997:37.

[③]　西蒙. 没有极限的增长[M]. 黄江南,朱嘉明,译. 成都:四川人民出版社,1985:33.

　　针对在可预见的未来是否会出现资源枯竭的问题，几乎没有一种重要的矿产资源表现得比石油更具有争议性。1956年，美国地球物理学家哈伯特（King Hubbert）在美国石油学会年会上提出了石油峰值理论。他强调，石油并非是取之不尽、用之不竭的燃料，当现有可采资源被消耗掉一半的时候，石油产量将到达峰值。哈伯特认为，在此之后，随着时间的推移，石油的产量将以原先增长的速度下降，这一化石燃料的生产数据与钟形曲线相似。[1]　此后，哈伯特的追随者们甚至预言，当哈伯特峰值到来，而不是等到地底下的石油资源枯竭时，石油危机就会发生。换言之，当人类用掉了现有石油的一半而不是全部时，我们就将陷入能源困境。[2]

　　然而，在乐观派看来，哈伯特忽略了两个重要的因素：技术进步与价格激励机制。在这些学者看来，一方面，目前人类所开发利用的主要是常规油气资源，这仅仅占到全球油气资源金字塔尖上的一小部分，而地球上蕴藏着极其丰富的非常规油气资源。随着油气勘探开发技术的不断进步，人类对油气资源的开发和利用能持续成百上千年。[3]　另一方面，油气可采储量并非只是一个物理概念，它仅仅代表了地底下油气资源的固定数量。它也不只是一个技术概念，因为随着技术的进步可以将原本无法获取或者经济上并不可行的资源变成可采储量。更重要的是，它还是一个经济概念，即在现行价格条件下能够采出的油气储量。在利润的驱动下和供求规律的作用下，高昂的价格会激励技术创新，鼓励人们寻找独创性的工艺以增加油气产量。[4]

　　值得庆幸的是，迄今为止，罗马俱乐部和石油峰值论的追随者关于资源枯竭的预言并未成为现实，油气勘探技术的进步和新的油气储量的发

---

①　Hubbert M K. Nuclear Energy and the Fossil Fuel [C] // Drilling and Production Practice. American Petroleum Institute，1956.

②　Campbell C J，Duncan R C. The Coming Oil Crisis [M]. Brentwood，Essex，UK：Multi-Science Publishing，1997.

③　戈雷利克.富油？贫油？[M].兰晓荣，刘毅，吴文洁，译，北京：石油工业出版社,2010：4.

④　耶金.能源重塑世界（上）[M].朱玉犇，阎志敏，译.北京：石油工业出版社,2012：20.

现,一次次将石油峰值理论的预言打破。目前,随着页岩气革命的推进,非常规油气资源正成为油气供应的重要组成部分。不仅如此,为了更好地解决资源与环境问题,目前已经有越来越多的国家大规模推广风能、太阳能和其他可再生能源。可以说,当前可供人类开发利用的能源资源远比先前时代丰富。这一点或许正如沙特阿拉伯前石油部长亚马尼所言,人类走出石器时代并非因为石头的匮乏,同样,石油时代的终结也将远远早于地球石油资源枯竭的时刻。

然而,两派之间的争论并未平息。进入 21 世纪后,双方争论的焦点已经从资源枯竭问题转向了环境危机问题。比约恩·隆伯格(Bjorn Lomborg)等一些乐观派学者通过大量实例论证了悲观主义者对于暗淡的环境前景的预测缺乏依据,而其代表作《环境怀疑论者》也在欧美国家畅销一时。[①] 尽管如此,国际社会对于全球变暖的担忧却是有增无减。事实上,联合国政府间气候变化专门委员会(Intergovernmental Panel on Climate Change,IPCC)的研究结论日益明确化——全球气候变暖已毋庸置疑,化石能源的大规模使用带来的温室气体排放极有可能是导致这一现象的主要原因。这促使国际社会于 2015 年 12 月 12 日在法国巴黎通过了应对气候变化的《巴黎协定》。[②]

为了有效应对全球资源与环境问题,一些学者开始探讨如何加快全球能源转型进程。加拿大学者瓦茨拉夫·斯米尔(Vaclav Smil)提出了能源转型理论。他认为能源转型最重要的评判标准在于是否出现了能极大改善能源转换效率的"原动机"(prime movers),使人类社会可以利用的能量数量级得以大幅提高。根据这一评判标准,迄今为止人类已经历

---

① Lomborg B. The Skeptical Environmentalist:Measuring the Real State of the World [M]. Cambridge:Cambridge University Press,2001.

② IPCC 在第五次评估报告(AR5)中认为,全球的气候暖化至少有 95% 是人为因素造成的,高于该机构在《气候变化 2007:综合报告》中所称的 90% 和《气候变化 2001》中所称的 66%,请参见联合国政府间气候变化专门委员会. 气候变化 2014 综合报告:决策者摘要[EB/OL]. 2014:20. [2016-04-05]. https:// www. ipcc. ch/pdf/assessment-report/ar5/syr/AR5_SYR_FINAL_SPM_zh. pdf.

了四次能源转型,而向天然气作为单一能源转型将是第五次转型。[①] 美国学者杰里米·里夫金(Jeremy Rifkin)认为,当前的能源转型前景将取决于20年后政府与工业发展成何种状态,是固守已经衰落的第二次工业革命的夕阳能源、技术与基础设施,还是选择蓬勃发展的第三次工业革命带来的朝阳能源、技术与基础设施。概言之,在他看来,互联网与可再生能源结合将引发第三次工业革命。[②]

　　工业化与城市化的快速扩展使能源问题同样成了中国需要面对的重大挑战。尽管政府曾努力探索新型的工业化与城镇化发展道路,但是中国未能成功地规避发达国家曾经遭遇的一系列能源问题。不仅如此,鉴于其庞大的规模,中国在工业化、城市化、机动车化进程中所面临的挑战也远远超过了其他国家。针对中国在城镇化进程中面临的能源与环境挑战、清洁能源发展战略等议题,不少机构与学者提出了各自的观点和意见。

　　首先,中国快速的城镇化发展速度,以及庞大的能源消费需求,意味着传统的城镇化发展模式已经难以为继。陆大道等学者指出,自改革开放以来,中国城镇化发展速度远比发达国家快得多。中国仅用了20余年时间就将本国的城镇化率从20%提高到了40%的水平,相较而言,英国、法国、德国、美国和日本实现这一跨越分别经历了120、100、80、40和30年。[③] 鉴于城镇人口的人均能耗是农村人口的3~4倍,中国超大规模的城镇化进程自然会导致国内能源消耗的快速增长。[④] 据国家发展改革委与国家能源局测算,我国城镇化率每提高一个百分点,每年就会增加相当于8000万吨标准煤的能源消费量。[⑤] 城镇化进程之所以会导致能源消费的激增,主要源于它极大地改变了人们的生活方式(见图1)。以交通领域为例,

---

　　① Smil V. World History and Energy [J]. Encyclopedia of Energy, 2004(6):549-561.

　　② 里夫金.第三次工业革命[M].张体伟,孙豫宁,译.北京:中信出版社,2012:130.

　　③ 陆大道,陈明星.关于"国家新型城镇化规划(2014—2020)"编制大背景的几点认识[J].地理学报,2015(2):183.

　　④ 林伯强.高级能源经济学[M].北京:中国财政经济出版社,2009:15.

　　⑤ 国家发展改革委,国家能源局.天然气发展"十三五"规划[EB/OL].2016:5.[2017-12-03]. http://www.ndrc.gov.cn/zcfb/zcfbghwb/201701/W020170119368974618068.pdf.

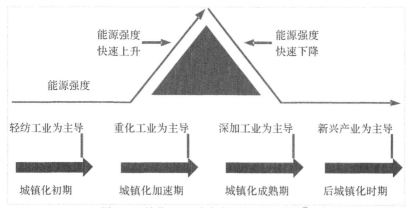

图 1　城镇化、工业化与能源强度的关系[1]

大规模的城镇化进程迅速推动了我国汽车时代的到来。自 2009 年首次超过美国成为全球最大的汽车市场以来,中国一直稳居全球第一大汽车销售市场的宝座。2017 年我国汽车销量高达 2912.25 万辆,已经占据全球销售总量的 30%。[2] 随着城镇化率的提高,城市地区能源消费量占中国能源消费总量的比重越来越高,据国外学者 2006 年的统计,尽管中国的城镇人口仅为全国人口总数的一半左右,但其能源消费量已占全国消费总量的四分之三,他们预计到 2030 年这一比重还将进一步增至 83%。[3]

　　鉴于工业化进程、城市基础设施建设以及交通运输发展都将导致碳排放的增长,国内有学者通过实证分析指出,城市化是我国最近十年来碳

①　该图受清华大学倪维斗院士的工业化与能源强度关系图启发而创.参见倪维斗.困局与突破:倪维斗院士谈能源战略[M].上海:上海辞书出版社,2012:95.

②　中商产业研究院.2017 年度全球各国家汽车销量排行榜[EB/OL].(2018-07-09)[2018-09-03].http://finance.eastmoney.com/news/1355,20180709902986818.html.

③　Kamal-Chaoui L,Cointreau M. Better Cities,Better Planet:Examples of Governing against Climate Change from OECD Countries [M]. Urban Competititive and Innovation. Cheltenham:Edward Elgar Publishing,2014:30.

排放快速增长的主要驱动因素之一。^① 由于能源消费规模惊人，世界银行警告称，如果不采取有力措施降低能耗强度并提高环保标准，中国将会不可避免地陷入"高消耗、高污染、低效率"的怪圈，在未来几十年被锁定在代价高昂、不可持续的道路上。^② 幸运的是，中国政府已经意识到将传统发展模式转变为可持续发展模式的必要性。据卢安武（Amory B. Lovins）观察，自"十一五"规划开始，中国已成为全球唯一的将提高能效作为本国战略重点的国家，同时它也是唯一的在过去 25 年里将能源生产率累年提高超过 5 个百分点的国家。^③

其次，学者们普遍认同，中国新型城镇化发展战略的顺利实施离不开清洁能源的大规模推广与应用。然而，对于哪些能源是清洁能源，目前学界尚未有定论。倪维斗重点关注能源的供应安全，强调煤的低碳利用将是能源转型的核心问题。他认为化石能源尤其是煤炭在未来二三十年内仍将是我国的主要能源。有鉴于此，如果不在煤的清洁利用上做文章，其他一切都是空谈，低碳只会是一句口号。^④ 迈克尔罗伊（Michael B. Mcelroy）更加关注能源的使用安全，主张人类应从化石能源模式转向更多地依靠可再生能源的模式。他认为中国经济的发展模式以及政府的调控能力将有助于中国成为全球主要的可再生能源生产国。^⑤ 相较于前两位学者更关注特定能源而言，华贲更加倾向于采取能源多元化的发展路线。他认为能源向低碳转型将经历数十年的时间，未来低碳能源的情景包括：(1)主要由核能与可再生能源发出的电力将占终端用能的大部分；(2)工业、建筑物的高、中温热能由核能、太阳能（热发电）以及天然气

① 刘明达,尤南山,刘碧寒.基于城市样本的中国城市化与碳排放相关性实证研究[J].地理与地理信息科学,2018(2):73-78.
② 世界银行东亚和太平洋地区基础设施局,国务院发展研究中心产业经济研究部.机不可失:中国能源可持续发展[M].北京:中国发展出版社,2007:8.
③ 卢安武.洛基山研究所.重塑能源:新能源世纪的商业解决方案[M].秦海岩,鉴衡认证中心,译.长沙:湖南科学技术出版社,2015:前言.
④ 倪维斗.困局与突破:倪维斗院士谈能源战略[M].上海:上海辞书出版社,2012:139.
⑤ 迈克尔罗伊.能源:展望、挑战与机遇[M].王聿绚,译.北京:科学出版社,2011:序.

CCHP 联供;(3)交通运输能源领域插电式和氢燃料电动车替代汽油车,生物质直接或通过 LNG 替代柴油和航煤;(4)有机化工原料,由带 CCS 的生物质、部分煤炭和石油替代单一的石油化工。[①]

最后,绿色低碳发展是新型城镇化的题中应有之义,不过要想实现这一目标,需要对本国的发展战略、体制机制等方面进行深入改革。由于中国的城市人口密度,以及城镇人口规模要远高于美国,卡尔索普(Peter Calthorpe)认为,中国不应只为了追求 GDP 增长目标,而效仿美国建立起以私家车为导向的城市交通模式。[②] 林伯强指出,制约清洁能源规模化、商业化发展的根源在于,我国的能源价格机制未能体现化石能源的资源与环境成本。[③] 罗梅诺(Giulia C. Romano)则指出,中国城市建筑节能成效不彰,主要是受节能法规的目标不明确、执行力不强以及建筑行业从业人员缺乏节能专业技能等因素制约。[④]

为了加快建立清洁、可持续的能源系统,清华大学环境资源与能源法研究中心提出,政府应将财政激励作为引导能源科技进步的主要手段,以保证对社会整体效益巨大而风险高、回报低的能源技术的持续投入,为能源效率技术、清洁能源技术营造更加良好的市场环境。[⑤] 麦肯锡全球研究院则在其政策建议中提出,中国各级政府需要对城市的能源需求加以管理,而非仅仅将政策聚焦于确保能源的稳定供应。为了将能源效率的改善转化为具体效益,政府需要认真制定并且严格监督和贯彻国家级标

---

①　华贲.天然气与中国能源低碳转型战略[M].广州:华南理工大学出版社,2015:序.

②　卡尔索普,杨保军,张泉.TOD 在中国:面向低碳城市的土地使用与交通规划设计指南[M].北京:中国建筑工业出版社,2014:序.

③　林伯强,蒋竺均.中国能源补贴改革和设计[M].北京:科学出版社,2012:6.

④　Romano G C. The Energy Transition and Energy Security of Cities: The Urban Dimension of Chinese Energy Issues [M] // Romano G C, Meglio J F. ed. China's Energy Security: A Multidimensional Perspective. London: Routledge. 2016:235-236.

⑤　清华大学环境资源与能源法研究中心课题组.中国能源法(草案):专家建议稿与说明[M].北京:清华大学出版社,2008:145-147.

准和激励方案。① 潘家华等学者认为,气候变化既是一个环境问题,也是一个发展问题,归根到底还是一个发展问题。如果能够大规模地利用水电、风能、太阳能等零碳能源,那么中国就有可能不必在发展空间与排放空间之间作取舍。②

综上所述,已有的研究大多认同当前我国正面临着能源消耗和排放限制的双重制约,继续推动能源生产与消费革命,追求人口、经济、社会、资源以及环境相协调的发展模式,是确保我国实现可持续发展的必由之路。然而,相较于中国在资源与环境领域面临的巨大挑战,当前研究未能在以下几方面作出很好的回应:(1)在研究议题方面,已有的研究大多相对孤立地探讨清洁能源革命、新型城镇化、能源安全抑或节能减排的重要性,未能将这些议题密切地结合在一起谈论,由此也导致了在战略规划以及政策创新方面未能很好地协调或兼顾多重发展目标;(2)在研究视角方面,已有的研究大多侧重于探讨我国在推进清洁能源革命进程中所面临的资源与环境挑战,而未能充分意识到在全球化背景下我国深度参与全球资源配置所蕴藏的重大机遇;(3)在政策建言方面,已有研究对"市场失灵"和"政府失灵"的论述较多,对如何建立激励和约束机制的讨论较少,对能源与环境政策工具的介绍较多,对它们在不同政策环境中之适用性的探讨不够充分。

有鉴于此,本项课题将主要针对新型城镇化背景下我国如何加快清洁能源的发展展开研究。本项研究力求从多维的视角考察和分析中国在能源转型领域面临的机遇与挑战,以便在学理上厘清清洁能源革命、新型城镇化、能源安全以及节能减排等议题的内在联系,为清洁能源的发展提

---

① McKinsey Global Institute. Preparing for China's Urban Billion [EB/OL]. 2009. [2015-01-03]. https:∥www.mckinsey.com/~/media/McKinsey/Featured% 20Insights/Urbanization/Preparing% 20for% 20urban% 20billion% 20in% 20China/MGI_Preparing_for_Chinas_Urban_Billion_full_report.ashx.

② 潘家华,庄贵阳,朱守先,等.低碳城市:经济学方法、应用与案例研究[M].北京:社会科学文献出版社,2012:7-8.

供理论支撑，为我国建设多元、高效、开放、有竞争性的清洁能源市场提供政策参考，以为我国如期实现清洁能源发展目标贡献一分绵薄之力。

三、基本概念与研究方法

能源的种类相当丰富，其定义同样很多，目前约有 20 种。《大英百科全书》有一个较为典型的定义："能源是一个包括所有燃料、流水、阳光和风的术语，人类用适当的转换手段便可让它为自己提供所需的能量。"《科学技术百科全书》则将能源定义为可从其获得热、光和动力之类能量的资源。概言之，能源是一种呈多种形式并且可以相互转换的能量的源泉。[①]

与之类似，清洁能源的定义也有很多种。传统意义上，清洁能源是指不排放污染物的能源。以此作为标准，煤炭、石油、天然气等化石能源由于在燃烧过程中产生污染物，因而被归为非清洁能源，而风能、水能、潮汐能、生物质能以及太阳能等可再生能源由于不排放污染物，则归为清洁能源。尽管这一定义本身非常简明，但它仍然不乏争议性。这不仅仅是因为目前各国对于温室气体是否属于污染物尚无定论，若从全生命周期看，目前几乎没有一种能源在其开发利用过程中是绝对清洁的，即便是风力发电和太阳能发电，也会在其零部件的生产过程中污染甚至破坏环境。[②]

有鉴于此，更为可取的做法或许不是将清洁能源作简单的分类，而应基于全产业链视角，将清洁能源视作能源的可持续、高效与系统化利用的综合技术体系。换言之，清洁能源是指在其生产与消费全过程中，具有先进的转化利用效率与良好的经济性，对生态环境产生低污染或者无污染

① 中华人民共和国自然资源部. 能源的概述及分类[EB/OL]. (2012-02-16)[2018-12-09]. http://www.mlr.gov.cn/wskt/201202/t20120216_1064092.htm.

② Gallagher K S. The Globalization of Clean Energy Technology：Lessons from China [M]. Cambridge：The MIT Press，2014：13-14.

的能源。如此定义的好处在于,它不但强调了能源的环境属性,同时考虑了能源开发利用的经济属性。[①] 不仅如此,采用这一定义除了能涵盖可再生能源等狭隘意义上的清洁能源种类,还可以将提高能源效率纳入其中进行探讨。事实上,鉴于其重要性,能效已经普遍被视为是除石油天然气、煤炭、水能、核能这四种主要能源以外的第五种能源。[②] 此外,鉴于中国尚未完成从煤炭时代向油气时代的转变,而大力发展天然气对于加快国内能源转型具有特殊意义,本项研究将天然气纳入清洁能源研究范畴。尽管同属于化石燃料的石油并非清洁能源,不过鉴于国际油价走势与能源转型的关联性,以及国际石油贸易与海外石油投资在中国国际能源合作中的地位,因此本项研究并未回避石油议题。而煤炭与核能的开发和利用,由于在环保、安全或者公众接受度等方面存在着较大的争议,本项研究并未对它们展开研究(参见表1)。

表 1 "化石能源""可再生能源"和"清洁能源"概念辨析

名　称	化石能源	可再生能源	清洁能源
核心定义	能源资源的不可再生性	能源利用的资源可再生性	能源利用的环境与经济属性
研究视角	基于资源储量的视角	基于利用及储量的视角	基于可持续发展的视角
基本形态	煤炭、石油、天然气等	风能、太阳能、水能、生物质能、地热能等	可再生能源、天然气、能效等
关键区别	不包括可再生能源、核能和能效	不包括化石能源、核能和能效	不包括以煤炭为主的化石能源以及核能

与"清洁能源"建基于"可再生能源"相类似,"新型城镇化"的概念也

[①] 张玉卓.中国清洁能源的战略研究及发展对策[J].中国科学院院刊,2014(4):431-432;赵中华.中国城市清洁能源评价方法研究[D].北京:北京化工大学,2007:12.

[②] 除了各国政府大多十分重视提高能效外,国际能源署等机构极为重视能效政策评估,而彭博新能源财经等商业机构已经将能效投资纳入清洁能源投资总额。

建立在"城镇化"这一概念基础之上。顾名思义,城镇化是指人口向城镇集中并由此推动城镇发展的过程。[①] 实际上,"新型"城镇化在人口集聚、非农产业扩大、城镇空间扩张及城镇观念意识转化等方面与"传统"城镇化并无显著差异,两者的主要差别在于实现城镇化过程的内涵、目标与方式有所不同。[②] 由于不同学科学者的关注点不同,"新型城镇化"至今并未有统一明确的定义。本项研究无意于就"新型城镇化"给出一个能包罗万象的定义,而是基于资源环境的视角,认为传统城镇化与新型城镇化的本质区别在于前者是一种数量增长、高能耗、高环境冲击与放任机动化的城镇化模式,相反,后者则是一种质量提高、低能耗、低环境冲击与集约机动化的城镇化模式。

　　在新型城镇化背景下探讨如何加快我国清洁能源产业的发展无疑是一个跨学科的研究议题,这需要综合运用多种研究方法。本项研究在研究方法方面遵循了实用主义原则,即根据研究需要选取相应的研究方法。具体而言,我们针对所要探讨的议题广泛阅读文献资料,比较相关研究方法的优劣,然后再小心抉择。当然,如果这些研究方法所需的素材皆可获取,那么我们只需仔细比较哪种方法最佳即可。然而,在实际研究进程中,我们仍然不得不在削履适足与削足适履之间作选择。由于数据可得性的问题,一些原本更适合采用定量研究法的议题有时不得不改为定性研究方法加以探讨。就此而论,研究方法的取舍不仅要结合研究议题的需要,而且还要根据材料的可得性而定。有鉴于此,本项研究综合采用了理论与实证相结合的方法,首先根据现有的文献,梳理清洁能源革命、能源安全、新型城镇化以及节能减排等议题的内在联系,再通过相关案例进行实证分析,提出切实可行的清洁能源发展战略。例如,针对页岩气开发这一特定议题,本项研究还采用SWOT分析法,探讨了中国发展页岩气

---

　　① 陆大道,陈明星.关于"国家新型城镇化规划(2014—2020)"编制大背景的几点认识[J].地理学报,2015(2):180.

　　② 单卓然,黄亚平."新型城镇化"概念内涵、目标、规划策略及认知误区解析[J].城市规划学刊,2013(2):17.

产业的优势、劣势、机会及潜在的风险;针对国际能源合作议题,本项研究
采取了层次分析法,分别从企业、国家、区域等层面深入探讨了中欧、中美
以及中俄能源关系面临的机遇与挑战。总之,在本项研究中,理论与实证
方法互为补充——事实上,只有综合运用这两种方法才能更加全面且深
入地理解我国积极开发清洁能源所面临的机遇与挑战。

四、基本框架及主要观点

自党的十八大以来,中国越来越强调兼顾经济发展、环境保护与能源
安全等目标的重要性。为了加快生态文明建设,积极应对气候变化,有效
防治大气污染,确保本国能源安全,习近平总书记曾就推动能源生产与消
费革命提出五点要求:"第一,推动能源消费革命,抑制不合理能源消费。
坚决控制能源消费总量,有效落实节能优先方针,把节能贯穿于经济社会
发展全过程和各领域,坚定调整产业结构,高度重视城镇化节能,树立勤
俭节约的消费观,加快形成能源节约型社会。第二,推动能源供给革命,
建立多元供应体系。立足国内多元供应保安全,大力推进煤炭清洁高效
利用,着力发展非煤能源,形成煤、油、气、核、新能源、可再生能源多轮驱
动的能源供应体系,同步加强能源输配网络和储备设施建设。第三,推动
能源技术革命,带动产业升级。立足我国国情,紧跟国际能源技术革命新
趋势,以绿色低碳为方向,分类推动技术创新、产业创新、商业模式创新,
并同其他领域高新技术紧密结合,把能源技术及其关联产业培育成带动
我国产业升级的新增长点。第四,推动能源体制革命,打通能源发展快车
道。坚定不移推进改革,还原能源商品属性,构建有效竞争的市场结构和
市场体系,形成主要由市场决定能源价格的机制,转变政府对能源的监管
方式,建立健全能源法治体系。第五,全方位加强国际合作,实现开放条
件下能源安全。在主要立足国内的前提条件下,在能源生产和消费革命

所涉及的各个方面加强国际合作,有效利用国际资源。"①

随后,我国政府明确提出了要坚决控制化石能源总量,优化能源结构,同时积极推动能源低碳发展的目标。为此,政府把推进能源革命作为能源发展的国策,筑牢能源安全基石,推动能源文明消费、多元供给、科技创新、深化改革、加强合作,实现能源生产和消费方式的根本性转变,为全面建设社会主义现代化国家、实现中华民族伟大复兴的中国梦提供坚强保障。② 结合我国能源发展目标和现有清洁能源产业基础,本研究认为,制定我国清洁能源发展战略应遵循确保能源安全、兼顾环保目标、坚持节能优先的总方针,积极增加清洁能源有效供给,强化国际能源合作力度,降低清洁能源替代成本,以便构建清洁低碳、安全高效的现代能源体系,推动我国经济社会可持续发展。

在此基础上,本研究将以促进中国清洁能源发展作为主线,将研究报告分为发展战略篇、供需管理篇与国际合作篇三大部分,每一部分围绕当前最值得探讨的能源政策议题,阐述中国应如何应对清洁能源发展过程中可能遇到的挑战。同时,研究报告具体框架的组织将遵循以下基本框架(具体参见图 2),并在绪论部分概要性地阐述相关章节的主要观点。在发展战略篇部分,笔者在开篇的"能源安全观的演进与中国清洁能源转型"一节中提出,同马斯洛的需求层次类似,人类对于能源安全也遵循一定的需求层次演进特征,即满足基本生活的能源需求属于最低层次,解决能源贫困后将会致力于确保能源的持续稳定供应,随后才会追求能源与环境的协调发展。当前,中国在能源安全领域面临着重大挑战,既要在能源领域应对环境污染与气候变化的双重压力,又要在能源发展过程中兼顾提高能源供应总量和清洁能源比重的双重目标。尽管中国政府强烈的政治意愿以及国内成熟的市场条件有利于能源转型,但为了克服能源转

①　习近平:积极推动我国能源生产和消费革命[EB/OL]. (2014-06-13)[2015-01-03]. http://news.xinhuanet.com/politics/2014-06/13/c_1111139161.htm.

②　国家发展改革委,国家能源局. 能源生产和消费革命战略(2016-2030)[EB/OL]. 2016:8-9. [2017-06-01]. http://www.ndrc.gov.cn/zcfb/zcfbtz/201704/t20170425_845284.html.

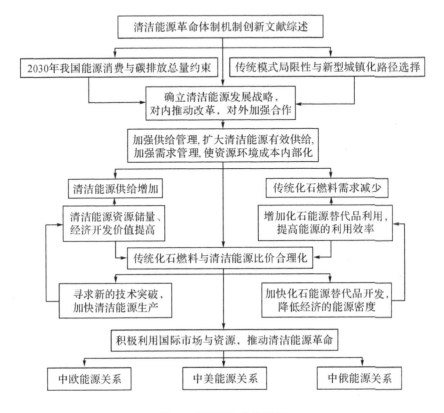

图 2　项目研究总体框架

型过程中面临的多元目标取舍、转型期漫长以及政府与市场角色之争等难题,未来中国还需要在经济发展方式、能源科技创新以及能源治理等方面作出积极调整。

"海上能源通道安全与中国海权发展战略"一节主要论述了美国凭借其全球军事投射能力,能在中国难以掌控的国际能源咽喉要道影响中国海外能源供应。限于自身实力,中国短期内奉行"搭便车"战略是潜在的政策选择,但这难免会在战略上受制于人。中美两国的竞争关系,以及两国在海洋领域矛盾的凸显,决定了中国在中长期时段必须采取自助战略,发展本国的海上力量。对此,中国在推进陆上油气通道建设的同时,还应做好以下几方面工作:制定相应的国家海洋发展战略;发展一支能执行多种任务的蓝水海军;提高海上公共产品的供应能力;加强对国际海洋法体系的研究与建设;发展本国的海运能力与造船工业。

"国际油价走势与中国能源可持续发展战略"一节的主要观点是,对中国而言,国际油价处于相对低位将产生两方面影响:从经济视角看,国际石油市场供大于求,将为我国企业营造更为有利的国际贸易条件,有助于国内消费者获得更为廉价的能源商品;从国际政治视角评估,随着中美石油对外依存度的此消彼长,石油将日益成为美国牵制中国的重要筹码,因为即便美国成功摆脱了对波斯湾石油的依赖,也不可能放松对中东石油资源和海上能源战略通道的控制。对此,中国应秉承创新、协调、绿色、开放、共享的发展理念,利用国际油价处于较低价位的时机,加快国内能源改革进程,促进我国能源转型和可持续发展。

在"美国能源独立背景下的中国能源安全战略"一节中,笔者提出,美国通过在非常规油气领域确立的先发优势巩固了自身的霸权地位,美国国内油气产量的大幅增长不仅提高了其能源独立的可能性,增强了经济竞争力,而且使其在国际舞台上的战略回旋余地得以拓展。对于中国而言,美国的能源革命既对我国的能源安全构成了更大的挑战,同时也为我国加强国际合作创造了机遇。随着能源对外依存度的攀升,如果过多地依赖美国来巩固地区安全和维持公海能源航道的畅通,将使中国陷入战略被动地位。对此,中国应当积极引进先进的页岩油气开采技术,鼓励多元市场主体开发本国极为丰富的非常规油气资源,以便增强本国的能源安全。

在供需管理篇部分,笔者在"我国可再生能源竞争力提升策略"一节中指出,为了实现2020年与2030年非化石能源占一次能源消费比重15%与20%的目标,加快本国能源转型进程,中国十分重视可再生能源产业的发展。部分得益于相关政策的支持,最近十年来中国的可再生能源产业得以迅速发展。目前中国在风电、光伏发电与水力发电的总体规模以及可再生能源产业综合竞争力方面处于全球领先地位。尽管取得了如此重要的成就,中国未来仍需重视可再生能源领域出现的老问题与新挑战,只有解决好研发、生产、销售、使用各环节中出现的诸多问题,中国的可再生能源产业才能持续健康发展,中国宏伟的非化石能源发展目标与碳减排的郑重承诺才会得以实现。

"我国页岩气产业发展的政策选择"一节的核心观点是,受美国页岩气风暴的鼓舞,拥有丰富页岩气资源的中国也掀起了开发页岩气的浪潮。然而,要释放本国的资源潜力,除了掌握页岩气的勘探与开发技术之外,中国还要突破国内体制机制的障碍。美国的经验表明,能源领域的市场化改革,不但可以增强企业活力,而且可以改善本国的能源安全形势,这为中国提供了新思路。目前,中国政府已经允许多元资本参与国内页岩气资源的开发,这有望在能源开发最薄弱的环节为改革打开一扇窗户。页岩气开发模式如果能够取得成功,将为中国加快推进页岩油等其他非常规油气资源开发探索出一条新的道路。

在"我国节能减排多元目标平衡策略"一节中,笔者强调,中国节能减排的潜力巨大,不过想要达成预期目标的难度也相当大。中国需要在经济发展、能源安全和环境保护等彼此存在张力的目标之间寻求平衡,并力求将节能减排的成本控制在合理的范围内。为了实现全面建成小康社会的宏伟战略目标,中国有必要制定和实施一项综合的、长期的节能减排战略。实施这一战略,既需要发挥市场的主体功能,又有赖于政府的宏观调控弥补市场缺陷;既要确保经济增长活力,又要兼顾生态环境保护;既要努力提高传统能源的利用效率,又要为潜在的新能源变革做好准备;既要承担相应的国际责任,又要维护中国应有的发展空间。诚然,实现上述平衡将是艰难的,但节能减排的重要性决定了为此努力的必要性。

"我国节能减排体制机制优化策略"一节主要探讨了中国在节能减排领域存在的诸多体制机制障碍,包括职能管理机构不协调所导致的"政出多门",经济发展优先使得生态环境赤字明显,能源市场改革滞后与政府监管能力不足造成节能减排效果缺乏可持续性。为了克服这些障碍,政府只有加快转变自身监管职能,灵活运用经济、法律等手段,并将市场机制作为节能减排的基本工具,才能以较低成本达成节能减排的目标。具体而言,政府需要制定一套完善的公共政策,以更好地平衡经济增长、能源安全和环境保护三者之间的关系,同时还需要大力加强节能宣传教育工作,以便提高政策的执行效率。

在国际合作篇部分,笔者在"新时期我国海外能源投资的机遇与挑战"一节中强调,在能源领域我们面临着搭建能源公共政策与学术思想之间桥梁的任务,并且,这一任务随着中国石油企业开始大举并购海外油气资产而变得日益突出和紧迫。作为投资主体的企业如果太过于强调利润与财务方面的因素,而忽视地缘政治风险,将有可能给自身在海外的投资行为带来重大损失。这一点对于那些希望在中东、非洲等地获取油气资源的中国石油公司来说显得尤为重要,因为这些地区具有很高的地缘政治风险,往往有着错综复杂的民族、宗教乃至种族矛盾。对于实业界而言,国有石油公司需要改变"少说多做、只做不说"的企业文化,因为油气政策不仅仅是产业政策,也是公共政策。对于中国政府而言,作为一个负责任的消费大国,中国需要向世界呈现自己的需求增长趋势和方向,并在此基础上提出与世界其他国家和国际能源治理趋势相协调的综合解决方案。

"新型城镇化背景下的中欧清洁能源合作"一节重点论证了积极推动清洁能源转型是加快新型城镇化与美丽中国建设的必要之举。中国与欧盟对于推动中国新型城镇化建设有着共同的利益诉求,双方在推动清洁能源产业发展方面各自都具备独特的优势。欧盟成员国不乏清洁能源技术,且在扩大清洁能源利用方面具有成熟的商业模式。中国在新型城镇化进程中对于清洁能源有着迫切的需求,这使其同时具备推动清洁能源转型所必需的市场条件与高度一致的政治意愿。双方的有效合作不仅能为欧洲企业创造商机,也能为中国带来经济与环境效益。有鉴于此,中欧双方需要积极解决合作中的障碍,鼓励并优先推广在城镇化进程中具有成本效益的清洁能源技术。

在"特朗普政府能源新政与中美能源合作"一节中,笔者强调积极发展化石能源和"去监管"是特朗普政府能源政策的主要特点。特朗普政府的能源政策受到了传统能源行业的欢迎,但招致了环保团体的抨击。美国积极开发国内油气资源有助于加快本国能源独立进程,提高北美地区作为全球重要能源产地的地位,进而有利于美国巩固其霸权。对于中国而言,除了更积极地进口美国的化石燃料外,更有必要加快页岩气开发等技术的引进与消化,积极推动国内能源市场改革,促进国内资源开发,从而化战略被动为主动,增强本国能源安全。此外,鉴于特朗普政府的能源政策更加强调美国利益优先的原则,中国也有必要积极推动"一带一路"倡议,并且加快蓝水海军的建设,以更好地维护本国的利益。

"美俄能源博弈背景下的中俄能源合作"一节着重指出,确保一国的能源安全是一项艰巨的系统性工程,它离不开对资源、技术与市场之间关系的深刻理解与灵活掌控。一国要想成为全球能源竞技场的最终优胜者,掌握先进的能源开发技术是前提,赢得相应的市场份额是关键,占有发展所必需的油气资源是基础。正是得益于水力压裂法和水平井技术的广泛应用,美国的油气产量有了大幅攀升。页岩气革命为美国提供了实现多重地缘政治目标的能源杠杆:降低了对动荡不安的波斯湾地区油气资源的依赖,拉近了同欧盟和日本等重要盟国的关系,减少了欧洲对俄罗斯能源的依赖,进而削弱了俄罗斯的权力和影响力来源。这迫使俄罗斯不得不加快"战略东移"的步伐。在国际能源市场从供不应求逐渐转向供大于求和欧洲试图减少对俄罗斯能源依赖的背景下,同中国签署巨额的天然气合同会在经济和政治领域增强俄罗斯相对于西方国家的谈判筹码,它同样能够降低中国对不稳定的油气资源国和不可靠的能源运输通道的依赖。尽管不乏战略的考虑,但中俄能源合作主要是建立在两国逐渐扩大的共同经济利益之上的。它能够确保俄罗斯扩大在东北亚地区的天然气市场份额,同时有助于满足日益走向繁荣的中国对于清洁能源的迫切需求。不仅如此,中俄两国的能源合作还打通了俄罗斯东部天然气资源通向国际市场的连接渠道,实现了"资源"与"市场"的有效对接,并向美国发出了需要加快推进中美在海上能源通道以及非常规油气领域合作的信号。

第一部分　发展战略篇

一、能源安全观的演进与中国清洁能源转型[①]

20 世纪 70 年代第一次石油危机爆发以后,能源安全问题逐渐成为各国政府与公众关注的重要议题。尽管能源安全的概念很宽泛,不过最初各石油进口国主要关注的是石油的供应安全问题,后来伴随着发达国家能源消费结构多元化进程的加快,能源安全的内涵也随之扩展。在能源种类方面,各国除了继续关注石油供应安全外,天然气和电力等重要能源品种的供应安全问题也相继纳入政府能源安全议程。不仅如此,随着环境议题的兴起,尤其当化石能源的温室气体排放被普遍认为是导致全球气候变暖的主要因素后,各国开始更为注重能源的使用安全问题。由此,如何确保能源的开采与利用不对人类的生存与发展构成重大的威胁逐渐成为重要的公共政策议题。能源安全观的演进不仅重塑了世界能源市场,而且也给中国能源发展带来了巨大挑战。只有深刻理解能源安全观的演进特征,洞察国际能源转型动向,才能更有针对性地采取有效对策,以维护我国的能源安全,实现能源产业转型发展。

(一)能源安全观的演进

追根溯源,能源安全研究兴起于西方学术界。在 20 世纪 70 年代,鉴于石油已经取代煤炭成为绝大多数发达国家的主体能源,石油安全问题自然而然成了各国能源安全的核心议题。在遭受数次国际石油危机的冲击后,发达国家异常重视进口石油的持续稳定供应问题。作为西方国家应对国际石油危机的主要机构,国际能源署(IEA)主要聚焦于石油安全议题,并将"负责协调应对石油供应紧急情况的措施"作为其初始核心使

---

① 本节原稿最早刊发于《东北亚论坛》2018 年第 6 期。

命。① 由此,一种反映石油进口国的利益诉求,以确保石油稳定供应为主要目标,同时避免付出难以承受的经济与政治代价的能源安全观念逐渐为国际能源署的成员国所认同。

在学术界,知名的国际能源问题专家丹尼尔·耶金(Daniel Yergin)是这一能源安全观的重要诠释者。在一篇经典文献中,耶金将能源安全定义为"在不危及一国主要价值和目标的前提下,确保以一个合理的价格提供充足、可靠的能源供给"②。在这一阶段,学者们围绕着一些重要的限定词展开争论,如能源经济领域的学者主要围绕着什么区间的价格才是"合理的价格"等一些衍生概念展开讨论,③而国际关系领域的学者主要探讨了石油进口国依赖海外能源供应所导致的能源安全的脆弱性问题,这可能会导致这些国家不得不作出有悖于本国价值观与外交目标的承诺。④ 尽管经合组织国家通过建立石油战略储备、抑制本国能源需求、加快石油替代以及加强国际合作等重要措施对国际石油危机作出了有效的应对,但是这些措施仍然无法帮助其摆脱对中东等地区油气资源的依赖。此后,随着伊朗革命、两伊战争以及海湾战争的爆发,西方国家一直难以消除潜在的石油供应中断的风险,这些都促使它们将确保能源的持续稳定供应作为本国能源政策的核心目标。就美国而言,不管是民主党还是共和党都提出了要实现美国"能源独立"的口号。为了实现这一目标,特朗普政府更是提出了美国优先能源计划,并且表示要加强国内油气资源

---

① International Energy Agency. Our Mission [EB/OL]2018. [2018-03-01], https://www.iea.org/about/ourmission/.

② Yergin D. Energy Security in the 1990s [J]. Foreign Affairs, 1988, 67 (1): 110-132.

③ 史丹,朱彤. 能源经济学理论与政策研究评述[M]. 北京:经济管理出版社,2013:103.

④ 例如 KALICKI J H, GOLDWYN D L. Energy and Security: Toward a New Foreign Policy Strategy [M]. Baltimore: The Johns Hopkins University Press, 2005.

开发,以确保美国的外交政策永远不会被外部的能源供应者所胁迫。①
相较于美国,欧盟对于能源供应保障能力的重视或许有过之而无不及。
略为不同的是,由于其资源禀赋远不及美国优越,欧盟更多的是要确保域
外稳定的能源供给,以满足成员国经济增长所需的能源。② 不仅如此,随
着包括中国、印度在内的主要发展中国家成为重要的石油进口国,这种以
油气资源的持续稳定供应作为核心目标的能源安全观也被许多新兴经济
体所认同。③

与此同时,伴随着全球化石燃料消费的增长,温室气体排放量随之增
长,国际社会要求遏制并逆转碳排放量增长趋势的呼声也随之增大。由
此,能源使用安全的重要性开始凸显,这其中最具标志性意义的事件便是
1997 年 12 月在《联合国气候变化框架公约》(简称《公约》)第三次缔约国
会议上通过了《京都议定书》。此次会议之后,以西欧、日本为代表的发达
国家率先将能源使用安全的概念纳入本国能源发展战略。由此,如何避
免能源使用对人类的生存与发展环境构成威胁便成了这些国家能源安全
的有机组成部分。④ 此后,政府间气候变化专门委员会(简称 IPCC)的研
究结论更加明确化,即化石能源的大规模使用带来的温室气体排放极有

---

① The White House. An America First Energy Plan [EB/OL]. 2017. [2018-03-01].
https://www. whitehouse. gov/america-first-energy. The White House. National Security
Strategy of the United States of America [EB/OL]. 2017: 22. [2018-03-02]. https://www.
whitehouse. gov/wp-content/uploads/2017/12/NSS-Final-12-18-2017-0905. pdf.

② The Clingendael International Energy Programme. Study EU Energy Supply Security
and Geopolitics [R/OL]. 2004. [2017-06-08]. http:// www. clingendaelenergy. com/inc/
upload/files/Study_on_energy_supply_security_and_geopolitics. pdf.

③ Vivoda V. Evaluating energy security in the Asia-Pacific region: A novel
methodological approach [J]. Energy Policy, 2010, 38(9): 5258-5263.

④ 张雷. 矿产资源开发与国家工业化[M]. 北京:商务印书馆,2004:306.

可能是导致全球气候系统变暖的主要原因,①这促使国际社会于 2015 年 12 月 12 日在法国巴黎通过了应对气候变化的《巴黎协定》。

若从能源安全视角解读,《京都议定书》与《巴黎协定》的意义在于进一步拓宽了能源安全的内涵,同时也将能源政策的议程从最初只关注能源资源生产与运输安全,延伸到了能源产品全生命周期的安全性。这意味着要想真正实现能源安全目标,不仅需要确保各种能源品种的供应安全,同时还需要有效地应对能源消耗产生的环境问题。由此可见,联合国气候变化大会制定并且通过相关公约的意义在于,它宣告了一国的能源政策不应仅仅着眼于满足国内发展之所需,而且也需要履行国际义务。例如,在遵循公平、共同但有区别的责任和各自能力的原则下,《巴黎协定》要求缔约方应核算本国在温室气体减排方面的自主贡献。在核算自主贡献中的人为排放量和清除量时,缔约方应根据《公约》指导,促进环境完整性、透明性、精确性、完备性、可比性和一致性,并确保避免双重核算。②

概言之,随着人类文明的进步,各国的能源安全观在不断地演进。当前国际社会在探讨能源安全时,已经不再仅仅局限于探讨能源的供应安全问题,而且也越来越关注能源的使用安全问题。从能源安全观的演进历史来看,保障能源的稳定供应是一国能源安全的基本目标之所在,而关注能源的使用安全则是一国能源安全更高的目标,两者之间呈现出一种需求层次演进的关系。换言之,前者主要是"量"的概念,其功能大多体现在能源的生产和运输方面,通常为后者的发育提供了必要的物质基础。后者则是"质"的概念,其功能大多体现在能源消费与使用方面,通常为前

---

① IPCC 在第五次评估报告(AR5)中认为,全球的气候暖化至少有 95% 是人为因素造成的,高于该机构在《气候变化 2007:综合报告》中所称的 90% 和《气候变化 2001》中所称的 66%,请参见联合国政府间气候变化专门委员会. 气候变化 2014 综合报告:决策者摘要[EB/OL]. 2014:20. [2016-04-05]. https://www.ipcc.ch/pdf/assessment-report/ar5/syr/AR5_SYR_FINAL_SPM_zh.pdf.

② 联合国气候变化框架公约. 巴黎协定[EB/OL]. 2015:4. [2017-05-30]. http://unfccc.int/files/essential_background/convention/application/pdf/chinese_paris_agreement.pdf.

者的发展提供不竭的创新动力。① 此外,相对于发达国家而言,发展中国家一般更为关注能源的供应安全问题,这主要与它们的发展水平有关。对于发展中国家而言,尽管开发和利用清洁能源能够带来环境收益,但往往要付出更高的成本。受个人可支配收入较低这一不利因素的影响,这些国家的能源消费者对于清洁能源的购买意愿将会随着成本的升高而更快地下降,这也导致了发展中国家在能源转型中普遍落后于发达国家。

(二)中国能源安全挑战

尽管与欧美发达国家处于不同的发展阶段,中国在其发展过程中也不可避免地遭受了能源安全问题的困扰。对于中国而言,我们不仅遭遇了发达国家自国际石油危机爆发后遇到的一系列能源安全问题,如对海外油气资源高度依赖产生的风险、国际油价高企造成的经济冲击以及化石能源大规模消耗带来的环境污染问题,而且中国在本国尚未完成工业化和城市化的进程时就不得不应对全球气候变化的问题,这无疑对中国提出了极大的考验。

在能源安全领域,中国面临的首要能源安全挑战便是如何避免遭受潜在的海外石油供应中断带来的不利影响。尽管这一领域的研究已经相当广泛且深入,不过很少有研究者能做到像海外中国能源问题专家菲利普·安德鲁斯-斯皮德(Philip Andrews-Speed)那样的凝练阐释。他认为,中国的石油安全困局可用三个地理圈表述。第一个地理圈为"波斯湾困局",中东石油资源储量以及中国国内日益扩大的石油供应缺口,决定了中国即便成功地实现了石油供应多元化,它在可预见的未来仍不可避免更多地依赖中东的石油供应,而中东也是美国霸权最普遍存在且并未受到挑战的地区。第二个地理圈是印度洋和东南亚,这一区域既包含中

① 相关论述可参见张雷.矿产资源开发与国家工业化[M].北京:商务印书馆,2004:302;中关村国际环保产业促进中心.谁能驱动中国:世界能源危机和中国方略[M].北京:人民出版社,2006:44.

国石油进口来源地,也涵盖很多中国国际贸易产品的主要海上航线,这些航线带来的战略困局通常被称为"马六甲困局"。鉴于本国军事力量尚不足以确保远洋油气运输的畅通无阻,中国担心如果某一大国控制了马六甲海峡,它有可能封锁中国的能源进口通道。第三个地理圈离中国最近,是未解决的主权问题与潜在的油气资源勘探和开采重叠的区域,涉及中国的南海和东海。这一"主权困局"的棘手之处在于将能源因素引入了领土争议问题,并导致冲突的加剧。[①]

其次,在经济学者看来,中国能源安全挑战的经济成因以及潜在的后果同样不容忽视。一方面,这种能源不安全感主要源于中国油气进口量过于庞大,并且仍处于高速增长期。自 1993 年成为石油净进口国以来,中国仅用了短短二十多年的时间就成为全球最大的石油进口国,2017 年中国的原油进口量已经相当于全球原油贸易总量的五分之一。油气对外依存度的迅速攀升使得中国经济对国际油价的高涨十分敏感。2017 年中国石油净进口量已高达 4.188 亿吨,同比增长 10.7%,进口依存度达到 72.3%,仅在过去两年就上升了 10 个百分点。同年中国天然气净进口量也已经攀升至 900 亿立方米,其中通过管道进口 379 亿立方米,同比增长 9.2%;液化天然气进口 521 亿立方米,同比增速更是高达 46.4%。国际油价的上涨使得 2017 年中国进口原油单位成本同比上涨了 26.5%,海关数据显示,2017 年中国原油进口额高达 1623 亿美元,比上一年增长 39%。[②] 另一方面,中国能源不安全感由于本国相对粗放的经济增长方式而进一步加剧。由于中国的单位 GDP 能耗高于包括美国在内的绝大多数国家[③],能源价格上涨势必削弱中国制造业的国际竞争力。根据波士顿咨询(BCG)对全球 25 个主要经济体制造成本的评估,2014 年中国的制造业成本已经达到美国的 96%,大幅高于印度尼西亚与印度。除了

---

① Speed P A, Dannreuther R. China, Oil, and Global Politics [M]. London: Routledge, 2011: 134-147.

② 田春荣.2017 年中国石油进出口状况分析[J].国际石油经济,2018(3): 11-13.

③ 各国单位 GDP 能耗强度可以登录美国能源部网站查询:http://www.eia.gov/。

劳动力成本大幅上涨外,近年来中国制造成本指数的快速攀升还与国内外能源价格的变化密不可分。自 2004 至 2014 年,中国工业电价上涨了 66%,天然气价格更是上涨了 138%,而美国同期电力价格水平仅上涨了 30%,天然气价格则下降了 25%,使得美国国内气价仅相当于中国的三分之一。[①] 有鉴于此,经济学者认为中国更应关注如何确保以合理的价格获得能源的持续稳定供应。

最后,中国能源安全还面临着越来越大的来自环境领域的挑战,即如何有效减少能源开发与利用对生态环境带来的破坏。无论是在局部地区,还是在全国范围内,环境问题已经成为困扰能源决策者的核心要素,对环境恶化和人体健康的担忧促使中国政府积极寻求绿色增长之路。不同于多数发达国家,中国正面临着能源结构的三重转变,即同时进行化石能源革命、电力革命与绿色革命,这也是中国能源革命的复杂性与特殊性之所在。[②] 目前,越来越多的民众不仅期盼着经济的快速增长能带来家庭消费水平的提高,同时他们也希望避免付出惨痛的环境代价。大气污染是目前中国面临的最为严峻的环境问题之一。由于过度依赖煤炭资源,中国几乎所有的污染物排放量都位居世界首位。[③] 据国际能源署研究,目前只有大约 3% 的中国人口能呼吸到 PM2.5 浓度符合世界卫生组织(WHO)健康标准的空气,约有 55% 的人口被迫暴露于 PM2.5 浓度比世界卫生组织最温和的中期目标值还要高的空气中。由于室外空气污染,目前我国每年约有 100 万人过早死亡,另外还有约 120 万人由于室内空气污染而过早死亡。总体而言,空气污染导致中国人口的平均预期寿

---

① Sirkin H L, Zinser M, Rose J. The shifting economics of global manufacturing: How cost competitiveness is changing worldwide [R]. Boston Consulting Group, 2014: 3-18.

② 中国国际经济交流中心课题组. 中国能源生产与消费革命[M]. 北京:社会科学文献出版社,2014:40-41.

③ 郄建荣. 环保部:中国几乎所有污染物排放均世界第一[EB/OL]. (2016-12-05)[2017-12-02]. http://news.sohu.com/20161205/n474930734.shtml.

命缩短了 25 个月。①

可以说,中国的能源消费规模及其增长速度在整个国际能源发展史上是史无前例的。除了需要面对上述能源安全挑战,如此庞大的能源消费量还不可避免地导致中国能源行业面临着极大的温室气体减排压力。有别于欧美发达国家,目前中国在能源领域面临着应对环境污染与气候变化的双重压力。鉴于欧盟、日本、美国、加拿大等发达经济体都已完成环境质量由恶化到好转的发展历程,气候变化问题已取代传统的环境问题,成为这些国家的主要关注点。然而,中国尚未完成工业化与城市化进程,既面临着能源开发利用引起的传统生态与环境压力,又面临着减缓温室气体排放的压力,相关挑战要远远大于欧美发达国家。由于技术、资金以及话语权等方面的差距,在与发达国家的碳减排博弈过程中,中国不得不承受巨大的国际碳减排压力。② 概言之,目前中国正面临着尚未真正实现富裕就要开始应对气候变化的难题,而这一点是绝大多数发达国家不曾遭遇过的挑战。

更为重要的是,除非打破经济增长与能源消耗之间的挂钩关系,不然人们对于美好生活的追求将不可避免地导致本国能源消耗总量的增长。不管怎样,对于中国中西部地区尚未完全摆脱能源贫困处境的人而言,获得低成本的能源供应仍是他们不可剥夺的生存与发展权利。由此带来的一个问题是,相对于发达国家可以专注于提高清洁能源消费比重而言,中国在本国能源发展过程中需要兼顾提高能源供应总量与清洁能源比重的双重目标,这对中国能源转型提出了更大的考验。中国庞大的人口与经济规模意味着,如果单纯依靠诸如开发国内油气资源或者强制推行节能减排等举措,恐怕无法从根本上满足人民对经济、安全和环境友好型能源的需求。未来应对安全挑战最为可行的途径是在增加清洁能源供应的同

---

① International Energy Agency. Energy and Air Pollution [M]. Paris: OECD/IEA, 2016: 170.

② 刘振亚. 中国电力与能源[M]. 北京:中国电力出版社,2012:7.

时提高能源利用效率,这就是中国能源转型需要面对的艰巨任务。

(三)中国能源转型动力

考察中国的能源转型动力,需要将世界能源转型的大趋势与中国的资源禀赋及具体发展阶段相结合,既要基于国际视角分析能源行业长期发展趋势,更要密切结合中国的实际情况深入探讨当前亟须解决的问题。就其本意而言,能源转型(Energiewende)是指通过积极开发可再生能源、提高能效、推动分布式能源发展等措施建立起一套清洁的能源供应体系,实现可持续发展。[①] 从世界能源发展史看,迄今为止人类已经历了薪柴(植物能源)时代、煤炭时代、石油时代,目前正进入后石油时代。[②] 尽管能源载体去碳化的趋势日益明显,但是能源转型不是自动发生的,其背后需要有强大的驱动力,才能促使能源消费者从先前的能源转向替代性能源。对此,北京国际能源专家俱乐部陈新华总裁提出了颇具启发意义的"6D驱动理论":diversification,能源供应与市场参与主体的多元化;decarbonization,能源的低碳化或去碳化;digitalization,能源的数字化或者说智能化;decentralization,能源的去集中化或分布式发展;democratization,能源决策的民主化,即能源消费者将拥有更大的选择权;depollution,能源的去污染化或清洁化。[③]

从能源转型进程看,目前中国仍处于相对落后状态。直到20世纪60年代,中国才进入煤炭时代,这比英国晚了300多年,比德国晚了100多年,比美国晚了大约80年。迄今为止,中国是全球少数几个能源消费仍然以煤为主的国家。尽管最近几年煤炭在中国一次能源消费总量中的

---

① 转引自 Romano G C. The energy transition and energy security of cities: The urban dimension of Chinese energy issues [M] // China's Energy Security: A Multidimensional Perspective, ed by Romano G. C. and Meglio J. F, Routledge, 2016: 229.

② 朱彤,王蕾.国家能源转型:德、美实践与中国选择[M].杭州:浙江大学出版社,2015: 66.

③ 陈新华.大变革时代中国能源决策如何保持定力[N].中国能源报,2016-12-19(001).

比重已有了较大幅度的下降,但截至2017年,煤炭仍占中国一次能源消费总量的60.3%,而煤炭在全球一次能源消费构成中仅占27.4%。① 以煤为主的能源消费结构带来的严重环境污染问题使中国有着更强烈的意愿去开发清洁能源,并将能源的多元化作为其追求目标。在一些学者看来,中国甚至可能在能源转型领域后来居上,抓住当前发展机遇,充分利用石油替代品,开发并利用多元化、低碳转型的交通运输燃料与有机化工原料等科技成果,使本国经济发展更有效地"跨越石油时代"。② 在他们看来,新兴能源产业在世界各国的发展几乎同时起步,发展基础相近,只要抓住机会,我国完全有可能在新的轨道上成为领跑者,实现"变轨式创新"。③

尽管追求能源跨越式发展任务艰巨,不过在世界银行等机构看来,中国追求能源低碳转型发展并非没有成功的可能。这是因为相较其他国家而言,中国同时具备高度一致的政治意愿以及必需的市场条件来推进能源的转型发展。④ 首先,就政治意愿而言,习近平总书记明确提出要推动能源的消费革命、供给革命、技术革命和体制革命,并通过加强国际合作确保我国成功实现能源的转型发展。⑤ 在其后发布的《能源生产和消费革命战略(2016—2030)》中,中国政府明确提出,到2030年会将能源消费总量控制在60亿吨标准煤以内,其中非化石能源占能源消费总量比重达到20%左右,天然气占比达到15%左右,清洁能源将成为未来我国能源

---

① BP. BP Statistical Review of World Energy 2018 [DB/OL]. 2018:9. [2018-07-20]. https://www.bp.com/content/dam/bp/en/corporate/pdf/energy-economics/statistical-review/bp-stats-review-2018-full-report.pdf.

② 华贲.天然气与中国能源低碳转型战略[M].广州:华南理工大学出版社,2015:74.

③ 清华大学产业发展与环境治理研究中心.中国新兴能源产业的创新支撑体系及政策研究[R/OL].2014:89.[2015-08-01].http://www.efchina.org/Reports-zh/reports-20130630-zh.

④ 世界银行东亚和太平洋地区基础设施局,国务院发展研究中心产业经济研究部.机不可失:中国能源可持续发展[M].北京:中国发展出版社,2007:9.

⑤ 习近平:积极推动我国能源生产和消费革命[EB/OL].(2014-06-13)[2015-01-03].http://news.xinhuanet.com/politics/2014-06/13/c_1111139161.htm.

增量的主体。[①] 中国政府之所以重视能源转型,除了要解决资源与环境问题外,主要源于其意识到在每次工业革命中,能源技术变革都在其中起到了重要作用。中国希望通过构建清洁、高效、安全、可持续的现代能源体系,在能源产业确立核心竞争力,为本国在新一轮国际竞争中抢占科技发展制高点。[②] 事实上,早在 2010 年 9 月,中国政府便将新能源产业列为七大战略性新兴产业之一。[③] 此后,在经全国人大审议通过的"十二五""十三五"规划纲要中,中国政府将新能源产业定位为国家战略性新兴产业,要将其培育发展成国民经济中的支柱性产业。[④]

其次,从市场条件看,中国也有可能在全球能源变革中从一个落伍者转变为领先者。从供给侧看,中国在新能源产业领域已经具备良好的基础,目前在风电、光伏发电的制造乃至研发领域都已经走在世界前列。正是通过国内完整的产业链以及相对完善的研发能力,中国在较短时间内将国内甚至全球的新能源发电成本大幅降了下来。[⑤] 目前,即便是在相对薄弱的新能源技术开发利用领域,中国也不乏优势条件:国内的科研人才队伍已初具规模,并且仍处在不断壮大中;相对低廉的研发及制造成本

① 国家发展改革委,国家能源局. 能源生产和消费革命战略(2016—2030)[EB/OL]. 2016:8-9. [2017-06-01]. http:// www. ndrc. gov. cn/zcfb/zcfbtz/201704/t20170425_845284. html.

② 国务院办公厅. 能源发展战略行动计划(2014—2020 年)[EB/OL]. (2014-11-19)[2017-06-01]. http:// www. gov. cn/zhengce/content/2014-11/19/content_9222. htm.

③ 国务院. 国务院关于加快培育和发展战略性新兴产业的决定[EB/OL]. (2010-10-10)[2017-06-01]. http:// www. gov. cn/zwgk/2010-10/18/content_1724848. htm.

④ 新华社. 中华人民共和国国民经济和社会发展第十二个五年规划纲要[EB/OL]. (2011-03-16)[2017-06-03]. http:// www. gov. cn/2011lh/content_1825838. htm;中华人民共和国中央人民政府. 国务院关于印发"十三五"国家战略性新兴产业发展规划的通知[EB/OL]. (2016-11-29)[2017-06-03]. http:// www. gov. cn/zhengce/content/2016-12/19/content_5150090. htm.

⑤ 郭苏建,周云亨,叶瑞克,等. 全球可持续能源竞争力报告 2015[M]. 杭州:浙江大学出版社,2015; International Energy Agency. World Energy Outlook 2017 [M/OL]. Paris: OECD/IEA, 2017:490. [2018-03-01]. http:// www. iea. org/weo2017/.

优势。① 从需求侧看,最近几年,中国对于新能源的需求极为旺盛。2017年,中国不论是在清洁能源领域的投资额、太阳能与风能发电的新增装机容量、新能源汽车的销量乃至液化天然气(LNG)新增需求,几乎都遥遥领先于他国。② 不仅如此,当前中国经济正经历着从高速增长阶段转向高质量发展阶段,这意味着中国将从最初于 20 世纪 70 年代开始实施的资源密集型发展战略逐步转向更多地依赖消费与服务业驱动的可持续发展模式。这一经济发展模式的转变将对中国的能源发展产生重要影响,有助于提高风电、光伏发电以及天然气等清洁能源在中国一次能源中的比重。③

(四)中国能源转型悖论

尽管能源领域变革的压力与机遇前所未有,但迄今为止,学术界对于中国如何实现能源的转型发展仍无定论,对于政府与市场在其中扮演何种角色亦难以达成共识。这一现象的存在一方面固然与学术界针对这些问题缺乏系统且深入的研究有关,套用一位资深能源问题专家的话来说便是"能源企业在'干',国家在'看',学界在'跟'"④;另一方面,这恐怕也与各方对于中国能源转型本身存在着一些悖论的预见性不足有关。

首先,从根本上说,中国的能源转型将不得不在三个彼此竞争的目标之间作出权衡:能源供应的稳定性、能源价格的可承受性以及环境的可持续性。追求海外油气资源的持续稳定供给有利于巩固国内油气资源可持续供应的基础,从而确保更为长远的能源安全,不过能源供给的国际化战

---

① 林伯强.中国能源思危[M].北京:科学出版社,2012:153.

② McCrone A. The Force is with Clean Energy: 10 Predictions for 2018 [EB/OL]. (2018-01-16)[2018-03-01]. https://about.bnef.com/blog/clean-energy-10-predictions-2018/.

③ International Energy Agency. World Energy Outlook 2017 [M/OL]. Paris: OECD/IEA, 2017: 492-498. [2018-03-01]. http://www.iea.org/weo2017/.

④ 徐小杰.石油啊,石油——全球油气竞赛和中国的选择[M].北京:中国社会科学出版社,2011:17.

略将不可避免地对中国的外交与安全战略带来挑战;强调能源的自给自足意味着国内丰富的煤炭资源得以持续大规模地开发与利用,这将有助于满足中国对能源的旺盛需求,但同时却与政府提出的建设美丽中国与控制温室气体排放的目标背道而驰;提供化石燃料补贴有助于满足国内低收入群体的能源需求,不过低廉的能源价格将会鼓励能源的过度消费,可能导致未来能源的供不应求,并且同样不利于环境保护;政府放松天然气价格管制虽能促进天然气产业的健康发展,但也可能导致一个与能源转型目标相悖的结果,即煤炭的价格优势会更加明显,并助长其消费的增长;强调环境的可持续性是中国加强生态文明建设的应有之义,不过短期内大幅度提高风电、光伏发电以及天然气等清洁能源在一次能源中的比重,将会增加能源供应的经济成本。鉴于中国劳动力成本已大幅上涨,能源成本的提高将会进一步削弱中国制造业的国际竞争力。对中国而言,能源供应的稳定性、价格的可承受性及环境的可持续性这三个目标缺一不可。然而,当这些目标之间相互冲突时,如何确定它们的政策优先性,不仅考验政策制定者的政治智慧,同样需要普通的能源消费者给出自己的答案。

其次,中国想要实现能源转型的迫切愿望与能源转型固有且缓慢的进程之间存在着矛盾。相较于能源安全观的演进,能源转型的进程往往更加漫长。从全球层面看,威尔逊(Charlie Wilson)等学者认为,通常要经历 80～130 年才能完成一次能源转型[①];另据斯米尔(Vaclav Smil)研究,煤炭占全球能源消费的比重从 19 世纪 40 年代的 5% 上升到 20 世纪 20 年代的 55%,才达到峰值水平,耗时 80 年;石油比重从 1915 年的 5% 增长至 20 世纪 70 年代的接近 50% 的峰值水平,历时近 60 年;天然气比

---

① Wilson C, Grubler A. Lessons from the history of technological change for clean energy scenarios and policies[C]// Natural Resources Forum. Oxford, UK: Blackwell Publishing Ltd, 2011, 35(3): 165-184.

重从 20 世纪 30 年代的 5％提高到 33％也耗时长达 55 年。[①] 即便一些国家表现出色，其能源转型历程仍然旷日持久。例如，英国自工业革命以来，各项能源技术从开始商业化应用到在市场上占据主导地位，平均经历了 50 年时间。[②] 概言之，由于受能源基础设施、投资成本等诸多因素限制，能源创新并不遵守摩尔定律。[③] 探究其他国家的历史并不足以准确地预测中国的未来，其中缘由或许正如能源问题专家朱彤所观察到的，无论是从能源消费的体量与增量，还是从能源结构与资源禀赋看，中国的能源转型都将面临前所未有的、他国难以想象的挑战，中国能源问题的复杂性决定了其能源转型过程的长期性与艰巨性。[④] 因而即便中国政府的政策能加速本国能源系统转变，能源转型仍需以能源发展的一般规律为前提。

最后，在能源转型时政府的适度干预固然能解决"市场失灵"问题，然而，政府的不当干预同样也会产生"政府失灵"问题。历史经验表明，提供更优质的和更经济的能源服务技术是推动能源转型的关键因素。由于低碳能源技术在其发展初期阶段的价格往往相对昂贵，而其解决的又是能源带来的环境外部性问题，因而仅仅依靠市场力量短期内很难实现能源消费方式的转变。对此，政府可以通过调整税收或者采取其他经济手段将环境外部性成本纳入能源价格，这有助于清洁能源产业与传统化石能源行业展开更公平的竞争。就此而论，能源转型离不开政府的有形之手。[⑤] 尽管如此，对政府的过度依赖同样不利于能源转型的顺利实施。在替代能源发展过程中，到底哪一种能源能够占据主导地位，应该着力推

---

① Smil V. Energy Transition: History, Requirements, Prospects [M]. California: Greenwood Publishing Group, 2010: 63-65.

② Fouquet R. The slow search for solutions: Lessons from historical energy transitions by sector and service [J]. Energy Policy, 2010, 38(11): 6595.

③ 斯米尔.能源神话与现实[M].北京国电通网络技术有限公司,译.北京:机械工业出版社,2016:192-194.

④ 朱彤,王蕾.国家能源转型:德、美实践与中国选择[M].杭州:浙江大学出版社,2015:导言.

⑤ Fouquet R. The slow search for solutions: Lessons from historical energy transitions by sector and service [J]. Energy Policy, 2010, 38(11): 6595.

广哪一种能源开发技术,并不取决于政府的文件或者领导人的指示,而是应该由技术论证决定行不行,环境测评决定上不上,市场验证决定用不用。[①] 如果过度依靠行政手段进行资源配置,将会导致市场机制难以得到有效发挥。而对于降低能源转型成本,没有任何一种机制比市场机制更加有效。事实上,政府的决策者难以做到像千百万消费者和投资者那样对天然气、石油、煤炭及其他能源进行有效比较。[②]

从能源发展史看,经济发展是导致能源问题的根源,但经济发展同样也是解决能源问题的根本出路。这是因为经济发展能提高人民的福利水平,而社会财富的增长与人们消费能力的提高使普通消费者有更强的意愿选择清洁能源。一旦社会有了能源转型的紧迫感,政府与企业也会为环境保护与清洁能源开发投入更多的资源。这一点恰如恩格斯所言,"社会一旦有技术上的需要,则这种需要就会比十所大学更能把科学推向前进"[③]。当前中国政府提出的建设"美丽中国"的目标乃是民心所向,而只有坚持走对内改革与对外开放齐头并进的发展道路,中国才能克服能源转型道路上的重重阻力。

(五)中国清洁能源转型路径

为了加快本国清洁能源转型的进程,中国至少需要在以下几方面作出积极调整。首先,多元化不仅是中国清洁能源转型的目标,也是清洁能源转型目标得以实现的手段。尽管当前中国的油气对外依存度已达到相当高的水平,不过相较于极少发生的海外油气供应中断的危机,如何降低煤炭的超大规模利用所带来的环境风险才是我们面临的紧迫任务。为了有效防范环境风险,中国需要加快实施能源结构多元化策略,坚定不移地将原先以煤炭为主的自给自足的传统能源供应模式转变为以煤、油、气、

---

① 王伟,郭炜煜.低碳时代的中国能源发展政策研究[M].北京:中国经济出版社,2011:总序.

② 西蒙.没有极限的增长[M].黄江南,朱嘉明,译.成都:四川人民出版社,1985:75.

③ 马克思,恩格斯.马克思恩格斯全集第39卷(上)[M].北京:人民出版社,1974:198.

核和可再生能源多轮驱动的能源供应新模式。得益于技术进步和政策激励,目前全球的能源结构相较于 20 世纪 70 年代已经变得更加均衡和多元化。对此,中国可以借鉴发达国家的经验,开发更多的清洁高效的低碳燃料来替代高污染的传统燃料。尽管目前还很难对中长期的能源消费结构作出准确的预测,不过从全球能源转型趋势来看,未来中国很有可能会遵循如下清洁能源转型路径:首先是逐步降低日常生活中传统生物质能的使用;其次是持续提升国内的电气化率,减少将煤炭作为最终能源产品使用;再者是积极推广天然气的开发利用,在电力以及工业部门逐步替代煤炭;最终需要解决的问题是,更多地开发和利用可再生能源和核能,使电力部门逐步脱碳化。[①]

当然,鉴于当前我国能源需求总量仍未达到峰值水平,积极推进清洁能源转型将不可避免地使国内早已经供不应求的清洁能源资源变得更加紧张。对此,我们应通过培育多样化的市场参与主体来化解能源结构多元化带来的资源稀缺问题。从某种程度来说,国内油气资源的供不应求不仅与我国缺油少气这一资源禀赋有关,也与我国的油气资源开采权主要集中在少数几家大型油气公司不无关系。为了更好地开发国内的油气资源,政府需要在油气资源勘探与开发领域降低行业准入门槛,鼓励多元资本参与资源开发进程。与此同时,中国还需要积极推进"一带一路"倡议,加强能源外交,确保海外能源供应安全。鉴于我国极为庞大的油气资源进口量,过于依赖某一地区或者单一运输通道的油气资源供应模式都会产生不利后果。有鉴于此,我们不仅需要强化进口能源来源多元化策略,而且同样需要在能源运输通道、运输方式乃至能源贸易方式等方面追求多样化。[②] 唯其如此,我们才能及时而有效地掌握发展所需的能力与资源,加快我国的能源转型进程。

---

① 斯皮德.中国能源治理:低碳经济转型之路[M].张素芳,王伟,刘喜梅,译.北京:中国经济出版社,2015:43.

② 陈新华.能源改变命运:中国应对挑战之路[M].北京:新华出版社,2008:28.

　　其次,科技创新是实现向清洁能源转型的关键,中国在能源开发领域
亟须加快能源科技创新,提高能源科技成果的转化效率。能源工业的发
展历程表明,能源资源开发总是处在资源枯竭与科技进步这一永恒的拔
河竞赛之中。这场竞赛的结局与其说是主要取决于化石能源的资源禀
赋,还不如说是主要取决于人类的聪明才智。一方面,正是得益于一系列
跨学科的交叉技术在能源领域的推广与应用,页岩气、风能、太阳能以及
储能等产业才得以蓬勃发展,人类在这场竞赛中才赢得了暂时的竞争优
势。另一方面,我们也要意识到,由于能源供应的稳定性、价格的可承受
性及环境的可持续性三者的不可兼得,最先进的能源技术未必就是最适
合进行商业推广的技术,这意味着能源技术变革存在着巨大的不确定性。

　　如果说需求是第一生产力的话,那么可能除了缺乏重大的能源科技
创新之外,目前中国已经具备了向清洁能源转型的其他条件。要想解决
国内能源科技创新供给不足的问题,中国需要建立以市场需求为导向的
清洁能源科技研发激励机制,构建与之匹配的人才培养与公共资金投入
计划。有鉴于此,构建多样化的产品转化渠道以及高效的商业转化机制
是加强产、学、研及资本之间紧密合作的前提,也是加快能源科技成果转
换的重要条件。这有赖于政府营造一个相对灵活且宽松的市场环境,激
发各类市场主体的积极性。具体而言,政府需要加大公共财政对于能源
基础科学研究的投入,以便让公共研发机构和大学在能源科技方面发挥
其应有的作用,解决我国在清洁能源领域存在的源头性创新不足的问题。
同时,政府还需要在投融资方面为中小企业应用清洁能源技术提供更多
的便利,进而通过政策引导大企业在实现清洁能源的大规模产业化方面
发挥其不可替代的作用。①

　　最后,提高能源监管水平是实现清洁能源转型的必要条件,加快中国

---

　　①　清华大学产业发展与环境治理研究中心.中国新兴能源产业的创新支撑体系及政策研
究［R/OL］.2014:91-109.［2015-08-01］.http:// www. efchina. org/Reports-zh/reports-
20130630-zh.

清洁能源转型进程有赖于政府能源监管方式的转变。基于个体理性,在能源领域人们同样遵循着以最低的能源成本获得最大的效用这一经济学法则,很少有人会刻意采取低效的方式使用能源资源。能源效率同成本效率的高度契合意味着清洁能源转型遵循着经济学的一般规律。这一判断有其政策内涵,它意味着政府在进行能源监管时需要还原能源的商品属性,在市场能够发挥作用的地方需要政府逐渐放权,在市场失灵的地方则要加强政府的监管。从能源监管的必要性看,能源生产和消费将会导致环境的破坏,需要通过监管来保护环境。这意味着政府需要加强两端监管,同时放松对于中间环节的管制。在能源生产领域,政府可以通过制定一个具有普适性的能源行业最低准入门槛,通过制度将那些不符合环保以及安全生产等要求的主体排除在外,维护能源市场的平稳有序发展。在终端消费领域,政府可通过立法等方式弥补市场在解决能源消费外部性问题上的不足,对节能与环保形成有效的激励,使节能与环保成为消费者的自觉行动。与此同时,我们同样需要进一步发挥市场机制在配置资源方面的决定性作用。这意味着政府调控不能取代市场机制,随着能源行业市场化改革的推进,政府需要改变以"命令—控制"措施为主的传统监管方式,减少对清洁能源企业经济活动的直接干预,从而释放市场主体的活力。

(六)结语

从国际能源发展进程看,人类对于能源安全的需求与马斯洛的需求层次相契合,满足基本生活的能源需求属于最低层次,解决能源贫困后将会致力于确保能源的持续稳定供应,随后才会追求能源与环境的协调发展。目前,发达国家早已解决能源贫困问题,它们对能源使用安全的日益重视推动了全球能源转型进程,加快了能源的多元化与低碳化进程。与发达国家相比,中国在能源转型领域面临着更为艰巨的挑战。随着经济的发展,目前我国在能源领域的主要矛盾已转化为人民日益增长的美好生活需要与清洁能源不平衡不充分发展之间的矛盾。为了完成党的十九大报告提出的到 2035 年基本实现建设美丽中国的目标,中国需要积极推进能源生产与消费革命,构建清洁低碳、安全高效的能源体系。从政策目标看,这需要我国在确保能源供应安全的同时,更加重视能源使用安全的问题。就能源结构而言,这需要中国改变煤炭一家独大的能源结构,积极推广油气与可再生能源的开发利用。这就要求中国不仅要有强烈的政治意愿以及与之匹配的市场条件,而且还要在经济发展方式、能源技术开发以及能源治理等方面作出积极的调整。

二、海上能源通道安全与中国海权发展战略

石油是工业的血液。中国曾是石油净出口国,石油一度能自给自足。然而,自 1993 年成为石油净进口国以来,中国的石油对外依存度急剧攀升,至 2017 年已达到 70% 左右,这极大地加剧了中国能源安全的脆弱性。目前,中国大部分进口石油通过油轮运输,而其中很大比重还需途经霍尔木兹海峡和马六甲海峡,这将中国的能源供应链暴露在错综复杂的国际地缘政治格局中,从而对中国的能源安全提出了重大挑战。尽管国内有学者就"马六甲困局"[①]及霍尔木兹海峡的替代通道[②]等一些具体议题作过精彩分析,但对美国因素如何影响中国的海上能源通道安全缺乏全面而客观的评估。目前,在美国能源独立前景看好,以及加快实施"印太战略"这一背景下,如何深入评估美国海上霸权地位对中国海上能源通道安全造成的影响,是一个不容回避的问题。同样,中国如何作出应对也是颇为复杂的课题。中国应采取何种战略或许可以分解为如何回答两个至关重要的问题:(1)在近期内,如果中国采取"搭便车"战略,其潜在的风险会有多高? (2)就中长期而论,如果中国选择自主战略,即主要依靠自身实力维护海上能源通道安全,又该如何推进本国的海权发展? 为此,本研究将在阐述海上能源通道重要性,以及美国对中国海上能源通道产生何种影响的基础上,对上述两个问题作出回答。

(一)中国海上能源通道安全态势

国际石油贸易,主要分为海路与陆路运输两种,其中陆路又以管道运

---

① 薛力."马六甲困境"内涵辨析与中国的应对[J].世界经济与政治,2010(10):117-140;张洁.中国能源安全中的马六甲因素[J].国际政治研究,2005(3):18-27.

② 汪海.构建避开霍尔木兹海峡的国际通道:中国与海湾油气安全连接战略[J].世界经济与政治,2006(1):48-54.

输为主,铁路运输为辅。若以经济性、时效性、安全性与便捷性四项指标衡量,油轮的优势在于运输量大、运费低,弊端在于速度慢,易受自然条件影响;管道运输安全性好,运量较大,运价较低,弊端在于初始投资成本高,灵活性差;铁路运输石油的优势在于速度快,弊端在于建设周期长,运输量不及海运,安全性不如管道运输。由于石油产地与消费地区之间往往远隔重洋,并且油气属大宗易燃商品,运输的经济性和安全性要比时效性重要,因此海运自然成为石油跨国贸易的主要运输方式。①

同陆上运输一样,海上运输的目标在于能以较低成本将货物高效安全运抵目的地,但海运的速度、可靠性与经济成本之间往往存在着相互制约的关系。如果过于强调运输的快速和安全目标,就会提高运输成本;反之,如果过于追求运输的经济性,则可能会牺牲运输的便捷性与可靠性。与之对应,尽管经济学家、战略家和政治家都同意运输的经济性、安全性和高效性缺一不可,但他们的关注点各有侧重。对经济学家而言,较短航程、较低运价以及货物及时运抵,是制订海洋经济战略时需要考虑的最为重要的因素;战略家在审视海上通道时,需要得到能够部署军队的基地,明确敌友所处的位置以及解决后勤保障问题;但在政治家看来,最主要考虑的因素是与海陆沿岸国的关系问题。②

从现实情况来看,中国海上石油运输面临的主要问题在于如何平衡经济可承受性以及安全可靠性这两大目标。中东和非洲是中国海外石油供应的主要来源地,从运输成本看,中国进口石油主要依靠海运且高度依赖霍尔木兹海峡和马六甲海峡,有其内在的合理性。这是因为,相对于管道和铁路运输,大型油轮不仅能够远渡重洋,而且还具备明显的经济优势,这就决定了中国进口石油大多利用油轮进行运输的必然性(参见表1.1)。霍尔木兹海峡是中国获取波斯湾原油的海上必经之途,马六甲海

① 蔡德林.国际贸易运输地理[M].北京:中国商务出版社,2006:15.

② Sakhuja V. Indian Ocean and the safety of sea lines of communication [J]. Strategic Analysis, 2001, 25(5):689-702.

峡则以其得天独厚的地理位置,成为中国获取西亚与非洲石油资源最为便捷的咽喉要道。

表 1.1   中国石油运输成本对比

模式	路径	距离/千米	总成本/(美元/桶)	运输成本/(美元/1000 千米/桶)
油轮	拉斯坦努拉—宁波	7000	1.14	0.16
管道	安加尔斯克—斯科沃罗迪诺	2700	2.14	0.79
铁路	安加尔斯克—满洲里	1000	7.19	7.19

资料来源:Collins G B, Erickson A S. Chinese efforts to create a national tanker fleet [M] // Collins G B, Erickson A S, Goldstein L J, et al. China's Energy Strategy: the Impact on Beijing's Maritime Policies. Annapolis: Naval Institute Press, 2008: 87.

然而,过于依赖海运,特别是依赖上述两大海峡也给中国能源安全带来了隐患。[①] 首先,由于沙特阿拉伯和伊拉克分别铺设了从波斯湾沿岸油田到红海延布港和地中海杰伊汉港的石油管道,每天有数百万桶原油得以避开繁忙的霍尔木兹海峡输往西欧和北美。相对而言,2016 年每天通过霍尔木兹海峡的 1850 万桶石油中,有超过 80% 的份额是运往中国、日本、韩国及印度等亚洲市场,并且这种依赖性在可预见的未来还将继续攀升。[②] 因此,对于东亚国家,尤其是对于中国而言,一旦波斯湾出海口被封锁,所要承担的风险将会比欧美国家高得多。其次,中国还是马六甲海峡的最大使用国,随着石油等一些战略资源进口量的成倍增长,中国对马六甲海峡的依赖势必有增无减。如果将石油比作"工业的血液",那么从中东连接印度洋,并途经马六甲海峡的航道,便是中国经济成长的"大

① Kaplan R D. China's Two-Ocean Strategy [M] // China's Arrival: A Strategic Framework for a Global Relationship. Washington D C: Center for a new American Security, 2009: 49.

② EIA. World Oil Transit Chokepoints [EB/OL]. (2017-07-25)[2017-09-01]. http://www.eia.gov/countries/analysisbriefs/World_Oil_Transit_Chokepoints/wotc.pdf.

动脉"。①

如果撇开不利的自然条件,中国在确保海上能源航道安全方面主要面临两大挑战,一是海盗等非传统安全因素构成的威胁,二是海权强国的战略意图。从非传统安全角度看,当前威胁海上能源通道安全的主要因素是海盗活动。海盗大多聚集在索马里海域、东南亚的印度尼西亚群岛以及菲律宾的周边海域活动。目前,随着西非国家石油生产和出口量的快速增长,几内亚湾的海盗活动也开始变得猖獗起来。具体而言,海盗活动的威胁主要体现在以下几方面:一是对船员人身造成伤害;二是海运保险费用随之上涨;三是最终会导致货物运输成本的高涨。尽管各国开始联合打击海盗,但海盗活动在最近几年仍呈上升趋势。据统计,全球公海领域发生的海盗劫持事件从 2006 年的 239 起攀升至 2010 年的 445 起,仅在 2010 年就有 1181 名海员被海盗劫为人质,由此产生的经济损失每年高达 70 亿~120 亿美元。②

当然,对于中国而言,最大的威胁并非来自海盗等非传统安全因素,因为这些一般只是小规模、低强度的袭扰。真正长期影响中国能源通道安全乃至国家安全的因素来自传统的海权强国,而美国的动向尤其值得关注。③ 这不仅是因为美国占据着全球海上霸权地位,也因为美国与中国台湾存在着事实上的盟友关系。更为重要的是,美国还与中国在东亚最重要的竞争对手日本结成了紧密的同盟关系。在钓鱼岛等问题上,中日两国存在着尖锐的分歧,中国有理由担心,美国为了制约中国实力的日

---

① 据美国国防部统计,在中国 2011 年石油进口份额中,有 85％途经马六甲海峡,43％途经霍尔木兹海峡,还有 6％途经亚丁湾,而中俄和中国—中亚石油管道分别占中国石油进口总量的 6％和 4％。参见 Office of the Secretary of Defense. Annual Report to Congress: Military and Security Developments Involving the People's Republic of China 2013 [R/OL]. Washington D C: The Department of Defense, 2013: 80. [2015-01-31]. http://www.defense.gov/pubs/2013_china_report_final.pdf.

② A public-private counter-piracy conference organized by the UAE Ministry of Foreign Affairs in association with DP World. Global Challenge, Regional Responses: Forging a Common Approach to Maritime Piracy [M]. Dubai: United Arab Emirates, 2011: 124.

③ 吴士存,朱华友.聚焦南海:地缘政治、资源、航道[M].北京:中国经济出版社,2009:36.

渐增强,会通过对台军售、加强美日同盟,甚至在极端情况下对中国进口能源实施封锁等方式,维护其在亚太地区的主导地位。在中美关系紧张时,前两者是美国牵制中国的惯用手段,而第三种方式在美国石油外交史上也是有先例可循的。

当然,比意图更重要的是要分析国家的能力。美国智库卡内基基金会认为,从军事实力对比看,相对于规模更大也更先进的美国海军,中国存在着长距离支援能力弱、舰只与飞机易于遭到攻击、解放军缺乏空中加油能力以及潜艇在浅水海峡活动能力受限等不利因素,这将易于美国针对中国实施军事封锁和设置壁垒。① 不仅如此,美国一些负责太平洋地区安全防务的高级海军军官们甚至认为,从技术角度看,对中国实行封锁,不一定会给日本等美国的东北亚盟友造成重大的连带伤害。他们认为,美国可以封锁驶往中国的油轮,同时不减少驶往美国环太平洋盟国的油轮数量。②

(二)关于目标与能力的现实评估

一方面,就国家发展战略而言,中国的能源战略服务于经济发展和政治稳定等更为宏大的目标。近 30 年来,中国的快速崛起伴随着规模巨大的海洋转型,而这一转型的首要动力来自改革开放后中国奉行的史无前例的外向型发展战略,以及随之而来的规模宏大的城市化进程。国际经验表明,当一国属于投资依赖型经济体,并奉行出口导向发展战略时,

---

① Swaine M D, Mochizuki M M, Brown M L, et al. China's Military & the US-Japan Alliance in 2030: A Strategic Net Assessment [M]. Washington D C: Carnegie Endowment for International Peace, 2013: 295.

② Blair B, Chen Y L, Hagt E. The Oil Weapon: Myth of China's Vulnerability [J]. China Security, 2006, 2(2): 40. 不过,中国能源问题专家 David Zweig 教授在接受本文作者访谈时认为封锁不太可行,因为很难查出哪艘油轮与中国相关;一来中国油轮可以悬挂方便旗;二来难以辨认一艘驶向亚洲的中东油轮是去韩国、日本还是中国。

那么随着国内城市化进程的加快,该国对资源的需求也就越强烈。[①] 根据国际能源署的预测,即便中国采取更为严厉的节能减排举措,未来中国的一次能源需求仍将从 2017 年的 30.51 亿吨标准油当量增长至 2040 年的 38.58 亿吨标准油当量。这其中,中国的石油需求量将从 2017 年的 1230 万桶/日增长至 2040 年的 1580 万桶/日,每年的天然气消费量将从 2017 年的 2480 亿立方米增长至 2040 年的 7080 亿立方米,届时中国将成为全球最大的石油消费国和第二大天然气消费国。[②] 尽管已是全球第一大能源生产国,但是相对过于旺盛的能源需求而言,中国又是一个能源资源相对贫乏的国家,这就导致了能源对外依存度的上升,以及随之而来的对海运的依赖。中国推行的外向型发展战略,以及由此产生的在经济以及战略上对海洋的日益依赖,使其成为拥有巨大海洋利益的国家。

另一方面,冷战后中国面对的主要矛盾绝大部分集中于海上,这其中不仅包括中日两国间围绕钓鱼岛主权的争端,中国大陆对台湾当局展开的反分裂的斗争,而且还包括中国与一些东南亚国家间日益突出的有关南沙群岛归属的矛盾。海洋需求的上升以及海上矛盾的凸显,自然会对我国的传统外交与安全政策带来巨大的挑战,或者说导致中国出现战略目标与战略手段之间的脱节。换言之,随着能源对外依存度越来越高,确保海上能源通道的安全已成为至关重要的国家利益,但中国要想实现上述目标,其能力却亟待加强。在这种情况下,摆在中国领导人面前的主要选项有:

(1)如果从陆路或者其他海路开辟替代性的石油运输通道,使得中国海外石油运输通道实现多元化,那么确保传统海上能源通道畅通的重要性就会相应降低,中国也就无须过多地依赖印度洋航道。

(2)如果加强本国海军实力缓不济急,那么中国就应该考虑与海上强

---

① 戴.资源投资:如何规避风险,从巨大的潜力中获利[M].王煦逸,译.上海:上海财经大学出版社,2012:20-21.

② International Energy Agency. World Energy Outlook 2018 [M/OL]. Paris: OECD/IEA, 2018: 40, 138, 176. [2019-02-21]. http://www.iea.org/weo2018/.

国维持良好的关系,或适当降低目标,即确保那些针对中国的海上恐怖活动或者封锁行为不能得逞,同时付出相应的代价。

(3)如果与海上强国建立良好关系的代价过于高昂,或者维护海上交通线的畅通已成为国家的核心利益,那么就应该想方设法地增强本国海军实力,增加和平或者战时可供选择的手段,从而在危机时刻能动用本国的军事力量来维护海上能源生命线的畅通。

目前,由于我国海军尚不具备确保漫长海上能源航道畅通的能力,因此,降低对印度洋通往太平洋航道的依赖,对中国而言是一项较为现实的政策选择。为此,中国积极推进中国—中亚、中俄以及中缅油气管道的建设工程,并且开始关注北极航道的价值,这些无疑都能强化中国能源进口渠道的多元化。然而,这些政策选择也存在着一些局限性。首先,即便上述跨国石油管道全部投产,并且满负荷运营,中国每年通过管道的原油进口量有望达到 7200 万吨,也仅相当于 2017 年中国原油进口量的 17%。其次,一些能源问题专家也指出,不论从军事角度还是技术角度看,切断陆上油气管道的难度将远低于海上石油禁运和封锁,并且相应的代价也要低得多。① 再次,在内陆石油通道建成后,还将面临如何在当地加工原油,以及怎样就地消化石油制品的问题。在环保意识高涨的背景下,如何平衡能源安全与环保之间的关系将成为政府不得不面对的重要问题。最后,即便油轮能在北极航道通航,中国也能从北冰洋沿岸国家进口原油,然而,鉴于中国石油进口地区主要分布于印度洋沿岸,此举不免舍近求远。

鉴于陆上管道只能起到补充而非替代作用,那么通过外交手段与海

---

① 美国中国能源问题专家邓丽佳(Erica S. Downs)认为,即便是中哈石油管线也存在着重大安全隐患,美国可以通过发射巡航导弹的方式轻易地摧毁石油管道正常运转所需的油泵站,就像海湾战争时美国对伊拉克所实施的打击那样。她认为陆上管道的优势在于,美国必须以攻击中国或者第三国的方式破坏石油管道,而海上封锁至少在理论上可以做到不攻击一个主权国家。中国现代国际关系研究院学者赵宏图也持类似观点。请参见 Downs E S. The Chinese energy security debate [J]. The China Quarterly, 2004, 177: 36-37. 赵宏图. "马六甲困局"与中国能源安全再思考[J]. 现代国际关系, 2007(6): 40.

上强国以及沿岸国家保持良好的关系，或者增强自身的海军实力，将是维护中国海上能源通道安全的重要选择。实践表明，外交和军事手段都是保障能源安全不可或缺的工具。当冲突爆发时，国家若能及时动用外交资源，有助于降低和限制石油禁运与封锁带来的冲击，并为最终解决危机赢得时间。强大的军事实力一方面可以为政府提供外交上的灵活性，另一方面还能起到威慑作用，让潜在的对手意识到，如果对华实施石油禁运，自身利益难免会遭受重大损失。一旦威慑失败，武力将是解决危机的终极手段。

当然，较之于理论，现实的问题总是更为复杂。在近期内，中国如果在外交上迎合美国，奉行"搭便车"的战略，虽然能降低美国的戒备心理和本国的军备开支，但难免会产生相应的风险：首先，基于商业和能源因素考虑，确保黄海、东海、南海乃至北印度洋航线的自由通航，对于中国这个全球第一商贸大国而言具有极其重要的政策含义。鉴于海外能源供应对于确保本国经济增长是不可或缺的要素，中国领导人自然不愿将这个最重要的利益托付给美国。毕竟，美国的善意是靠不住的，它只是东亚海洋安全自封的保证者。①

其次，即便中美友好关系得以长期维系，随着美国能源独立进程的快速推进，美国维护国际能源航道畅通的意愿也将下降。据美国国家情报委员会预测，到 2030 年时美国有望实现能源独立，并可能成为重要的能源出口国。② 目前有越来越多的美国学者开始讨论霸权负担问题。他们认为，作为唯一的超级大国，美国肩负着"世界警察"这一不成比例的重担，既要保护国际贸易与航行，又要维护国际安全。③ 还有一些组织称，

---

① 霍尔姆斯，吉原俊井. 21 世纪中国海军战略[M]. 阎峰，译. 上海：上海交通大学出版社，2015：4-7.

② The National Intelligence Council. Global Trends 2030: Alternative Worlds [R]. Washington D C: US National Intelligence Council，2012：35-36.

③ Dobbins J, Gompert D C, Shiapak D A, et al. Conflict with China: Prospect, Consequences, and Strategy for Deterrence [R/OL]. 2011：10. [2012-07-08]. http://www.rand.org/content/dam/rand/pubs/occasional_papers/2011/RAND_OP344.pdf.

美国每年用于确保波斯湾石油流向全球市场的最低军事开支为 1370 亿美元。[①] 而中国一方面仰仗美国维护中东地区安全，从波斯湾地区最大限度地获取石油等经济利益，另一方面不仅未能在安保方面有所作为，反而与发展核武器的反美国家伊朗保持密切的联系，这些行为在美国看来无异于是在窃取其安保努力的成果。[②]

最后，恐怕也是最重要的一点，就是美国对中国的认知。在美国于 2018 年发布的《国防战略报告》中，特朗普政府将中国视为一个修正主义大国——试图塑造一个与其统治模式相似的世界，并且获得对其他国家经济、外交和安全决定的否决权。该报告甚至认为"中国正利用其军事现代化、影响力行动与掠夺式的经济活动来胁迫邻国，重塑对其有利的印太地区秩序。随着经济和军事实力的不断提升，为了民族的长远战略，中国将继续追求军事现代化，以便在近期取得印太地区的主导权，并在未来取代美国获得全球主导权。本国防战略最深远的目标是，使中美两国间的军事关系走上一条透明、互不侵犯的道路"[③]。为此，该报告认为，与中国的长期战略竞争将是美国国防部的首要事项。显然，特朗普政府对中国的认知将会加剧中美两国在安全领域的竞争关系，并使南海和东海的局势变得更加错综复杂。事实上，早在奥巴马政府时期，美国国防部就决定到 2020 年时将本国 60% 的战舰部署到太平洋地区。美国还有意将印度洋和太平洋的战略部署连接在一起，届时印度洋北部航道、马六甲海峡以及亚太其他重要海上通道都将被纳入美军战略管辖区。[④]

---

① Set America Free. The Hidden Cost of Oil [EB/OL]. 2007. [2012-07-08]. http://www.setamericafree.org/saf_hiddencostofoil010507.pdf.

② Alterman J B. The Vital Triangle [C]// Wakefield B, and Levenstein S L, eds. China and the Persian Gulf: Implications for the United States. Washington D C: Woodrow Wilson International Center for Scholars, 2011: 28-31.

③ The Department of Defense. Summary of the National Defense Strategy of the United States of America 2018 [R]. Washington D C: Department of Defense, 2018: 2.

④ 陈雅莉. 美国的"再平衡"战略: 现实评估和中国的应对[J]. 世界经济与政治, 2012(11): 68.

　　长期以来,中国并不考虑挑战美国在全球的主导权及其在亚太地区的基本利益,但却试图摆脱美国的牵绊,扩展自身的影响力。由于对进口能源的依赖,以及海外贸易的重要性日增,中国自然会在东亚及波斯湾等重要地缘战略区域扩大自身的影响力,以便确保战略资源的安全以及海洋通道的畅通。中国在区域及全球地缘战略影响力的客观提升,势必引起美国主观疑虑的加深。这是因为能源的需求与布局是结构性的矛盾,地缘影响亦是如此。因此,为了维护公海能源通道安全,美国可能会在打击海盗等非传统安全领域同中国进行短期合作与利益交换,但绝不可能放松对中国的提防。①

　　为此,中国需要在外交和军事领域做好相关应对。外交的重要性自不待言,中国发展本国海军力量的重要性和必要性也将长期存在,这主要由以下两个重要因素决定:首先,非传统安全威胁仍将长期存在。如果中国拥有强大的海军力量,并经常出现甚至部署在拥有海外利益的地区,无疑能更好地保障中国的海外油气运输安全和油气产业的正常发展。② 仅从这一方面看,美国没理由抵制中国发展"蓝水海军",因为随着中国海军实力的增强,它就有能力在打击海盗等领域成为美国更为可靠的合作伙伴。其次,中美两国的竞争关系在今后相当长的一段时间内仍不会改变。建成一支与中国国际地位相称、与国家安全和发展利益相适应的强大军队,是中国现代化建设的战略任务,也是中国实现和平发展的坚强保障。③ 如果美国因中国建立"蓝水海军"而对中国缺乏战略信任,那么一个正在迅速崛起而又没有"蓝水海军"的中国,对于作为全球超级大国而又在太平洋地区占主导地位的美国,将同样缺乏战略信任。有鉴于此,

---

　　① 相关观点汇编可参见 Rourke R. China Naval Modernization：Implications for U. S. Navy Capabilities—Background and Issues for Congress [R]. CRS Report for Congress, 2012：36-50.

　　② 穆献中. 中国油气产业全球化发展研究[M]. 北京：经济管理出版社,2010：279.

　　③ 中华人民共和国国务院新闻办公室. 中国武装力量的多样化运用白皮书[EB/OL]. 2013. [2013-05-06]. http：// www. gov. cn/jrzg/2013-04/16/content_2379013. htm.

"蓝水海军"将是中美军事互信的保证。①

(三)通道安全与海权发展的中国谋划

中国是当今世界发展海权的驱动力最为充足的国家之一。为了切实有效地维护本国的海洋权益,未来中国的海权发展需要在国家战略层面上得到明确而有力的支持。② 具体而言,为了发展本国海权,中国需要做好海洋战略、海军力量、海运能力、造船工业,以及海洋政治博弈、海洋法律体系的研究与建设等各个方面的工作。

1. 加强海洋战略规划

海洋战略是指一国为其经济、政治、战略和军事用途使用海洋的能力与政策。③ 中国需要制定符合本国国情和满足国家利益需求的国家海洋战略。目前,由于缺乏能在各级政府部门间统一执行、连贯有力的国家海洋战略,政府各部门间往往不顾宏观政策的后果,只追求部门的自身利益。一个握有实权的协调部门的缺失,既不利于我国同周边国家缓和紧张局势,又妨碍了我国以一种较为明确且带有轻重缓急次序的管理态势追求本国的海洋利益。因此,展望未来,若要合理有效地开发利用海洋资源,同时避免出现"九龙闹海"的局面,中国政府需要制定一套完整连贯的海洋政策,并且建立起一套行之有效的协调机制以贯彻既定的战略规划。④ 具体而言,国家海洋战略应包括国际、国内两个层面:从国际层面看,我国海洋战略应将维护和捍卫国家主权和领土完整,解决同邻国的海洋争端,维护我国海洋权益,致力于建立有利于我国和平发展的国际海洋

① 邱震海.中美如何才能建立军事互信[N].国际先驱导报,2005-01-28.

② 杨震,杜彬伟.从海权理论角度看戈尔什科夫的海上威力论及其影响[J].东北亚论坛,2013(1):67.

③ Sherwood D, Wilson D. Oceans Governance and Maritime Strategy [M]. Sidney: Allen & Unwin, 2000: 3.

④ 相关论述详见国际危机组织.南海翻波(一)[EB/OL].亚洲报告,No. 223. (2012-04-23)[2013-01-31]. http://www.crisisgroup.org/~/media/Files/asia/north-east-asia/Chinese/223-stirring-up-the-south-china-sea-i-chinese.

制度和海洋秩序作为根本任务。从国内层面看,国家海洋战略应将全面提升全民族海洋战略意识,贯彻科学发展观,科学合理地开发、利用和保护海洋以及实现海洋的持续协调发展作为根本任务。[①] 与之对应,中国还需要在现有海警、海监、渔政、港监和海关等基础上组建国家海岸警卫队。按照国际惯例,这将是一支行动协调、执行有力的准军事化海上执法队伍。这将有助于我国海军从近海护渔、护航等"副业"中解放出来,成为专注于中远海作战的蓝水海军。令人欣喜的是,随着国家海洋委员会的成立以及由国土资源部管理的国家海洋局的重组,中国在这方面已迈出重要的一步。

从目标规划上看,中国需要根据战略上的轻重缓急确定海权发展进程。台湾地区是中国解决南海问题的关键点之一,而走向印度洋必须经过南海,这是一种阶梯式的连锁反应。中国如果不在台湾问题上取得突破性进展,就难以在南海获取绝对优势与主动权。如果南海问题不解决,中国将无法全力以赴地将其海权势力推进到印度洋地区。[②] 此外,台湾地区也是中国海权通往太平洋的必经之地。因此,台湾地区是中国海权发展的地缘枢纽,必须加以重视,有必要将台湾问题纳入海权发展问题中进行全盘考虑。有鉴于此,就国际海洋战略通道的控制而言,中国在现阶段必须将东海、南海作为首要地区,然后向两洋特别是印度洋扩展。

2. 加强海军建设

目前,海洋作为人类生产和生活空间的价值正在不断提升。然而,伴随着海洋价值多元化也出现了海上威胁的多样化。海上交通被迫中断,海上非法活动,以及国家海上利益的冲突等,都有可能需要海军不同程度的介入。因此,即便在资本全球化时代,建设一支实力强大的海军仍有其独特的吸引力,这恐怕也是亚太各国争相发展本国海军的原因所在。而建成一支能执行多种任务的蓝水海军更是中国当下尤为迫切的需求之

① 刘中民.毛泽东、邓小平、江泽民海洋战略思想探说[J].中国军事科学,2012(2):52.
② 杨震.论后冷战时代的海权[D].上海:复旦大学,2012:203.

一。作为全球最大的海上贸易国,中国与世界各国都有商贸往来。因此,当前中国的涉海利益早已超越了对台湾海峡局势的关切。它还包括防范国际恐怖组织瓦解全球经济,捍卫海洋作为全球商品运输通道的价值,保护中国海外企业的利益,以及维持海外原材料的输入。① 此外,中国还需要捍卫本国在南海和东海海域的领土权益。中国海洋利益的扩展必然会使其将更多的资源投于海洋方向。然而,无论是从地理位置和战略处境,还是从财政资源分配的矛盾和战略文化传统等各个方面看,中国都不会以美国强大的全球海权作为样板,更没有挑战其海上霸权的意图。②

从功能上看,这支蓝水海军的重要职责之一是维护海上通道的畅通。国际经验表明,要想对海外油气供应链的开采领域实施有效保护是件相当困难的事,这需要效仿美国向重要的石油产区派遣地面部队,然而这对中国而言并不可行。相对而言,对海外能源供应链的运输部分实施保护则更为切实可行。然而,鉴于中国需要保护的海上能源通道相当漫长,如何切实有效地维护本国在南海的权益显得尤为迫切。因为这里是印度洋与太平洋交汇处,海上能源通道处于南中国海与爪哇海的复杂区域。这一区域为新加坡、马来西亚半岛、菲律宾群岛和印度尼西亚群岛所包围,还有宗教激进主义、海盗等海上势力,再加上印尼各海峡严重拥堵的地理"瓶颈",中国通往石油丰富的中东和非洲的海上交通线在这一区域的风险最大,但它却是绝大多数中国油轮和商船队的必经之路。这里还有很多中国希望开采的重要的油气储量,使南中国海在一些战略判断上被视为"第二个波斯湾"。所有这些因素结合在一起,使得作为印度洋东大门的南海海域跻身中国未来几十年中最具关键意义的海域之列。③

---

① Dutton P A. Charting a Course: US-China Cooperation at Sea [J]. China Security, 2009, 5(1): 14-15.

② Rourke R. China Naval Modernization: Implications for U. S. Navy Capabilities—Background and Issues for Congress [R]. CRS Report for Congress, 2012: 7.

③ 卡普兰. 季风:印度洋与美国权力的未来[M]. 吴兆礼,毛悦,译. 北京:社会科学文献出版社,2013:354.

为了履行上述使命,中国海军需要提高威慑与作战能力。具体而言,威慑分为核威慑和常规威慑两方面。在核威慑方面,应该增加海基核力量的数量,即增加弹道导弹核潜艇的数量。中国海军日后必须加强核攻击潜艇与弹道导弹核潜艇的研制与装备,充分发挥核潜艇的海洋防卫功能和核威慑功能。在常规威慑方面,航空母舰将是首选舰种。对中国海军而言,航空母舰主要能发挥以下功能:首先,航空母舰可以为中国海军提供急需的远程防空能力;其次,航空母舰可以提高中国海军夺取和运用制海权的能力;再次,航空母舰将会提高中国海基核力量的生存能力和海上远程打击能力;最后,航空母舰将使中国海军应对非传统安全威胁的能力得以提高。只有拥有有效的海上常规威慑和核威慑能力,中国海军才能有效保卫海上能源通道安全。

在提高海军作战能力方面,中国海军需要做好以下几方面工作:

首先,变革军种战略。中国人民解放军海军在 1949 年 4 月 23 日建立之后,基于当时国内外形势以及海军实力的考虑,一直奉行"沿岸防御"战略。20 世纪 80 年代中期以后,正式提出"近海防御"战略。这两种海军战略都是时代的产物,应该说也较好地完成了历史使命。然而,由于出现了"海上生命线"和"海外重大利益地区"的保护问题,以往海军奉行的"沿岸防御"和"近海防御"战略已经不能满足国家战略和国家利益的需要,我国海军极有必要发展和奉行"远洋防御"的军种战略。[①] 该战略不改变中国海军防御型的性质,但是将从前的消极防御转变为积极防御,将战斗空间向远海推进,扩大防御纵深,并将海上进攻作为积极防御的一种方式,以期具备强大的威慑能力。

其次,优化兵力结构。任何海军都是由具有不同功能的各种舰只构成,从而表现为某种"力量结构"(force structure)。特定的力量结构能够反映特定的能力和战略取向。[②] 由于受海军战略、经济实力和技术水平

---

① 倪乐雄.中国海权战略的当代转型与威慑作用[J].国际观察,2012(4):25.
② 梅然.海军扩展与战略稳定:从英德竞争到中美关系[J].国际政治研究,2007(4):82.

等诸多因素的制约,中国海军建立之初的兵种以发展潜艇、海军航空兵及
快艇为主,即所谓的"空潜快"。后来随着朝鲜战争的爆发,中央将原本拨
给海军的武器采购费用中的一半调给空军,海军建设实际上是以潜艇和
小型快艇为主。这种兵力结构的缺陷是显而易见的:潜艇,特别是常规动
力潜艇的火力、航速、防护以及执行海上作战任务的范围与水面舰艇相比
处于劣势,它们在本质上只是一种反介入武器,而非海洋控制武器。① 小
型水面舰艇也因其排水量小,火力、续航力及抗风浪能力不足,难以执行
远洋战斗任务。中国海军兵种结构不合理,已严重影响其执行战略任务
的能力,优化兵种结构迫在眉睫。今后必须科学地确定和优化海军结构,
使海军的各组成部分按照现代战争的客观要求按比例协调发展,从而形
成最佳组合,并达到最强战斗力。

最后,提高"不对称作战"能力。所谓"不对称作战"是指拥有不同作
战能力的部队之间的交战,其目的是以己之长克敌之短,从而掌握战争主
动权。② 到目前为止,中国海军还是一支近海防御型的武装力量,虽然近
几年实力提高了不少,但与其潜在的对手美国海军、日本海上自卫队相
比,中国海军的实力尚有差距。如果采取舰艇对舰艇、飞机对飞机的常规
作战方式,结果不言自明。另外,考虑到难以摆脱资源因素的制约,中国
海军必须打破常规思维,培养海军自己的"撒手锏"。这个"撒手锏"就是
不对称作战能力,反舰弹道导弹就是这种能力的代表。

海军建设是长期渐进的过程,需要有科学合理的长远规划。为此,有
学者曾提出中国海军发展"三步走"计划:第一,从 20 世纪末到 2010 年,
海军必须注重全面提高近海综合作战能力和执行各种海上战役能力,在
海军战略运用上能够有效地遏制和打赢局部战争、解决局部冲突,并加快
发展海上大型作战平台和海军中远程精确制导武器,为其后发展奠定基
础;第二,2011 年至 2020 年,海军应形成以大、中型海上作战平台为核心

---

① Grove E. The Future of Sea Power [M]. London: Routledge, 1990:134.
② 林建超.世界新军事变革概论[M].北京:解放军出版社,2004:207.

的兵力结构,在海军战略运用上要达到有效控制第一岛链以内的近海海域的战略目标,以及具有打赢高技术条件下的海上局部战争的能力,在此期间应着重发展信息化舰队及其作战手段、方法;第三,2020年至2050年,海军开始向区域性海军全面发展,形成以大型海上作战平台为核心的兵力结构,在海军战略运用上要具备在西北太平洋的广阔海域与军事强国及一些地区性大国争夺制海权的能力,确保中国的大国地位、维护中国的海洋权益和保卫中国海上方向的安全。① 从目前情况看,中国海军的发展进程正处于第二阶段的起始部分。海军是海权构成的核心要素,中国的海军建设可以结合实际情况分阶段逐步加以推进。

3. 海洋政治博弈

在这方面,中国应加强提供海上公共产品的能力,积极维护世界海洋的公共性与开放性,打击和抑制海盗,维持良好的国际海洋秩序。对美国而言,自马汉时代以来,确保公海航行自由便是美国海军的职责。② 然而,鉴于霸权成本过高的担忧以及地缘政治演变的现实,在未来美国越来越需要以共同或者多边合作的方式维护公海航道的安全。自1990年至2010年的20年间,美国海军的规模已经缩减至其在冷战时期的二分之一。与此同时,随着本国经济实力和海外利益的扩展,中国、印度和韩国等诸多亚洲国家正在不断地扩充和提升海军实力。多极世界的兴起以及对于成本共担的需求表明,公海航道的安全有赖于从先前由美国海军主导的安全模式过渡到更加依赖合作的新模式。③ 事实上,美国也在一定程度上欢迎中国通过提供国际海上公共产品的方式来分担自身的海洋霸

①　刘一健.中国未来的海军建设与海军战略[J].战略与管理,1999(5):100.

②　奈.美国霸权的困惑[M].郑志国,译.北京:世界知识出版社,2002:154.

③　Henry R, Osowski C, Chalk P, et al. Promoting International Energy Security, Volume 3, Sea-Lanes to Asia [R]. Santa Monica: RAND Corporation, 2012: 8.

权成本。① 此举还可以提高中美海上相互依存度,进而换取美国对中国发展海上力量的默许。就此而言,思考如何应对非传统安全威胁,只会让中美两国更多地强调彼此利益的共同点而非分歧点。两国在该领域的合作还能为双方开展更多的互利共赢合作奠定基础,进而有助于双方建立起必要的增信释疑机制。

4. 继续加强对国际海洋法体系的研究与建设工作

自冷战结束以来,国际海洋法的地位与作用日益凸显。比如,《联合国海洋法公约》就以法律的形式明确了一国海洋主权的范围,这在某种程度上否定了海洋强国"强权即真理"的霸道逻辑,制约了其独断专横地强占海洋、肆意侵犯他国海洋权益的行为。目前,尽管我国海上硬实力不断增长,海军频频突破第一岛链,剑指第二岛链,并拥有世界上屈指可数的造船业和远洋运输船队,但如果不加重视,海洋硬实力的增长反而可能导致对海洋软实力的忽视。② 作为海洋的后来者,由于对规则缺乏深入的研究,中国往往只能在限定条件中谋求发展。展望未来,我国应密切跟踪国际海洋形势发展,深入研究和准确把握海洋法和国际海洋管理制度发展方向,积极参与全球海洋治理进程;在海洋法制定过程中发出自己的声音,为国内建设和海洋事业发展争取更有利的国际海洋法律与制度环境,同时也为实现海洋造福人类及全球海洋的可持续利用贡献力量。③此外,国际公约也规定了对公海航道上的重要海峡实施封锁,这不仅在和

---

① Green M J, Twining D. Power and Norms in US Asia Strategy: Constructing an Ideational Architecture to Encourage China's Peaceful Rise [M]//China's Arrival: A Strategic Framework for a Global Relationship. Washington D C: Center for a New American Security, 2009: 126-127.

② Holmes J R, Yoshihara T. Is China a "Soft" Naval Power? [J]. China Brief, 2009,9 (17): 7.

③ 贾桂德,尹文强.国际海洋法发展的一些重要动向[J].太平洋学报,2012,20(1):25.

平时期属非法行为,即便在战时也不应妨碍国际海峡的自由通航权。[①]
有鉴于此,中国非常有必要加强对海洋法的研究,学会利用规则,建立规
则,趋利避害,运用法律手段维护我国海洋权益。具体到海上安全通道和
对美博弈问题,中国要运用法律手段,与美国在法律的框架内互动,避免
某些突发事件导致局面失控,从而危及我海上通道的安全。

5. 增强我国的海运能力和造船工业

海权的兴衰也部分取决于一国商船队运输能力和工业造船能力的强
弱。目前我国油气对外依存度仍在不断攀升,但只有近三分之一的进口
石油由本国船队承运,这与航运界专家所认为的中国大型油轮船队的规
模至少应满足承运本国 50% 以上进口原油的要求还相去甚远。[②] 一旦出
现重大危机,海权强国通常不会选择对公海航道实施封锁,而是通过对承
担目标国油气运输任务的国际运输公司实施经济制裁,剥夺目标国利用
国际海上通道的权利。就此而论,若能建成与进口石油规模相匹配的商
船队,无疑将有效提升我国应对危机的能力。当遭遇重要的突发性事件
时,本国船队自然会更加积极地配合政府应对危机,确保海上能源通道的
畅通。因此,对中国的海运能力而言,尽管"国油国运"的比重不能作为评
判政策得失的唯一标准,但这一指标的提高无疑有助于我国增强自身应
对能源运输中断的能力。据英国劳氏船级协会(Lloyd's Register)等机
构预测,受人口增长、经济发展及资源需求等因素的驱动,全球海运业将
会持续发展,全球海运贸易量预计将从 2010 年的 90 亿吨增长至 2030 年
的 190 亿~240 亿吨。届时,中国的石油消费总量将是 2010 年的三倍,

① Emmerson C, Stevens P. Maritime Choke Points and the Global Energy System:
Charting a Way Forward [R/OL]. Chatham House, 2012. [2013-01-31]. http://www.
chathamhouse. org/sites/default/files/public/Research/Energy,% 20Environment% 20and%
20Development/bp0112_emmerson_stevens. pdf.

② 蔡德林. 国际贸易运输地理[M]. 北京:中国商务出版社,2006:239.

并且超过美国成为全球最大的石油消费国。① 这无疑是一个庞大的市场。因此,在实施"国油国运"战略的同时,若能辅之以配套的"国轮国造",将会为我国目前处境艰难的船舶工业注入活力。这既能提高我国石油安全度,同时能让国内相关产业渡过难关,为我国成为海洋经济强国奠定坚实的产业基础,并最终实现多重发展目标。

(四)结语

综上所述,中美在海上能源通道领域的关系既非纯粹的竞争,也谈不上精诚合作。鉴于国际能源航道问题的复杂性、动态性及多维性,并且中国面临的安全挑战与美国并不一致,因此中国潜在的战略选择并非简单地追随或者抗衡美国。考虑到自身实力等因素,中国近期奉行"搭便车"战略是潜在的政策之选。毕竟,美国的海上霸权地位在某种程度上有助于维护国际海上通道的畅通,而美国海军的强大实力也能有效地降低海盗等非传统安全因素对于公海航道的不利影响,威慑某些试图封锁咽喉要道的石油出口国或国际航道沿岸国家。然而,就中长期而言,中美两国由来已久的战略竞争关系,以及两国在海洋领域日益凸显的矛盾,决定了中国有必要采取自主战略,发展本国的海上力量。而美国能源独立前景的明朗化,以及加快实施"印太战略"都将会促使中国加紧发展本国海权,因为这一趋势意味着美国海军提供国际海上公共产品的意愿将会下降,而其防范中国的军事力量却在累积。对此,中国自然应加快制定和实施相应的国家海洋发展战略的步伐,以便有效应对相应的战略挑战。

---

① Lloyd's Register's Strategic Research Group, QinetiQ and the University of Strathclyde. Global Marine Trends 2030. [R/OL]. 2013. [2013-12-21]. http://www.maritimeindustries.org/write/Uploads/News/2013/2nd% 20Quarter/Global _ Marine _ Trends _ 2030_Brochure.pdf.

三、国际油价走势与中国能源可持续发展战略

自 2013 年以来,以英国布伦特原油和美国西得克萨斯中质油为基准的国际原油均价已从每桶 98～112 美元的价格区间调整至 2017 年的每桶 50～55 美元的价格区间,这使得巨额财富从石油出口国转移到了石油进口国。若按 2017 年度日均 4386 万桶的国际原油贸易量计算,全年有8000 多亿美元的财富在世界各国重新分配,超过了沙特阿拉伯这个全球最重要的石油出口国 2017 年度的 GDP。此轮国际油价的大幅调整不仅对全球经济形势产生了重要影响,而且对全球政治格局造成了冲击。作为全球首要的石油进口国,国际油价走势也给中国带来了重要影响。鉴于此,探究国际油价走低的成因、发展趋势与影响,以及中国应该采取何种措施趋利避害,便成为一个重要且亟待解答的问题。

(一)国际油价走势探析

尽管国际油价在近两年内出现过较大波动,但其总体价格水平仍处于相对低位。一般来说,国际油价走低往往离不开需求萎缩与供给过剩两类原因。首先,就需求侧而言,此轮国际油价大幅下跌与全球需求不振不无关系。从经合组织国家看,自 2005 年达到了石油消费峰值以来,这类国家的石油消费量在逐渐降低,直到 2015 年才止跌回升,目前已从消费峰值下降了近 400 万桶/日。而新兴经济体的石油消费增长速度在最近几年开始放缓,巴西、俄罗斯和南非等国甚至由先前的较快增速一度转变为负增长。中国的石油消费尽管保持着较快的增长速度,不过相对先

前数年已经有所放缓。①

　　其次,国际油价大幅下跌与供给侧的石油产量增长有关,即一些欧佩克组织以外的油气生产国的原油产量保持着较快增长态势。自从独立石油生产商米歇尔公司在页岩油气开采领域取得巨大成功后,美国国内的石油生产商们竞相运用水力压裂法与水平井技术,在广袤的页岩地带开采非常规油气资源。这使得美国的石油产量从 2008 年的 678 万桶/日迅速攀升至 2017 年的 1306 万桶/日,比居于次席的沙特阿拉伯当年每日石油产量高出 100 多万桶。与此同时,为了获取更多的经济利益,俄罗斯也积极开采油气资源,其国内石油产量从 2008 年的 997 万桶/日增长至 2017 年的 1126 万桶/日。此外,尽管在石油总产量上远不及美俄两国,但加拿大、巴西分别在油砂和深海石油开采领域取得了重要进展,国内油气产量迅速提高,两国在 2017 年的原油日均产量分别比 2008 年增长了162 万桶和 83 万桶。②

　　最后,在国际石油市场已经出现供大于求的情况下,欧佩克成员国不得不在提振油价与确保市场份额之间做出两难选择。对它们而言,北美的页岩气革命导致美国对欧佩克的依赖程度在迅速下降。美国石油产能的扩张在很大程度上扭转了 21 世纪初全球石油供不应求的局面,导致欧佩克剩余产能的重要性下降,由此也限制了该组织提高国际油价的能力,打击了沙特阿拉伯等国减产提价的意愿。③ 不仅如此,俄罗斯、加拿大和巴西等非欧佩克成员国石油产量的快速增长使欧佩克主要成员国意识到,国际油价处于高位可能在短期内对出口国有利,但长期而言会得不偿失。这是因为高油价会给欧佩克带来以下不利影响:首先,这会刺激非常规石油产

　　① BP. BP Statistical Review of World Energy 2017 [DB/OL]. 2017:15. [2017-12-01]. https://www.bp.com/content/dam/bp/en/corporate/pdf/energy-economics/statistical-review-2017/bp-statistical-review-of-world-energy-2017-full-report.pdf.

　　② BP. BP Statistical Review of World Energy 2018 [DB/OL]. 2018:14. [2018-07-20]. https://www.bp.com/content/dam/bp/en/corporate/pdf/energy-economics/statistical-review/bp-stats-review-2018-full-report.pdf.

　　③ 周云亨.美国能源独立前景及对中国的影响[J].中共浙江省委党校学报,2013(6):60-65.

量的大幅增长;其次,欧佩克的产量将面临非欧佩克国家常规石油产量不断增强的竞争;最后,高油价将鼓励开发替代能源,最终会使生物燃料等能源具备更好的经济性与更强的竞争力。

在美国、俄罗斯等主要竞争对手都在提高油气产量的情况下,沙特阿拉伯等欧佩克主要成员国不得不从严格限制产量的价格保护者转变为本国市场份额的保护者。尽管目前国际石油需求萎靡不振,沙特阿拉伯近年米的石油产量非但没有降低,反而有所增长。对此,沙特阿拉伯不再重复以往的外交说辞,即提高石油产量是为了促进西方国家的经济增长。2014 年底,时任沙特阿拉伯石油部长的阿里·纳伊米(Ali Al-Naimi)在接受媒体采访时为欧佩克的不减产行为做了辩护。他开始强调开采成本更低的欧佩克成员国理应得到更大的市场份额。"如果沙特阿拉伯降低产量,国际油价上涨将会导致俄罗斯、巴西和美国的石油生产商侵占我们的石油份额。"①

纳伊米的说辞使人回想起一度声名显赫的沙特前石油部长亚马尼的策略,后者在 20 世纪 80 年代时曾通过实施油价与市场直接挂钩的净回值法定价,对欧佩克的外部竞争者施加了强大的压力,迫使它们接受共同的限产行为。如果沙特阿拉伯的政策目标仅限于迫使主要石油出口国接受限产行为,而不是迫使美国页岩油气生产商被淘汰出局的话,那么此后的事态发展表明该国已取得了一定成效。2016 年 2 月 16 日,沙特阿拉伯、委内瑞拉、卡塔尔与俄罗斯的石油部长在多哈举行闭门会议后宣布,如果其他大型产油国同意设置产量上限,那么它们会将本国石油产量冻结在 2016 年 1 月的水平。由此,沙特阿拉伯迈出了该国石油部长所说的

---

① Bordoff J, Losz A. Oil Shock: Decoding the Causes and Consequences of the 2014 Oil Price Drop [EB/OL]. Horizons, 2015(3): 190-196. [2015-12-18]. http://www.cirsd.org/uploads/magazines/pdf/Jason%20Bordoff%20and%20Akos%20Losz.pdf_1429732733_english.pdf.

希望"稳定和改善市场的脚步"。[①] 2016 年 9 月 26 日,欧佩克组织石油部长会议做出承诺,要将成员国石油日均产量从 8 月份的 3324 万桶降至 3250 万桶到 3300 万桶之间,这是该组织八年来首次同意削减产量。2016 年 11 月 30 日,欧佩克与俄罗斯等国达成原油减产协议,为了缓解市场供过于求的状况,从 2017 年 1 月起半年内,上述各国日均减产原油约 180 万桶。此后,欧佩克与非欧佩克产油国决定将原油减产协议延长至 2018 年,并在 2018 年底决定从 2019 年 1 月起的半年内日均减产原油 120 万桶,这意味着欧佩克与页岩油生产国之间的原油定价权之争陷入持久战。

　　欧佩克的减产承诺无疑有助于提振国际油价,尤其是在短期内会起到较为显著的效果。然而,沙特阿拉伯与伊朗针对市场份额的分配问题仍存在着十分尖锐的矛盾,并且在伊拉克石油产量的快速增长给欧佩克其他成员国带来巨大压力的情况下,欧佩克如何兑现自己的减产承诺仍然值得外界密切关注。不仅如此,相较于约束欧佩克成员国而言,要想迫使美国国内数量众多并且具有超强韧性的独立石油生产商降低油气产量,同时确保一向很少遵守相关承诺的俄罗斯履行冻结油气产量的承诺,以沙特阿拉伯为首的海湾阿拉伯国家合作委员会将会遭遇更大的难题。[②]

　　展望未来,尽管油价跌宕起伏,但是我们可以从短期、中期和长期来分析国际油价的走势。从短期看,欧佩克的决议将是国际油价走向的重要风向标。如果欧佩克奉行市场份额至上的原则,那么国际油价下行的可能性将大幅上升;如果欧佩克实行减产保价策略,那么国际油价在中短

　　① Fattouh B, Henderson J, SEN A. Saudi-Russia Production Accord: The Freeze before the Thaw? [J/OL]. Oxford Energy Comment, 2016: 9. [2016-10-30]. https://www.oxfordenergy.org/wpcms/wp-content/uploads/2016/02/Saudi-Russia-Production-Accord-The-Freeze-before-the-Thaw-1.pdf.

　　② Columbia Global Energy Dialogues. The GCC and the New Oil World [R/OL]. Center on Global Energy Policy, 2016. [2016-11-01]. http://energypolicy.columbia.edu/sites/default/files/energy/The%20GCC%20and%20the%20New%20Oil%20World.pdf.

期内走高将是大概率事件。从中期来看,美俄等主要产油国的表现将决定国际油价反弹的幅度究竟有多高,一旦国际油价高于 60 美元/桶,美国国内的页岩油气生产商势必变得更加高产,而俄罗斯如果能摆脱西方的经济制裁,国内的油气投资将会变得更为活跃。就长期趋势而言,国际石油市场的供需关系仍然是决定油价高低的最重要因素。就国际石油市场的发展趋势看,目前全球经济的下行趋势已经得以扭转,这将促使石油需求呈现更快增长的态势。从供给侧角度分析,此轮油价走低已经造成油气行业投资严重不足,长远来看,也许会给石油市场的供给不足留下隐患。

(二)低油价对石油出口国和进口国的影响

　　尽管国际油价的走低有助于全球经济复苏,不过至少就短期而言,国际油价下跌给石油出口国的伤害会显著高于给石油进口国带来的增益。这不仅是因为石油出口国相对于石油进口国而言数量更少,而且与绝大多数石油出口国的出口以及财政收入过于依赖油气行业有关。若以油气部门占财政和出口收入的比重作为衡量标准,委内瑞拉、沙特阿拉伯和伊拉克更容易受低油价冲击,因为油气行业收入已占委内瑞拉出口收入的95%,财政收入的 45%;占沙特阿拉伯出口收入的 90%,财政收入的近80%;占伊拉克出口收入的 80%,财政收入的 90%。相对而言,尼日利亚的比重略低,油气行业占该国政府收入的 75%。[1]　与尼日利亚类似,包括天然气在内的油气资源占俄罗斯出口收入的 75%,财政收入的 50% 以上。[2]　颇具讽刺意味的是,相比其他产油国,伊朗更能经受油价暴跌的冲击,这是因为此前西方国家针对该国的石油禁运已使其石油出口收入

---

　　[1]　以上数据引自 CIA. The World FactBook 2015 [DB/OL]. [2016-11-02]. https://www.cia.gov/library/publications/the-world-factbook/.

　　[2]　Bordoff J, Losz A. Oil Shock: Decoding the Causes and Consequences of the 2014 Oil Price Drop [EB/OL]. Horizons, 2015(3): 200. [2015-12-18]. http://www.cirsd.org/uploads/magazines/pdf/Jason%20Bordoff%20and%20Akos%20Losz.pdf_1429732733_english.pdf.

锐减。

　　鉴于石油出口国经济状况迥异,各国面对国际油价下跌的反应也存在较大差异。例如,截至 2016 年底,沙特阿拉伯和伊朗分别拥有 5358 亿和 1337 亿美元的外汇储备,目前两国的外债分别为 1893 亿和 82 亿美元,处境相对安全;而俄罗斯、伊拉克和尼日利亚各自有 3777 亿、454 亿和258 亿美元外汇储备可供支配,三个国家的外债分别为 4348 亿、642 亿和314 亿美元,境况不佳;而委内瑞拉仅有 110 亿美元的外汇储备,外债却高达 1098 亿美元,处境堪忧。[①] 如果进一步结合各国社会情况,可以发现委内瑞拉等国由于过于依赖石油出口收入来满足国内民众的需求,它们的石油利润吸收率很高,在高油价时积累的财富根本不足以支撑油价走低时为民众维持原先的福利水平。目前委内瑞拉的财政赤字占 GDP的比重已经高达 51.2%,糟糕的经济状况很容易使该国的政局出现动荡。因此,以委内瑞拉为首的一些欧佩克成员国迫切希望该组织能够采取共同减产等措施应对国际油价下跌。而沙特阿拉伯等国由于国内经济状况相对良好,有更强的意愿忍受国际油价处于相对较低水平。

　　同石油出口国一样,低油价对石油进口国也产生了不同的影响。对日本、法国、德国等基本上不产石油的国家而言,低油价是利好因素。首先,低油价能促进国内经济增长,满足消费者的需求。这是因为更低的油价意味着更少的国家财富流向国外,而燃油费用的降低便于本国的消费者将更多的钱用于其他消费。其次,国际能源市场供大于求使它们实施石油进口多元化战略有了更大的可操作空间。日韩等国有望从北美进口更多的石油,而欧盟成员国也开始逐步降低对俄罗斯油气资源的过度依赖。不过,这些国家也并非没有后顾之忧。它们担心国际油价过低会对本国替代能源产业带来重大冲击,如削弱生物燃油等可再生能源的经济

---

　　① 以上数据引自 CIA. The World FactBook 2018 [DB/OL]. (2019-01-04)[2019-07-01]. https://www.cia.gov/library/publications/download/download-2018/index.html.

竞争力,降低电动汽车对消费者的吸引力等。[1]

国际油价下跌对那些本身开采石油的国家的影响更为复杂。对于石油开采的进口国而言,低油价是把双刃剑,有利的一面在于,油价下降使这些国家的国内生产与生活成本下降,以石油为原料或者燃料的生产商以及普通消费者都能从中获益,本国的国际贸易和财政预算状况也能够得以改善。不利的一面在于,油价过低将使这些国家国内石油工业遭受重创。低油价侵蚀了石油工业的利润和现金流,使油气行业融资陷入困境,导致新的基础设施建设、钻井和油气行业从业人员急剧减少。有鉴于此,在低油价状况下,即便是对美国页岩油气生产商的生存能力极富信心的能源问题专家也担心,国际油价继续下行很可能延缓页岩油气的开发进程。[2] 正是为了避免油价过低导致能源投资骤降,进而出现未来供应短缺的局面,国际能源署的成员国探讨建立了“最低保障价格”,以便提供一种底价来确保西方国家的能源公司进行能源投资,预防可能带有政治动机的国际油价骤降所产生的危害。[3]

(三)油价下跌对中国能源安全的影响

国际油价的大幅波动也对我国的经济和国家安全产生了重要影响。从经济学视角评估,国际油价下跌对于我国而言总体是利大于弊。作为全球首要的石油进口国,当国际油价下跌时,我国在国际贸易中将具备更为有利的条件。中国海关的统计数据表明,2015 年我国共花费了 1342

---

① Heal G, Hallmeyer K. How Lower Oil Prices Impact the Competitiveness of Oil with Renewable Fuels [R/OL]. 2015. [2016-11-08]. http:// energypolicy. columbia. edu/sites/default/ files/energy/How% 20Lower% 20Oil% 20Prices% 20Impact% 20the% 20Competitiveness% 20of% 20Oil%20with%20Renewable%20Fuels_October%202015. pdf.

② Bordoff J, Stock J. The Implications of Lower Oil Prices for the U. S. Economy Amid the Shale Boom [R/OL]. 2014; 5. [2015-11-10]. http:// energypolicy. columbia. edu/sites/ default/files/energy/CGEP_economic%20impacts%20of%20oil%20price%20drop. pdf.

③ 丹尼尔·耶金. 石油风云[M]. 东方编译所, 上海市政协翻译组, 译. 上海: 上海译文出版社,1997:807-808.

亿美元用于购买进口原油,比 2014 年减少了 41.2%,即便我国的原油进口量在这一时期增长了 8.8%。[①] 不仅如此,国际油价的走低也为国内油气市场化改革打开了机会之窗。借助低油价带来的有利时机,国家发展改革委已经对我国成品油消费税率进行了改革,对天然气价格进行了调整,使油气定价机制朝着更有利于节能环保以及更能体现市场化定价机制的方向迈进。从国际层面看,国际油价的回落也有利于中国推动区域经济合作的发展。国际石油市场供大于求有助于降低地缘战略的竞争态势,石油生产国与消费国之间的相互依赖也有利于国际机制发挥作用。随着东亚地区作为全球主要能源消费市场的崛起,中国与周边国家可以加强能源政策协调性,提高本国相对于产油国的实力地位,提升东亚地区的能源安全度。

然而,国际油价走低也会带来一些问题。它不利于我国改善能源消费结构,也不利于政府推动钢铁等高耗能、高污染行业削减产能。低油价也打击了中国国有石油企业的生产积极性。一些企业开始大幅削减开支,降低了油气新储量的勘探与开发投资额。国际油价的暴跌还对中国国有石油公司的海外投资带来了不利影响,大大增加了中海油等企业海外油气投资项目亏损的风险,这无疑会抵消进口原油价格下跌产生的收益。从节能减排角度评估,低油价更有可能刺激人们更多地使用化石能源。因此,国际油价走低产生的经济利益需要综合上述情况而定。

从国际政治学视角评估,国际油价走低对中国而言同样存在着一个相似的悖论:至少就某种程度而言,在中国崛起的战略机遇期内,国际油价维持在一定的高位,反而有利于营造并维持一个对中国相对有利且更为宽松的全球战略环境。这是因为美国的"麻烦制造者"的财政力量大多直接或者间接地来源于能源市场。能源价格越高,俄罗斯、伊朗、委内瑞拉等国就越有能力给美国及其盟国增添更多的困扰,从而有效地制约美

---

① 　田春荣.2015 年中国石油进出口状况分析[J].国际石油经济,2016(3):46,48.

国对南海等中国周边事务的关注与干预能力。[①] 有鉴于此,美国兰德公司知名学者小查尔斯·沃尔夫(Charles Wolf,Jr.)认为此轮国际油价暴跌有助于维护美国霸权,因为石油出口收入的锐减不仅能够削弱俄罗斯、伊朗、叙利亚等国的资源获取能力,迫使这些国家不再采取更激进的反美政策,而且会增进北约、欧盟、日本、韩国、澳大利亚、以色列、乌克兰和印度等美国友邦的利益。[②] 另一方面,我们也要看到,国际油价高涨对中国的冲击大于对美国的冲击。这不仅源于中国的石油进口量和对外依存度都已超过美国,而且与中国的石油进口来源国主要位于中东等局势动荡不安的地区有关。此外,国际油价走高往往是产油国资源民族主义高涨的导火索,这对中国参与产油国国内油气资源开发,加强中国与石油出口国的能源安全合作造成不利影响。因此,国际政治领域的利弊得失同样需要认真评估。

概言之,国际油价暴跌能够为我国带来更多的经济利益,不过中国很可能需要面对一个日益实现能源独立并且在外交上更加强势的美国。基于国际战略和能源地缘政治考虑,即便美国成功摆脱了对中东石油的依赖,也绝不可能放松对波斯湾石油资源和海上能源战略通道的控制。随着中国对海外油气资源的需求不断增加,石油将日益成为美国牵制中国的重要筹码。届时,如果不能有效降低海外石油进口所带来的风险,那么未来中国在与美国的战略博弈中将会处于不利境地。有鉴于此,如何利用国际油价处于低位的有利时机,加快推进国内能源产业的改革进程,将是当前我国在能源领域所面临的重要任务。

(四)中国能源可持续发展战略

为了确保我国经济和社会的可持续发展,党的十八届五中全会提出

---

① 周云亨.中国能源安全中的美国因素[M].上海:上海人民出版社,2012:198-199.

② Wolf C. Crude Economics,Crude Politics:Who Wins and Who Loses with Cheap Oil? [R/OL]. (2016-02-26)[2016-11-16]. http://www.rand.org/blog/2016/02/crude-economics-crude-politics-who-wins-and-who-loses.html.

要牢固树立并切实贯彻创新、协调、绿色、开放、共享的发展理念。为了促进经济增长、环境保护与能源使用之间的协调发展,我国同样需要秉承这五大发展理念,利用国际油价处于相对低位这一较为有利的时机,促进我国的能源转型和可持续发展。

首先,要解放思想,创新政策思维,以链式改革取代传统的点式改革。我国在能源市场化改革方面下了很大的功夫,但是并未达到预期成效,其中一个重要原因就是并没有对整个产业链进行改革。[①] 在国际油价处于低位的不利情况下,目前国内石油公司寄希望于以改革谋发展,政府应该借此机会推动石油行业进行全产业链的市场化改革。具体来说,在上游领域,实行资源招投标制度,使合格的能源投资者能够拿到优质的资源;在中游领域,采取公开准入的办法,使市场主体不受歧视地利用现有管道将油气产品从油气田输送到消费市场;在下游领域,放宽石化项目审批,放开成品油的批发与零售准入,同时加强成品油质量监管,迫使石化企业加强技术创新,提高油品质量。

其次,加强政策协调性,政府部门会同企业合力推进“一带一路”能源合作项目。目前我国企业在哈萨克斯坦等“一带一路”沿线国家已经有大量的能源投资存量,在巴基斯坦等一些重要的能源走廊国也投资建设一系列新的能源项目。在目前国际油价处于相对低位的情况下,油气资源国虽有迎合中国投资的主观需求,但也存在油价走低引发国内冲突的客观风险。有鉴于此,我们要充分重视进而化解这些国家潜在的投资风险。为此,外交部、商务部、财政部与国家能源局等部门需要加强政策协调,对内简化企业的海外投资审批程序,并且积极发布国别和行业投资风险等信息,对外加强与东道国相关部门的沟通与协调,以便拓展和保护本国企业的海外能源投资利益。

第三,利用国际油价处于低位的有利时机,加快推动税制改革,将绿色税制改革作为环境治理与能源转型的重要方式。目前我国油气企业在

[①]　范必.全产业链市场化改革初探[J].中国行政管理,2014(6):34-36.

能源开发与利用过程中获取的收益仍远高于所付出的成本,这是因为当前的能源价格并未涵盖能源开发与利用带来的环境污染与生态成本。化石燃料的外部性问题需要政府部门推动绿色税制改革加以解决,即通过立法将这一环境外部性作为成本纳入化石能源价格中。为了提高绿色税收的使用效率,政府可以考虑将其纳入可再生能源发展基金中,通过专款专用等方式发掘我国"绿色"经济增长潜力。不难想象,绿色税制改革也有助于增强清洁能源相对于传统化石能源的竞争力,有助于加快推动我国能源的转型发展。

第四,利用我国规模庞大的资本和市场,以更加开放的姿态吸引国内外企业为我国的能源安全提供助力。由于国际油价暴跌,前些年富可敌国的俄罗斯石油公司和沙特阿拉伯阿美石油公司等产油国的国家石油公司开始考虑引入战略投资者以便摆脱经营困境。对此,我国可以考虑利用香港这一国际金融中心,吸引这些企业在港上市筹资,如此一来,便可将产油国的利益与我国的利益更好地捆绑在一起。与此同时,中国应积极谋求将人民币结算引入国际石油贸易中,以便在提高国家能源安全的同时加快推进人民币国际化的目标。此外,国际油价大幅走低也是我国加快本国石油储备建设的契机,政府应当出台政策鼓励包括民营企业和外资企业在内的石油公司参与石油储备建设,这样既能有效降低石油储备建设对国家财政的负担,同时达到增强我国能源安全的政策目标。

最后,加强与俄罗斯、沙特阿拉伯等国的能源合作,建立风险共担、利益共享的机制。在国际油价高企时,这些国家的石油公司尽管对中国有资金和市场需求,但它们并不愿意向中方提供优质的上游资产,为此,中方也不愿意向对方开放本国蓬勃发展的下游市场,这在很大程度上限制了双方的合作。在国际石油市场供大于求的背景下,俄罗斯和沙特阿拉伯等国开始激烈地争夺中国的市场份额。对此,政府可以考虑与俄罗斯等一些与我国在战略利益上互有需求的国家建立起能源开发风险共担、利益共享的机制,这既有助于维护上述国家的政权稳定,又便于中国进入主要产油国的上游领域。在具体的合作方式上,中方可以通过承建或者改造这些国家基础设施等方式,获得与进口原油等价的经济回报。对于目前中国正积极推进的钢铁、工程建筑等领域的去产能或转移产能工作而言,此举无疑有其可取之处。

(五)结语

总的来说,国际油价从高位大幅回落有利于全球经济的复苏,但对石油出口国的冲击很可能会加剧全球局部地区政局的动荡。对石油出口国而言,油价暴跌意味着本国政府和民众要开源节流,共度时艰。而在那些并没有资源储量的石油进口国看来,低油价无异于为企业和民众减税。当然,对于石油生产国—进口国而言,油价走低虽能刺激本国经济,但也会对本国的石油工业带来冲击。鉴于本国石油对外依存度越来越高,国际油价处于较低价位既给中国带来了不可多得的机遇,同时也潜藏着挑战。一方面,从经济视角看,国际石油市场供大于求意味着更容易向消费者提供持续的、价格合理的成品油。另一方面,得益于非常规油气革命带来的油气产量激增,中国很可能要面对一个日益实现能源独立且在外交上更强势的美国。面对这一形势,中国需要内外兼修,增强本国的能源安全。对内而言,中国需要进一步加快能源行业市场化改革,通过放宽市场准入激发企业的竞争潜力。对外而言,中国需要提升对海外投资环境变化的预判及其风险控制能力,确保海外能源资产的安全性。

四、美国能源独立背景下的中国能源安全战略

自尼克松政府以来,逐步降低对海外石油,尤其是对波斯湾石油的依赖,便成为美国历届政府追求的能源政策目标。近年来,随着以页岩气为代表的非常规油气的迅猛发展,以及美国国内能源需求的逐渐减少,大幅度降低对海外能源的依赖开始变为现实,而能源独立计划也有望从美国总统的宣传口号成为现实的政策目标。目前,美国已经超越沙特阿拉伯成为全球最大的液体燃料生产国,[①]并且在 2018 年 10 月一度实现了本国能源进出口贸易的盈余。尽管未来美国能否长期保持能源贸易的盈余仍然存在着不确定性因素,但美国的能源变革已经改变北美的经济面貌,并将对全球能源安全和国际关系产生重要影响。

对于中国而言,如果仅从能源安全视角看,美国的页岩气革命无疑为中国开发国内极为丰富的非常规油气资源带来了希望。然而,美国能源自给能力的增强使其能以更为强硬的姿态应对伊朗核危机,加快从伊拉克撤军,进而将战略重心转向东亚。而随着能源对外依存度的不断攀升,地区安全、公海能源航道的畅通对于中国也越来越重要。面对这一新形势,如何评估美国能源独立计划的战略影响,并且加强有效能源政策的供给,便成为一个重要且亟待回答的问题。

(一)美国能源独立前景

能源独立在美国是一个经久不衰的话题,它唤醒了普通民众记忆深处的能源自给自足时油价低廉的美好回忆。然而,直到出现了页岩气革

---

① 自 2012 年 10 月起,美国包括原油、生物燃料等在内的液体燃料日均产量超越了沙特阿拉伯,具体数据参见 http://www.eia.doe.gov/cfapps/ipdbproject/iedindex3.cfm? tid=50&pid=53&aid=1&cid=regions,&syid=2009&eyid=2013&freq=M&unit=TBPD.

命,能源独立才具有了真实的内涵。套用杰出的石油地质学家华莱士·普拉特(Wallace Platt)的话来说,过去地质学家们认为石油产量早已达到峰值的美国,事实上并非找不到新的油气资源,而是人们再也没有想出更好的找油方法了。得益于《1980 石油暴利税法案》中非常规天然气钻井税收抵免条款,1998 年底,美国本土一家名为米切尔的独立能源公司经过近二十年的不懈努力,终于找到了更好的方案。他们改进了已有的"水力压裂法",在得克萨斯州的巴涅特,这一新的页岩实验场成功地开发出了页岩气。数年之后,美国戴文能源公司进一步将早已出现的水平井钻井技术与水力压裂技术完美结合,极大地提高了页岩气的采收率,并且降低了相应的开采成本。由此,美国能源公司找到了开启非常规天然气革命的钥匙,而美国的页岩气风暴也得以拉开序幕。①

随着页岩气开采技术在全美主要页岩带的快速推广与应用,美国的天然气产量屡创新高,从 2007 年的 5219 亿立方米增长至 2017 年的7345 亿立方米,占全球总产量的 20.0%,接近于俄罗斯与中国当年天然气产量的总和。② 从统计数据上看,得益于技术的进步,美国的页岩气产量从 21 世纪初的几乎可以忽略不计迅速增至 2009 年的 881 亿立方米,以及 2017 年的 5205 亿立方米。③ 换言之,如果没有页岩气革命,美国国内的常规天然气产量可能会出现负增长。

页岩气产量的剧增不仅彻底改变了美国的天然气市场,而且对全球市场也造成了重大冲击。在页岩气的冲击下,美国的天然气价格(Henry Hub price)已从 2008 年度的每百万英制热量单位(MBTU)8.85 美元降

①　耶金.能源重塑世界(上)[M].朱玉犇,阎志敏,译.北京:石油工业出版社,2012:289-293.

②　BP. BP Statistical Review of World Energy 2018 [DB/OL]. 2018: 28. [2018-07-20]. https://www. bp. com/content/dam/bp/en/corporate/pdf/energy-economics/statistical-review/bp-stats-review-2018-full-report. pdf.

③　EIA. Shale gas production [EB/OL]. (2018-11-28)[2018-12-20]. https://www. eia. gov/dnav/ng/ng_prod_shalegas_s1_a. htm.

至 2017 年的 2.96 美元,远低于英国、德国以及日本等国的天然气价格。① 这让原本十分看好北美市场的液化天然气出口商遭受了沉重的打击。由于误判美国的天然气市场将会供不应求,仅仅在 2009 年至 2011 年间,就有将近 2000 万吨新增液化天然气出口产能不得不另寻能源消费市场。② 不过,对于传统天然气出口国而言,它们的麻烦才刚刚开始。由于技术的进步,包括美国国家石油协会(National Petroleum Council)在内的诸多机构纷纷大幅上调了美国的天然气可采储量,若按当前需求量计,北美的天然气储量足以满足未来一百年的美国天然气需求。③ 按目前发展趋势看,美国有望在可预见的未来成为重要的天然气出口国。

当然,如果美国能源革命仅局限于天然气领域,那么其影响无疑是有限的,毕竟美国能源独立的核心在于解决以石油为主的交通液体燃料的短缺问题。④ 毫无疑问,国内同行在页岩气领域的成功不禁使美国石油生产商们备受鼓舞。2005 年,当一家名为赫斯集团的能源公司运用页岩气开发技术在先前并不被业内人士看好的北达科他州巴肯页岩钻探石油时,实践再一次证明,用新的方法在老的地区同样可以找到大量的石油。⑤ 巴肯页岩区致密油的开采经验无疑能被复制,并且也是值得加以效仿的。据美国能源信息署(EIA)评估数据显示,美国国内致密油的技术可采储量高达 581 亿桶,占全美石油技术可采总量的 26%。⑥ 不难想

---

①　BP. BP Statistical Review of World Energy 2018 [DB/OL]. 2018：33. [2018-07-20]. https://www. bp. com/content/dam/bp/en/corporate/pdf/energy-economics/statistical-review/bp-stats-review-2018-full-report. pdf.

②　Stevens P. The "Shale Gas Revolution"：Developments and Changes [M]. London：Chatham House，2012：3.

③　National Petroleum Council. Prudent Development：Realizing the Potential of North America's Abundant Natural Gas and Oil Reserves [R]. Washington D C：NPC，2011：8-10.

④　周云亨,杨震.美国"能源独立":动力、方案及限度[J].现代国际关系,2010(8):24-29.

⑤　耶金.能源重塑世界(上)[M].朱玉犇,阎志敏,译.北京:石油工业出版社,2012:229.

⑥　U. S. Energy Information Administration. Technically Recoverable Shale Oil and Shale Gas Resources：An Assessment of 137 Shale Formations in 41 Countries outside the United States [R]. Washington D C，2013：8.

象,目前包括得克萨斯州鹰滩在内的具有类似地质构造的地区都已成为油气勘探与开发的热土。随着技术的进步,以及商业化开采规模的进一步扩大,美国致密油产量也从 2000 年的日产 20 万桶迅速攀升至 2017 年的日产 467 万桶,相当于当年美国原油总产量的 50%。[1] 如果再加上油砂和天然气凝析液的产量,2017 年美国已经凭借 1306 万桶/日的产量成为全球最大的石油生产国,此时美国的日产量已经分别比沙特阿拉伯和俄罗斯高出 111 万桶和 180 万桶。[2]

非常规油气革命还有助于美国摆脱对国外石油的依赖,并且最终走向能源独立。根据国际能源署(IEA)预测,受燃油效率提高等多种因素影响,美国的石油需求量将从 2017 年的 1790 万桶/日降至 2025 年的 1780 万桶/日和 2035 年的 1560 万桶/日。与此同时,美国的石油产出将有望从 2017 年的 1320 万桶/日分别达到 2025 年的 1850 万桶/日和 2035 年的 1750 万桶/日。[3] 换言之,美国国内的石油需求已达到峰值,而致密油等非常规油气的生产仍然充满活力。就石油产量净值而言,美国将有望于 2020 年至 2030 年间实现自给自足,并且有望成为重要的石油出口国。国际能源署的预测也得到了其他重要机构研究报告的呼应。据美国国家情报委员会预测,到 2030 年美国将实现能源独立,并成为重要的能源出口国。[4]

---

① EIA. How much shale (tight) oil is produced in the United States? [EB/OL]. (2018-03-08)[2018-07-15]. https://www.eia.gov/tools/faqs/faq.php? id=847&t=6.

② BP. BP Statistical Review of World Energy 2018 [DB/OL]. 2018: 14. [2018-07-20]. https://www.bp.com/content/dam/bp/en/corporate/pdf/energy-economics/statistical-review/bp-stats-review-2018-full-report.pdf.

③ International Energy Agency. World Energy Outlook 2018 [M/OL]. [2019-02-21]. Paris: OECD/IEA, 2018: 138, 144, http://www.iea.org/weo2018/.

④ The National Intelligence Council. Global Trends 2030: Alternative Worlds [R]. Washington D C: US National Intelligence Council, 2012: 35-36.

(二)页岩气革命的战略影响

由于在非常规油气开采领域确立了先发优势,近年来北美大陆不论在石油和天然气的增幅或者增量上都表现惊人。尽管页岩气革命的战略影响仍有待观察,但有几点是肯定的,那就是它不仅提振了美国经济,改善了全球能源安全,而且还将对世界能源地缘政治产生深远的影响。

首先,非常规油气资源开发能提高美国国内就业率和经济增长率。页岩气和致密油的开采涉及领域广泛,除了开采本身外,油气运输和加工等一系列配套设施也必不可少。这不仅会带动上下游产业的发展,而且还将提高所在地区的就业率。据美国花旗集团评估,到 2020 年时,非常规油气生产将为美国新增 220 万～360 万个就业岗位,并使美国国内生产总值在原有基础上增长 2%～3.3%。[1] 此外,非常规天然气开采将为美国联邦、州以及地方政府带来极为可观的税收收入。2010 年至 2035年,持续的非常规天然气开发将会为美国各级政府带来总额近 1.5 万亿美元的税收收入。[2]

持续降低的能源成本还有助于提升美国的经济竞争力。鉴于天然气的跨洋运输成本高昂,并且美国国内生产商的天然气产量持续增长,因此页岩气资源的大规模开发使北美成了天然气市场的价格洼地,而美国的天然气用户也获得了相较欧亚大陆主要竞争对手更为低廉的能源和原材料来源。2017 年,美国天然气价格已降至欧洲进口液化天然气价格的二分之一,接近于亚洲液化天然气价格的三分之一。正是得益于能源行业的繁荣,美国国内的一些老工业区得以重新焕发生机,而化工、汽车和钢铁等重要行业更是"受益匪浅",目前一些跨国公司已经开始将能源密集

[1] Morse E L, Lee E G, Ahn D P, et al. Energy 2020: North America, the New Middle East [R]. Citi Global Perspectives & Solutions (Citi GPS), 2012: 78.

[2] Bonakdarpour M, Flanagan B, Holling C, et al. The Economic and Employment Contributions of Unconventional Gas Development in State Economies [R]. IHS Global Insight, 2011 (2).

型产业回迁至北美。这对于从产品输出大国一度沦为就业输出大国的美国而言,无疑意义重大。

廉价的能源不但提升了美国制造业在全球的竞争力,而且还能降低美国的贸易赤字,增强美元作为全球储备货币的地位。随着能源独立进程的加快,美国的油气进口量和经常项目赤字都得以迅速回落。得益于油气进口的降低和相关制成品出口的提高,至 2020 年,美国有望削减经常项目赤字 4710 亿美元,相当于该年度国内生产总值的 2.4%。① 这有助于美元在更长时段充当全球储备货币的角色,而美国的超级大国地位也有望延续更长的时间。

其次,美国的能源科技创新,不但对本国的经济发展起到了助推作用,还有助于维持全球能源供需平衡。具体来说,这类有益的影响主要体现在直接和间接两个方面。就直接效果而言,鉴于全球石油市场是按照自由市场的供需规则来运行的,不论美国净增的石油产量是否用于出口,都能促进国际油价的走低。换言之,美国石油公司积极开采本国的石油资源只会增加全球石油供给总量,这将有助于缓解国际油价上涨的压力。即便对于尚未形成全球范围的区域性国际天然气市场而言,美国页岩气产量的迅猛增长同样有助于改善全球的天然气平衡状况。由于美国国内的天然气开始供过于求,原本以北美市场为目标的天然气供应商只能将液化天然气运至欧洲。这不仅导致欧洲天然气现货市场价格的下跌,无形中也提高了天然气进口国面对天然气出口国时的谈判地位。

此外,由于亚洲、欧洲、大洋洲、南美洲及非洲大陆的主要国家都有丰富的页岩资源分布,就长远而言,美国页岩气开采技术在全球范围内的扩散与推广所产生的间接效果,将会比美国国内油气的净增长所产生的直接效果更加令人瞩目。EIA 的一项评估报告显示,全球页岩气技术可采储量高达 207 万亿立方米,全球致密油的技术可采储量为 3450 亿桶。从

---

① Morse E L, Lee E G, Ahn D P, et al. Energy 2020: North America, the New Middle East [R]. Citi Global Perspectives & Solutions (Citi GPS), 2012: 81.

地理分布上看,包括中国、俄罗斯在内的主要能源消费大国都拥有可以与美国相媲美的页岩气和致密油资源储量。[①] 正如没有一家油气公司愿意拧紧自家的油气阀门而造福他人那样,一旦页岩气开采技术在北美大陆以外得以成功推广应用,那么恐怕很少有国家能抵挡开发本国非常规油气资源的诱惑。

最后,美国能源独立进程的加快将会对世界能源地缘政治产生深远的影响。随着美国能源自给程度的逐步提高,那些奉行反美政策或者与美国存在重要利益冲突的油气出口国同美国的力量对比将变得更为悬殊。由于在国际市场上可以买到更多原本输往北美市场的额外油气产品,在应对伊朗铀浓缩等问题时,美国的西方盟国对于追随美国顾虑更少。伊朗很可能发现自己在核计划问题上更加容易遭受严厉的经济制裁。实际上,一旦美国及其盟友能够有效地降低对波斯湾油气资源的依赖,那么伊朗试图封锁霍尔木兹海峡的威慑效果也会大打折扣。鉴于这一逻辑,美国页岩气革命可能引起伊朗和委内瑞拉等国的不安。美国能源革命不仅打击了经济总量较小的石油输出国的底气和自信,而且还将迫使俄罗斯这样的油气出口大国调整自身的国际能源战略。北美走向能源独立不仅使俄罗斯丧失了一个潜力巨大的油气消费市场,而且美国国内正在进行的大规模天然气替代煤炭行动,将促使美国煤炭生产商积极开拓欧洲市场,这会进一步降低俄罗斯油气产品对于欧洲各国的吸引力。目前,俄罗斯正在加快推进面向亚太地区的油气出口计划,以推动本国能源出口市场的多元化,减少对欧洲国家的依赖以及推动本国东部地区的发展。

如果美国能够重新成为油气超级大国,可能会给石油输出国组织和潜在的天然气卡特尔带来强大的压力。美国逐步削减石油进口意味着全

---

① U. S. Energy Information Administration. Technically Recoverable Shale Oil and Shale Gas Resources: An Assessment of 137 Shale Formations in 41 Countries outside the United States [R]. Washington D C: US Department of Energy, 2013: 2-10.

球最重要同时也是最强大的石油进口国不再那么依赖欧佩克了。美国石油产能的扩张还意味着欧佩克的剩余产能不再那么重要,这在一定程度上剥夺了该组织抬高国际油价的能力,并且可能导致国际油价出现下行趋势。油价走低会对石油出口国造成沉重打击,因为近年来这些国家越来越依赖高油价来平衡本国预算。[①] 在竞争日趋激烈的情况下,欧佩克组织有可能会从严格限制产量的价格保护者转变为市场份额的保护者。毕竟,通过将价格与市场直接挂钩,欧佩克仍有能力对区域外的非常规油气生产展开大反击,因为它的成员国仍掌握着明显的成本优势。此外,一旦美国为大规模的天然气出口扫清障碍,将有助于降低"天然气出口国论坛"成为"天然气卡特尔"的风险。鉴于美国液化天然气出口前景日益明朗,那些有意成立天然气卡特尔的国家不得不考虑,它们的天然气在面对煤炭、石油、水电与核电竞争的同时,还需要迎接美国崛起成为天然气出口国带来的政策挑战。

(三)对中国能源安全战略的思考

美国的能源革命不仅改变了本国的经济面貌,重塑了全球能源市场,而且还会对中美两国间的能源关系产生重要影响。美国国内天然气价格的走低有可能会削弱中国制造业的竞争潜力。此外,相较于美国越来越能置身于中东冲突之外,中国可能发现自己将难以避免被牵进更多的地区冲突之中。然而,尽管面临经济和安全方面的挑战,美国的页岩气革命也能为中国开采丰富的非常规油气资源提供答案,这也为中国提供了增强自身能源安全的机遇。

首先,中美两国在油气价格上存在的落差会对中国经济带来不利影响。据加拿大经济学家杰夫·鲁宾(Jeff Rubin)计算,国际油价为30美元/桶时,美国进口商从中国进口一个集装箱的货物要比从墨西哥进口多

---

① The National Intelligence Council. Global Trends 2030: Alternative Worlds [R]. Washington D C: US National Intelligence Council, 2012: 36.

支付 90% 的运费;达到 100 美元/桶时,从中国进口要多支付 150% 的运费,这时运输成本造成的冲击超过了关税的影响;若达到 200 美元/桶,从中国进口的运费则要高出两倍。[①] 中国的出口商品大多属于运输费用高昂的货物,国内出口商极易遭受燃油成本飙涨的冲击。单从这一点上讲,北美非常规油气革命带来区域内能源价格的走低,将使中国承受更大的竞争压力。另外,美国国内能源价格的走低已经推动美国制造业的振兴与繁荣,一些美国在华企业已开始考虑将化工等能源密集型产业回迁至美国。由于目前美国国内页岩气出口还受到限制,中国的工厂将不得不与世界上最先进的制造企业展开更激烈的竞争。此外,中国在页岩气开发进程上的滞后使其陷入了一个价格困境中。如果不提高天然气价格,能源公司对于开发页岩气缺乏热情;如果提价,中国国内天然气价格将远远高于美国,从而对中国工业造成不利影响。

其次,随着美国和中国对中东石油依赖程度的此消彼长,中国将更有可能处于战略被动地位。一方面,由于中国能源对外依存度的日益攀升,中国越来越依赖公海能源航道的畅通无阻。另一方面,由于美国能源独立进程加快,美国可能会对中国的"搭便车"的行为越来越不耐烦。美国的一些右翼学者认为,中国"仰仗"美国维护中东地区安全,在波斯湾地区获取石油等经济利益,却不但在维护地区安全上无所作为,反而与反美国家伊朗保持合作,这在他们看来无异于"窃取"美国安保努力的成果。[②]尽管美国已逐渐从伊拉克撤军,但它在波斯湾地区仍保持着强大的军事力量。由于美国在中东地区有着重要的安全和经济利益,即便实现了能源独立,美国仍不会放弃其在中东地区的战略影响力,这也为华盛顿提供了针对竞争对手和敌国发挥战略影响的宝贵杠杆。这在今后可能会对中

---

①　鲁宾. 为什么你的世界会越来越小[M]. 北京:中信出版社,2011:135.

②　Alterman J B. The Vital Triangle [C] // Wakefied B and Levenstein S L. China and the Persian Gulf: Implications for the United States. Washington D C: Woodrow Wilson International Center for Scholars, 2011: 28-31.

国构成威胁,尤其当中国对波斯湾能源的依赖程度有增无减的情况下。①
出于自身利益考虑,美国仍然会致力于维护中东地区的稳定和公海航道
的畅通,但中国难以指望美国会将中国的国家利益置于重要位置。

　　然而,从相互依赖的视角看,美国的页岩气革命不但不会加剧中美两
国间的能源竞争关系,反倒有助于中美两国加强能源合作关系。同样作
为重要的能源进口国和消费国,中国也能坐享美国油气产量暴增带来的
国际油价下跌的好处,然而中国绝不是毫无作为的。受美国能源革命的
影响,中国政府已制定了本国的页岩气发展规划,到 2020 年力争实现页
岩气产量 300 亿立方米,到 2030 年实现页岩气产量 800 亿~1000 亿立方
米。② 从目前情况看,要想实现这一目标,中国的资源储量并不是问题。
据 EIA 估计,中国页岩气技术可采储量高达 32 万亿立方米,致密油高达
320 亿桶,分别位居全球的第一和第三位。不过,受技术和管理机制等因
素制约,目前中国非常规油气开发进程仍远远落后于美国。

　　为了掌握美国非常规油气的开发技术与管理经验,中国国有石油公
司积极投资美国的油气资产,希望通过建立合资企业或者开展合作经营
等方式,了解并掌握从宏观到微观的技术、管理、基础设施与环境保护等
配套体系建设。③ 目前,包括中海油和中石化在内的国有石油公司已在
美国投资了数十亿美元用于页岩气开发。由于北美天然气价格大幅走低
导致投资回报期延长,为了降低开发风险,美国的独立油气公司和相关投
资机构也欢迎中国石油公司参与开发。因此,这可以说是一种双赢的合
作模式。美国油气公司可以获得扩大生产规模所必需的资本,而中国公
司除了获取利润外,还能从中学习页岩气的开采技术和项目管理经验。

　　①　Zambelis C. China's Iraq oil strategy comes into sharper focus [J]. China Brief, 2013,
13(10): 12.

　　②　国家能源局. 关于印发页岩气发展规划(2016—2020 年)的通知[EB/OL]. (2016-09-
30)[2017-01-16]. http://www.gov.cn/xinwen/2016/09/30/content_5114313.htm.

　　③　徐小杰. 石油啊,石油:全球油气竞赛和中国的选择[M]. 北京:中国社会科学出版社,
2011:270.

就长远而言,这无疑也有助于中国推动本国非常规油气资源的开发进程。

尽管积极实施"走出去"战略有助于中国国有能源公司完善技术专长,增强自身的竞争力,但是如果仅仅从加快中国国内非常规油气资源开发进程的角度来看,该模式也存在着一定的局限性:海外能源开发活动并不能提高中国本国的能源资源储备;由于存在着地质和监管方面的差异,美国页岩气开发的成功经验难以直接照搬到中国。因此,相对于"走出去"战略而言,积极实施"引进来"战略可能是更为行之有效的增强中国能源安全的途径。这一模式不但不会触及美国相关机构在能源领域的敏感神经,得以规避海外投资产生的各种风险,而且通过引入外部竞争,还会产生一些外溢效应。例如,它可以加快国内非常规油气资源的开发进度,促进页岩气开发技术在国内企业之间的推广与应用,推动国内能源体制改革。就长远而言,它将有助于打破能源行业的垄断格局。

鉴于国内巨大的资源储量和市场规模,中国政府可以制定相应的产业政策,通过吸引掌握核心技术的国外油气巨头在国内设立合资企业等方式,帮助国内企业获得相关开发技术。在对外交往方面,中美两国可以在《中美关于在页岩气领域开展合作的谅解备忘录》等相关文件的基础上,借助中美外交安全对话以及中美油气工业论坛等平台,为两国能源企业在油气贸易领域的互通有无,为双边投资的顺利开展营造更加友好的政策环境。

(四)结语

尽管美国能否实现能源独立最终还有待时间检验,但是其在非常规油气领域确立的先发优势巩固了自身的霸权地位。非常规油气产量的大幅增长不仅提高了美国能源独立前景,增强了美国经济竞争力,而且还使其在国际舞台上,尤其是在中东地区的战略回旋余地得以拓展。当然,基于全球安全战略和能源地缘政治考虑,即便摆脱了对中东油气资源的依赖,美国也不可能从海湾地区撤军,更不会放松对海上能源通道的掌控权。随着中国能源对外依存度越来越高,能源将是美国牵制中国的重要手段。对此,中国有必要提前做好战略预判和防范。

然而,就能源安全本身而言,北美非常规油气革命或许能给中国自身的能源安全带来不少助益。这不仅源于中国的非常规油气资源储量名列前茅,而且也在于它还有力地推动了油气供给在全球地理分布上的多元化。展望未来,如果中国政府能为开发本国的非常规油气资源营造良好的政策环境,并且国内能源企业能够成功地抓住机会,加快自身的技术引进、消化和创新步伐,改进能源生产效率,那么未来中国的能源安全形势将有望大为改观。同时,中国也有望化战略被动为主动,提高自身的综合国力。

第二部分　供需管理篇

一、我国可再生能源竞争力提升策略

为了实现 2020 年与 2030 年非化石能源占一次能源消费比重 15％与 20％的目标，加快能源转型，中国十分重视可再生能源产业的发展。部分得益于政策的支持，最近十年来中国的可再生能源产业得以迅速发展。目前，中国在风电、光伏发电与水力发电上的总体规模，以及可再生能源产业综合竞争力方面，都处于世界领先地位。中国在可再生能源领域取得的成就也引起了其他国家的重视，认真总结并且借鉴中国在这一领域的成功经验，无疑将有助于其他国家更加合理地开发国内的风能、太阳能以及水能等资源。与此同时，中国仍需要重视在可再生能源领域出现的老问题与新挑战，只有解决好在研发、生产、销售以及使用等产业链相关环节出现的诸多问题，其可再生能源产业才能持续健康发展，中国宏伟的非化石能源发展目标与碳减排的承诺才会得以实现。

（一）可再生能源产业概况

得益于本国强大的制造业基础与政府的政策支持，目前中国的可再生能源产业无论是在装机总量，还是在每年新增装机容量上，都在各国中处于领先地位。与欧美等国相比，中国可再生能源产业的起步较晚。然而，中国在可再生能源产业领域的发展速度却是大多数国家难以企及的。自 2005 年以来，中国的风能、太阳能等产业在短短十余年就已经经历了从起步到快速发展，乃至成为世界领先的不同发展阶段。

截至 2018 年底，中国以水电、风电和太阳能发电为主的可再生能源电力总装机容量已经达到 7.27 亿千瓦，占全球总量的 30.6％。就总量而言，中国的可再生能源装机容量已经高于位居其后的美国、德国、印度、日本和英国这五个国家相应装机容量的总和。其中，水电装机容量已经高达 3.22 亿千瓦，相当于巴西、加拿大、美国和俄罗斯四个传统水电大国的装机容量之和,仅 2018 年中国新增水电装机容量就达到了 700 万千瓦。如果包括尚未并网的风电装机,中国国内总的风电装机容量已经达到 2.1 亿千瓦,总体规模比位居其后的美国、德国和印度三个国家的总和还要大。2018 年新增风电装机容量 2110 万千瓦,相当于位居全球第六位的英国 2018 年底的风电装机总量。目前中国的光伏发电装机容量为 1.76 亿千瓦,远高于位居其后的美国、日本和德国,其中 2018 年新增装机容量高达 4500 万千瓦。[①]

从发电量来看,2018 年中国包含水电在内的全部可再生能源电力消纳量为 18159 亿千瓦时,占全社会用电量的 26.5%。其中,全国水电发电量为 11845 亿千瓦时,占全社会用电量的 17.3%;非水电可再生能源电力消纳量为 6314 亿千瓦时,占全社会用电量比重为 9.2%,同比上升 1.2 个百分点。如果综合考虑各省份本地生产、就地利用以及外送电力消纳量情况,2018 年西藏、云南、四川和青海等地的可再生能源电力消纳量占本地区全社会用电量的比重[②]已经超过 50%,而迄今仅有山东的相应比重尚未达到 10%。从完成 2020 年非水电可再生能源电力消纳比重目标情况来看,云南、宁夏和新疆等 11 个省(区、市)非水电可再生能源消纳比重已经达到 2020 年目标,江苏、广东、安徽、贵州、山东、内蒙古和广西接近实现该目标,京津冀、黑龙江、甘肃和青海非水电可再生能源电力消纳比重较 2020 年目标还有较大差距。[③]

尽管中国可再生能源产业已经取得了长足进步,但是在产业链的各个环节仍然面临着重大挑战。首先,在技术研发领域,中国的企业同以色列、美国、丹麦和英国等国的企业相比仍有一定的差距。据清洁技术集团

---

① REN21. Renewables 2019 Global Status Report [R/OL]. 2019: 187-222. [2019-09-01]. https://www.ren21.net/wp-content/uploads/2019/05/gsr_2019_full_report_en.pdf.

② 可再生能源电力消纳量占全社会用电量的比重＝送端并网点计量的全部可再生能源上网电量/送端并网点计量的全部上网电量。

③ 国家能源局.国家能源局关于 2018 年度全国可再生能源电力发展监测评价的通报 [EB/OL]. (2019-06-04)[2019-09-01]. http://zfxxgk.nea.gov.cn/auto87/201906/t20190610_3673.htm.

研究,尽管中国为可再生能源的发展提供了良好的投资环境,但是其在清洁能源技术初始投资阶段的表现不尽如人意,在清洁技术专利申请方面也表现一般,目前仍与丹麦、芬兰、以色列、美国等国家存在着一定的差距。[①] 此外,中国可再生能源产业中有很多企业的技术主要靠从西方合作伙伴手中大量引进,但这些"先进技术"往往只以设备、生产线或技术图纸为载体。在这种缺乏自主创新能力的情况下,一旦西方跨国公司采取技术变轨战略,中国本土企业在初始产能上的大量投资就很容易变成落后产能。[②]

其次,尽管中国已经具备强大的制造业基础,在可再生能源产品生产领域有着很强的竞争力,但是这种以量取胜的竞争策略本身也潜伏着危机,容易使相关产业陷入产能过剩的困局。由于缺乏技术创新能力,国内企业只能通过大规模引进技术和设备的方式建立生产线,这使中国在短期内就能建立起庞大的产能。如果市场处于高速成长期,这一靠规模制胜的策略往往能够取得预期成效。然而,当市场需求处于饱和状态时,相关企业为了争夺市场份额会不惜采取打价格战的策略,使得相关产业陷入恶性竞争,从而导致中国企业容易落入欧美国家"反倾销""反补贴"的陷阱。

最后,在市场开发环节上,可再生能源发电一直没有很好解决风光发电无法并网这一老大难问题。西方国家的贸易保护主义行为使得中国企业的海外订单流失严重,由此也进一步加剧了国内的产能过剩。为此,中国政府积极出台政策支持风能、太阳能发电设备在国内的大规模推广与应用。然而,部分源于政策本身缺乏预见性,风电、光伏发电装机容量的

①　Cleantech Group,WWF. The Global Cleantech Innovation Index 2017 [R/OL]. 2017:13. [2019-09-03]. https://wwf.fi/app/uploads/2/n/l/5njozhvdv3luu5ebfk7urng/global_cleatech_innovation_index_2017_final_web.pdf.

②　清华大学产业发展与环境治理研究中心.中国新兴能源产业的创新支撑体系及政策研究[R/OL]. 2014:78. [2015-08-01]. http://www.efchina.org/Reports-zh/reports-20130630-zh.

大幅度增长也带来了清洁电力入网难以及附加补助入不敷出等难题。

(二)可再生能源产业竞争力分析

中国的可再生能源产业在整体上已经表现出很强的竞争力。在生产要素方面,中国在资源、资本、技术和劳动力四个组成要素上都表现得较为出色,目前已成为全球最重要的可再生能源产业基地;在需求条件方面,国内庞大的市场规模有力地助推了中国可再生能源产业的快速发展;在相关产业与支持产业方面,中国对于风电、光伏发电等企业投资创业也有着比较强的吸引力;在企业战略、企业结构与同业竞争方面,中国也有着为数众多的可再生能源企业,这也有助于该产业的健康发展。[①]

首先,就生产要素的资源、资本、技术与劳动力而言,中国幅员辽阔,资源丰富,已具备良好的水力、风能和太阳能等可再生能源资源开发的条件。中国产业资本雄厚,最近数年在可再生能源产业的投资额不仅位居金砖国家的首位,而且据彭博新能源财经统计,中国早在 2013 年时就已经超越美国和德国,成为全球最重要的清洁能源投资国。2018 年中国各类清洁能源技术投资总额达到 912 亿美元,尽管较 2017 年已经有了大幅度回落,不过仍然占全球清洁能源投资总额的 31.6%。[②] 在技术表现上,尽管在初始投资阶段表现不佳,但是中国在清洁技术商业化推广应用领域的表现比大多数国家出色。[③] 在可再生能源从业人数方面,中国凭借着庞大的产业规模而占据着优势地位。据国际可再生能源署(IRENA)统计,2018 年中国可再生能源行业从业人数已经高达 407.8 万人,相当于

[①]　本文借鉴了迈克尔·波特的竞争力理论作为分析框架,将生产要素、需求条件、相关产业与支持性产业、企业战略、企业结构和同业竞争作为衡量一国产业竞争力的核心要素,具体参见波特. 国家竞争优势[M]. 李明轩,邱如美,译. 北京:中信出版社,2012.

[②]　REN21. Renewables 2019 Global Status Report [R/OL]. 2019:148. [2019-09-01]. https:// www. ren21. net/wp-content/uploads/2019/05/gsr_2019_full_report_en. pdf.

[③]　Cleantech Group & WWF. The Global Cleantech Innovation Index 2014 [R/OL]. 2014:13. [2015-05-10]. https:// www. cleantech. com/wp-content/uploads/2014/08/Global_ Cleantech_Innov_Index_2014. pdf.

为全球创造了 39％的可再生能源就业岗位。其中,光伏产业从业人数已经达到 220 万人,光热发电为 67 万人,风电为 51 万人。另外,水电的从业人数已经达到 31 万人,生物质能从业人数为 32 万人。中国可再生能源产业从业人数比位居其后的欧盟、巴西、美国以及印度相关产业从业人数的总和还要高。[①]

其次,在需求条件方面,多年来本国经济的快速增长导致了中国能源需求总量的迅速攀升。2018 年中国一次能源消费已经高达 32.7 亿吨标准油当量,占全球消费总量的 23.6％,比紧随其后的美国和印度能源消费量的总和还要高。伴随着能源消费总量的快速增长,可再生能源在其中贡献了越来越大的份额。2007 年至 2017 年间,我国水电消费量年均增长 9.2％,与此同时,其他可再生能源消费量年均增速更是高达 41.4％,相比而言,同期我国能源消费年均增长率为 3.9％。这种超常的发展速度促使可再生能源占中国一次能源消费总量的份额从 2006 年的 5.1％迅速攀升至 2017 年的 12.7％。[②]

再者,在相关产业与支持产业方面,中国对于风电、光伏发电等企业投资创业也有着很强的吸引力。据安永(Ernst & Young)会计师事务所研究,中国可再生能源产业投资吸引力在全球 40 个重要国家排名中位列首位。中国的良好表现主要源于政府制定了雄心勃勃的发展目标,并能将其付诸实施。[③] 例如,中国政府为其最新的可再生能源发展规划设定了宏伟的目标,即到 2020 年水电新增装机约 6000 万千瓦,新增风电装机

---

① International Renewable Energy Agency. Renewable Energy and Jobs: Annual Review 2019. [R/OL]. Abu Dhabi: United Arab Emirates, 2019: 35. [2019-09-03]. https://www.irena. org/-/media/Files/IRENA/Agency/Publication/2019/Jun/IRENA _ RE _ Jobs _ 2019-report. pdf.

② BP. BP Statistical Review of World Energy 2019 [DB/OL]. 2019: 8-9, 49-51. [2019-07-15]. https://www. bp. com/content/dam/bp/business-sites/en/global/corporate/pdfs/energy-economics/statistical-review/bp-stats-review-2019-full-report. pdf.

③ Ernst & Young. Renewable energy country attractiveness index [R/OL]. Issue 50, 2017: 10. [2018-03-01]. https://www. greenmatch. ch/blog/ey-renewable-energy-country-attractiveness-index/ey-recai. compressed. pdf.

约 8000 千瓦,如果再加上生物质发电投资、太阳能热水器、沼气和地热能利用等项目,预计"十三五"期间可再生能源行业相关投资额高达 2.5 万亿元。①

最后,在企业战略、企业结构与同业竞争方面,中国也有着为数众多的可再生能源企业,这也有助于这一产业的健康发展。据中国能源经济研究院统计,在以太阳能、生物质能与风电三足鼎立的全球新能源企业排行榜中,2018 年中国企业在全球新能源企业 500 强中占据了 217 席,远多于排名第二的美国(61 家)和排名第三的日本(58 家)。除了总体企业数量,中国入选企业总营业收入已经达到 13837 亿元,平均每家企业的营业收入为 63.76 亿元,较以往有了较为显著的提高。此外,这些数量庞大的企业覆盖了产业上游原材料、中间制造环节、下游终端应用以及与此相关的配套环节,使得中国的可再生能源产业及企业的国际竞争力得以相应提升。②

相比前几项,中国在替代成本与激励政策等方面的优势并不明显。首先,在替代成本方面,作为一项可以衡量各国能源价格水平的重要指标,中国国内的汽油价格在世界各国中处于中游水平,比西欧各国低不少,但比美国要高,与印度国内汽油价格相当。③ 这表明,中国开发化石燃料替代能源的紧迫感并不强烈。其次,在政策激励方面,据 21 世纪可再生能源政策网络(REN21)统计,中国在政策领域涵盖了总量目标、上网电价、电力配额义务、运输义务、供热义务、招标、资金补贴、补助或折扣、投资或生产税收抵免、减少销售、能源、增值税或其他税、能源生产付款、公共投资、贷款或赠款等十多个领域。从政策覆盖面来看,中国相对

① 国家发展改革委. 可再生能源发展"十三五"规划[EB/OL]. 2016:39. [2018-10-12]. http://www.ndrc.gov.cn/zcfb/zcfbtz/201612/W020161216659579206185.pdf.

② 王长尧. 2018 全球新能源企业 500 强榜单发布[EB/OL]. (2018-12-12)[2018-12-20]. http://www.cnenergynews.cn/jp_482/pphd/201812/t20181213_751125.html.

③ 各国汽油价格水平请参见:http://www.globalpetrolprices.com/gasoline_prices/, (2018-02-22)[2018-02-25].

于大多数国家而言已经做得相当出色,目前仅有印度等极少数国家在该领域的政策覆盖面比中国更加全面。[①]

(三)主要可再生能源产业分析

鉴于资源与环境的约束越来越明显,中国政府越来越重视可再生能源的开发与利用。除了在能源发展五年规划中强调需要积极推动清洁能源产业发展外,中国政府还在 2014 年底发布的《能源发展战略行动计划》中明确提出,将按照输出与就地消纳利用并重、集中式与分布式发展并举的原则,积极开发水电,大力发展风电,加快发展太阳能发电,积极发展地热能、生物质能和海洋能。[②] 在政府政策激励下,近年来中国的风能、太阳能甚至水力发电都进入了快速发展期。

1. 风力发电发展迅速,消纳问题仍有待解决

中国有着极为丰富的风力资源,据国家发改委能源研究所评估,中国包括海上风电在内的风电技术可开发潜力估计在 7 亿～12 亿千瓦的规模。如果到 2030 年时风电装机达到 3 亿千瓦,约可以提供 7000 亿千瓦时的电量,届时将会满足全国 10% 的电力需求。[③] 尽管中国的风力发电起步比较晚,但是近年来增长速度相当快。据全球风能理事会(GWEC)统计,中国风电的装机容量在 2001 年时仅略高于 40 万千瓦,此后数年增长较为缓慢。进入 2005 年后,中国颁布了《可再生能源法》,建立了推动风电发展的能源政策体系,制定了分区域电价、特许权招标和优先并网等一系列鼓励风电发展的政策措施,中国风电发展由此进入了快速增长期。

---

① REN21. Renewables 2019 Global Status Report [R/OL]. 2019:66-69. [2019-09-01]. https://www.ren21.net/wp-content/uploads/2019/05/gsr_2019_full_report_en.pdf.

② 国务院办公厅. 能源发展战略行动计划(2014—2020 年)[EB/OL]. (2014-11-19) [2017-06-01]. http://www.gov.cn/zhengce/content/2014-11/19/content_9222.htm.

③ 国家发改委能源研究所. 中国 2030 年风电发展展望:风电满足 10% 电力需求的可行性研究[R/OL]. 2010:17-18. [2017-06-01]. http://www.efchina.org/Reports-zh/reports-efchina-20100430-zh.

按当前的装机容量计,我国已经超越美国成为全球最大的风力发电国家。

"十一五"期间,受风电装机每年翻番的激励,政府将先前制定的2010年风电发展目标从500万千瓦大幅提升至1000万千瓦。不过,每年风电的实际增长速度仍然远超预期,到2010年底达到了3100万千瓦。"十二五"期间,我国风电新增装机容量连续五年领跑全球,累计新增9800万千瓦,占同期全国新增装机总量的18%,在电源结构中的比重逐年提高。到2015年底,全国风电并网装机已经达到1.29亿千瓦,年发电量1863亿千瓦时,占全国总发电量的3.3%,比2010年提高2.1个百分点。由此,风电已成为中国继水电之后又一个达到1亿千瓦级装机容量的可再生能源品种。"十三五"规划则更具雄心,预计到2020年底,中国风电累计并网装机容量确保达到2.1亿千瓦以上,其中海上风电并网装机容量达到500万千瓦以上;风电年发电量达到4200亿千瓦时,约占全国总发电量的6%。①

与此同时,中国的风电设备制造企业也开始全面崛起。早在2016年,中国国内市场份额位居前十的企业已全部来自中国本土,它们共占据83%的市场份额。其中,位居第一的金风科技的市场占有率更是高达27.1%。相比而言,全球主要风电设备制造企业维斯塔斯、歌美飒和GE仅分别在中国取得2.2%、2.1%和0.9%的市场份额。② 然而,相对于国外同行而言,中国企业在国际市场的表现并不突出,其产品销售还主要依赖于国内市场。在全球市场份额方面,维斯塔斯凭借着20.3%的市场份额牢牢地占据着全球第一大风力发电设备生产商的位置,相比而言,排名第二的中国金风科技的市场份额为13.8%。③

---

① 国家能源局.风电发展"十三五"规划[EB/OL]. 2016. [2017-06-03]. http://www. nea.gov.cn/135867633_14804706797341n.pdf.

② Global Wind Energy Council. Global Wind Report 2016:Annual Market Update [R/OL]. 2017:36. [2017-06-05]. http://files.gwec.net/files/GWR2016.pdf? ref=Website.

③ REN21. Renewables 2019 Global Status Report [R/OL]. 2019:125. [2019-09-01]. https://www.ren21.net/wp-content/uploads/2019/05/gsr_2019_full_report_en.pdf.

　　不过,中国的风电产业发展仍然面临着一些挑战,弃风限电就是其中的重要障碍之一。据统计,尽管最近几年我国的弃风限电现象已经得到了极大的改观,但是 2018 年我国全年弃风电量仍然达到 277 亿千瓦时,弃风率为 7%。其中,新疆全年弃风电量高达 107 亿千瓦时,弃风率为23%;甘肃全年弃风电量为 54 亿千瓦时,弃风率为 19%;内蒙古弃风电量 72 亿千瓦时,弃风率为 10%。[①] 从目前情况来看,中国弃风现象最为严重的地区正好也是风能资源最丰富的地区。如果不解决好上述地区的弃风问题,未来我国风电的可持续发展仍然不容乐观。

　　此外,与国外同等条件的风电场相比,中国风电场的发电量偏低。之所以出现这种情况,除了中国风电开发商和电网运营商协调不够,造成相当比例的装机容量无法接入电网外,还与以下因素有关:中国的风机质量不高;风力电场选址不当,在选址前没有对风力资源认真确认及进行风机安装位置的优化研究;还有一些省份为了达到所要求的风电装机容量,在风力资源并不是很好的地方建设风电场。[②] 正是这些因素导致了尽管中国在"十二五"期间超额完成了装机容量的目标,但是风力发电量却未达到预定的目标。从目前情况看,我国超额完成"十三五"期间风电装机容量的目标已无悬念,不过要想如期实现发电量的目标仍需努力。

　　2. 着力开发国内市场,光伏发电快速增长

　　同风电一样,目前中国的光伏发电累计装机容量已跃居世界首位。不过相比风电产业而言,中国光伏产业的发展趋势更为曲折,这主要与该产业的生产设备、原料以及市场都过于依赖国外有关。自起步以来,中国的光伏产业便以外向型发展为主,呈现生产设备、多晶硅原料依赖进口,销售市场以欧洲国家为主、以美国为辅的"三头在外"的产业格局。长期

[①]　中华人民共和国中央人民政府.2018 年风电并网运行情况[EB/OL].(2019-01-29)[2019-03-01].http://www.gov.cn/xinwen/2019-01/29/content_5361945.htm.

[②]　世界银行.中国可再生能源发展的新目标:迈向绿色未来[R/OL].2014:4.[2017-06-05].http://documents.worldbank.org/curated/en/979141468218106884/pdf/579060WP0Box350icy0Note0CN00PUBLIC0.pdf.

以来,发达国家的光伏市场一直是拉动中国光伏产业快速发展的主要引擎,而光伏组件在国内的消纳比例一直到 2011 年才突破 10%。^① 在这种情况下,当欧美国家出台反倾销、反补贴的政策时,这种晶硅原料与消费市场全都依赖海外的发展模式的弊端就开始显现。在国际市场需求增速减缓以及产品出口阻力增大等多重因素影响下,包括尚德在内的诸多光伏企业纷纷走向破产。

在经历了欧美市场的大起大落后,政府和企业都更加重视国内市场的开发。2013 年,国务院出台了《关于促进光伏产业健康发展的若干意见》,明确指出"光伏发电项目自投入运营起执行标杆上网电价或电价补贴标准,期限原则上为 20 年",同时还确立了在 2013—2015 年间每年新增国内光伏发电装机容量 1000 万千瓦左右,到 2015 年总装机容量达到 3500 万千瓦以上的发展目标。^② 2016 年,国家能源局提出,到 2020 年底太阳能发电装机达到 1.1 亿千瓦以上,其中光伏发电装机达到 1.05 亿千瓦以上的发展目标。^③ 得益于太阳能光伏组件价格的快速下降以及政策利好的推动,近年来我国每年新增光伏装机容量远远超过预期。在 2013—2017 年间,我国光伏发电累计装机容量年增长率均高于 50%。截至 2017 年末,我国光伏发电累计装机容量已达到 1.3 亿千瓦,提前数年完成"十三五"发展规划目标。

随着国内光伏发电市场需求的迅速扩大,国内光伏企业的产能利用率有了比较明显的改善,由此也推动了技术水平的进步和企业利润的提高。在积极开发国内市场的同时,中国企业还积极响应中国政府的"一带

---

① 中国资源综合利用协会可再生能源专业委员会,中国可再生能源学会产业工作委员会.中国光伏分类上网电价政策研究报告[R/OL]. 2013;12. [2017-06-05]. http;//www. efchina. org/Reports-zh/reports-20130402-zh.

② 国务院办公厅.国务院关于促进光伏产业健康发展的若干意见[EB/OL]. (2013-07-01)[2017-06-06]. http;//www. gov. cn/zwgk/2013-07/15/content_2447814. htm.

③ 国家能源局.太阳能发展"十三五"规划[EB/OL].2016;11. [2017-06-06]. https;//www. iea. org/media/pams/china/IEA_PAMS_China_China13thSolarEnergyDevelopmentFiveYearPlan2016 2020. pdf.

一路"倡议,开始将目标市场进一步拓展到亚洲、非洲等地的发展中国家。目前,随着光伏发电逐步在印度、巴基斯坦等国兴起,中国光伏企业市场多元化的目标变得更为可行。对国内光伏企业而言,降低对欧美市场的过度依赖将有助于中国光伏产业的健康发展。

尽管已经取得了长足进步,不过目前国内仍然存在着弃光限电等制约光伏产业健康发展的问题。为了搭上政策利好的末班车,一些企业不顾西北等地电力需求放缓以及电网消纳滞后等制约因素,纷纷抢装光伏发电设备,导致当地弃光率处于较高水平。据统计,尽管最近几年我国光伏发电消纳的整体形势持续向好,2018 年全国范围内的光伏利用率已经达到了 97%,但是包括新疆、甘肃在内的西北地区仍然存在着比较严重的弃光现象,由此造成了资源的浪费。[①]

3. 水电装机总量上升,新增投资开始下滑

中国的水力资源极为丰富,全国理论资源蕴藏量相当于年发电量为60829 亿千瓦时,平均功率为 69440 万千瓦;技术可开发装机容量 54160万千瓦,年发电量 24740 亿千瓦时;经济可开发装机容量 40180 万千瓦,年发电量 17534 亿千瓦时。[②] 得益于良好的资源禀赋以及对水电开发的重视,近年来中国水电的已有装机容量以及每年新增开发量均居世界首位。截至 2018 年底,中国的水电装机容量约 3.22 亿千瓦,占全球装机总量的 28.4%。其中,2018 年,国内新增水电装机容量相当于全球当年新增装机容量的 35%。[③] 迄今为止,水电仍然是中国可再生能源的主力军。2018 年水电装机容量在可再生能源装机总量中的占比为 48.3%、发电量

①　国家能源局.电力领域"弃水""弃风""弃光"状况缓解[EB/OL]. (2019-01-29)[2019-03-06]. http://www.gov.cn/xinwen/2019/01/29/content_5361942.htm.

②　国家发展改革委.全国水力资源复查成果发布[EB/OL]. (2005-11-28)[2017-06-05]. http://www.gov.cn/ztzl/2005/11/28/content_110675.htm.

③　REN21. Renewables 2019 Global Status Report [R/OL]. 2019:218. [2019-09-01]. https://www.ren21.net/wp-content/uploads/2019/05/gsr_2019_full_report_en.pdf.

占比为 65%。[①]

尽管中国水电装机总量仍在持续增长,但是相对于其他可再生能源发电,水力发电增速明显趋缓,这点主要与以下一些因素有关:首先,目前中国中东部地区区位优势明显的水电资源基本上已经开发完毕,有待开发的资源主要集中在中国西南地区,开发难度与成本都大幅上升;其次,流域生态保护与水电开发利用同属生态文明建设的题中之义,目前中国在积极推动水电开发的同时,更加重视流域生态环境的保护;再者,大型水电采取成本加成的上网电价制度无法反映水电建设的真实市场成本,不利于水电开发的持续健康发展;最后,电力通道建设的滞后和市场消纳问题的存在导致电站弃水现象严重。[②] 这些因素的存在促使中国的水电企业更多地将目光投向海外,积极开发亚非拉等地的水力资源。

4. 受多种因素制约,生物质能发展势头不及风光发电

中国生物质能资源丰富,能源利用潜力大。据国家能源局统计,每年中国包括农作物秸秆、农产品加工剩余物和林业木质剩余物等在内的生物质能理论资源可开发量相当于 4.6 亿吨标准煤。鉴于发展生物质能产业将有利于缓解能源消费总量高、石油天然气对外依存度高、环境压力大、农民就业难和收入低等问题,社会协同效益显著,因此中国政府也将该产业的发展置于优先地位。[③]

然而,由于存在着原料收集难度大、技术开发水平弱以及产业化程度低等不利因素制约,中国在生物质能高效利用领域还处于相对较低水平。同其他国家相比,中国在生物质能领域的竞争力尚不及风电、太阳能发电以及水电。2015 年中国生物质发电装机容量为 1030 万千瓦,尽管相比

---

① 国家能源局.国家能源局关于 2018 年度全国可再生能源电力发展监测评价的通报[EB/OL].(2019-06-04)[2019-09-01].http://zfxxgk.nea.gov.cn/auto87/201906/t20190610_3673.htm.

② 国家可再生能源中心.中国可再生能源产业发展报告 2015[M].北京:中国经济出版社,2015:28-31.

③ 秦世平,胡润青.中国生物质能产业发展路线图 2050[M].北京:中国环境出版社,2015.

2014 年已经增加了 80 万千瓦,但仍未能达到"十二五"规划预设的 1300 万千瓦的发展目标。在"十三五"规划中,国家能源局提出,到 2020 年生物质能年利用量约 5800 万吨标准煤。生物质发电总装机容量达到 1500 万千瓦,年发电量 900 亿千瓦时;生物天然气年利用量 80 亿立方米;生物液体燃料年利用量 600 万吨;生物质成型燃料年利用量 3000 万吨。[①] 国家能源局统计数据显示,截至 2019 年 6 月,我国生物质发电装机容量已经达到 1995 万千瓦,2019 年上半年,生物质发电 529 亿千瓦时。[②]

(四)可再生能源产业竞争力优势分析

中国可再生能源竞争力各要素表现相对均衡,总体上已经呈现出良好的发展势头。与其他国家相比,中国在该领域最直观的优势是庞大的规模。中国不仅有庞大的资源总量,而且劳动力资源以及市场规模在各国中都首屈一指,这些都为中国建立强大的可再生能源竞争力奠定了基础。仅就市场规模分析,中国的一次能源消费总量不仅位居全球首位,而且还处于较快的增长期。中国可以利用市场需求的拉动效应推动可再生能源产业的高速发展。近年来中国风力发电以及太阳能光伏装机容量的快速增长对上游产业的拉动效应极为显著。[③]

其次,中国有着极强的发展可再生能源的驱动力。对于中国而言,发展可再生能源与追求能源安全和应对气候变化的目标并行不悖。基于下述理由,目前中国最高领导层正在严肃地对待低碳转型问题:第一,预计中国广大区域都在遭受气候变化的影响;第二,可以利用外部对中国实施

① 国家能源局. 生物质能发展"十三五"规划[EB/OL]. 2016. [2017-06-05]. http://zfxxgk. nea. gov. cn/auto87/201612/W020161205345785970165. docx.

② 中华人民共和国中央人民政府. 国家能源局介绍 2019 年上半年能源形势等情况[EB/OL]. (2019-07-26)[2019-09-01]. http://www. gov. cn/xinwen/2019-07-26/content_5415524. htm.

③ 清华大学产业发展与环境治理研究中心. 中国新兴能源产业的创新支撑体系及政策研究[R/OL]. 2014:89. [2015-08-01]. http://www. efchina. org/Reports-zh/reports-20130630-zh.

的低碳政策的压力,推动本国能源转型,这类似于十多年前中国成为世界贸易组织成员时的情形。[1]

最后,中国政府出台的一系列激励政策是促使上述生产要素释放活力的重要催化剂。自从 2005 年颁布了《可再生能源法》以来,中国政府更加积极地采用多种政策工具推动可再生能源的发展。鉴于风力发电已经具备较强的经济竞争力,2009 年中国政府率先在风力发电领域推出了分区域固定上网电价政策,使得国内的风电装机容量出现了倍增式增长。此后,政府针对生物质发电和太阳能光伏发电也制定了固定上网电价政策,同样有力地推动了这两类能源的发展。

对于光伏产业而言,政策的激励效果尤其显著。固定电价政策的出台极大地刺激了大型光伏电站的建设,这在太阳能资源优势明显的西部地区表现得更加突出。在电价政策以及地方土地优惠政策的支持下,西部多个省区大型光伏电站的核准和建设规模在 2011 年后呈现出爆发式的增长。相比而言,尽管东部地区在资源禀赋以及土地政策上难以与西部地区相提并论,不过由于当地经济更发达,地方政府可以通过安排地方财政资金等方式,给予光伏发电项目一定的电价补贴或者投资补贴。这些额外的电价补贴有助于提升项目的盈利能力。目前,实施地方固定电价或电价补贴的主要省份有江苏、浙江和山东。这些地区出台地方性政策的根本驱动力在于当地有着大量的光伏制造企业。鉴于国际光伏发电市场增速已大幅放缓,建立省内市场无疑能够给予地方光伏制造企业一定的信心与市场消纳空间,而东部沿海地区相对发达的经济水平又为承担一定规模的光伏发电市场创造了条件。[2]

---

① 斯皮德.中国能源治理:低碳经济转型之路[M].张素芳,王伟,刘喜梅,译.北京:中国经济出版社,2015:223.

② 中国资源综合利用协会可再生能源专业委员会,中国可再生能源学会产业工作委员会.中国光伏分类上网电价政策研究报告[R/OL]. 2013:13-23. [2017-06-05]. http://www.efchina.org/Reports-zh/reports-20130402-zh.

(五)产业政策的不足及前景展望

如上所述,中国政府出台的诸多激励政策极大地促进了可再生能源产业的发展,但是这种政策驱动型的可再生能源产业发展模式也存在着一些问题。一些政策在颁布之初便有争论,经过一段时间实施后便暴露出了不足。为了促进产业的稳步健康发展,我们需要思考如何进一步完善政策。

首先,可再生能源技术创新具有很大的风险性与不确定性,不适合以政府为主体进行集中决策。传统的政府主导、计划审批、集中决策、集中配置资源和进行经济性管制等办法,并不利于产业技术创新。尽管政府在技术创新领域能够起引导作用,但是由于政府并不掌握技术、也不必承担市场风险,在缺乏必要的信息支持、无法准确预知未来的情况下,政府的决策模式带有很大的盲目性和风险性。

因此,不论是鼓励或者限制企业投资,都会导致资源错配;把企业的创新活动框在地方政府的发展规划中,必然抑制技术创新;由企业申报、政府部门选定研发项目、分配资助资金,并对成果进行评估、鉴定、表彰的做法,将使企业的创新被政府牵着走,而不是根据市场需求自主研发;政府选择特定的企业进行扶持,容易导致政府被企业绑架,同时限制新的行业进入者。[1]

其次,可再生能源产业出现入网难和补贴瓶颈,表明政府在制定政策时存在着预见性不足的问题。中国可再生能源产业近年来的发展历程表明了一个现象,那就是战略跟着规划走,规划跟着现状走。地方政府与企业家们主要针对开发规模这一目标积极推动产业发展,中央政府和政策研究者们则忙着修改计划与目标,甚至跟着调整战略。[2]

① 清华大学产业发展与环境治理研究中心.中国新兴能源产业的创新支撑体系及政策研究[R/OL].2014:82.[2015-08-01].http://www.efchina.org/Reports-zh/reports-20130630-zh.
② 任东明.可再生能源配额制政策研究:系统框架与运行机制[M].北京:中国经济出版社,2013:前言.

　　面对可再生能源装机容量的快速增长,清洁电力入网和发电补贴难以及时跟上,由此导致的限电、补贴延迟发放以及降价等问题阻碍了该产业的发展。以光伏发电为例,由于光伏供电具有不稳定性与不连续性,其对电网的要求比火力发电要高得多。中国西北地区电网的建设和改造未能跟上光伏发电的发展速度,导致"十三五"初期中国西北地区出现大面积的弃光限电现象。

　　不仅如此,在同一时期实现并网发电的光伏电站的补贴都难以及时发放到位,这也进一步侵蚀了光伏电站的收益。政策的预见能力不强导致政策的不确定性。在现行的光伏电价政策中,对于电价适用时限并未做出规定,这使光伏发电项目开发风险增加。大部分光伏发电开发企业在做投资决策时,按照特许权招标项目的情况考虑投资收益率,即经营期与电价政策都是 25 年。由于缺乏明确的规定,企业不论是在项目审批还是在申请贷款时遭遇的困难都会随之增加。[1]

　　最后,自 2005 年以来,尽管中国的可再生能源产业呈现出快速增长的趋势,但这主要是在政府扶持政策的推动下所取得的成果,并不是由市场机制主导下能源自主转型的结果。事实上,无论是从能源品质、能量转化效率还是成本看,目前中国的风力发电和光伏发电都还没有进入市场自我驱动的阶段。[2] 随着中国可再生能源装机容量的大幅提升,风电和光伏发电等能源的电力补贴越来越不可持续。在《可再生能源法》实施十年后,尽管中国的风电、光伏发电都取得了超常的发展,却导致电价补贴资金缺口越来越大。对此,中国政府决定自 2016 年 1 月 1 日起,将全国居民生活和农业生产以外全部销售电量的基金征收标准,由每千瓦时

---

　　① 中国资源综合利用协会可再生能源专业委员会,中国可再生能源学会产业工作委员会.中国光伏分类上网电价政策研究报告[R/OL]. 2013:24-25. [2017-06-05]. http://www.efchina.org/Reports-zh/reports-20130402-zh.

　　② 朱彤,王蕾.国家能源转型:德、美实践与中国选择[M].杭州:浙江大学出版社,2015:110.

1.5 分提高到每千瓦时 1.9 分。① 提高可再生能源电价附加费有助于缓解资金缺口,不过这与当前中国想要降低工业生产成本的要求相冲突,中国政府不得不在两个目标之间左右平衡。

对于中国而言,如何在技术上和制度上建立起一个与风光发电兼容的全国性电力交易制度,是可再生能源发展的核心问题。从技术上看,智能电网具有坚强的网架和集成先进的技术,可以解决规模电能间存在的随机性、不稳定、储存、互补的问题,将低密度的电能提升为稳定、连续和优质的电能,为可再生能源、常规电源以及电力客户提供互动平台,促进大范围全局资源与信息的整体优化调配。这将最大限度地挖掘电力系统接纳可再生能源发电的潜力,为各种电能的持续发展提供重要的保障。②

从制度上看,对化石能源的补贴将会阻碍可再生能源产业的发展。中国先前对于化石能源的补贴导致能源的低效利用以及过度消费,增加了污染物的排放,并且鼓励了钢铁等高耗能产业的大规模扩张。有鉴于此,建立健全反映化石能源资源稀缺以及环境外部性的价格形成机制,并且按照有利于可再生能源发展与经济合理的原则,完善风光发电的政策补贴机制,即补贴支持力度应随着技术的进步逐渐降低,以实现可再生能源产业的市场化发展。

从地理范围上看,目前我国需要积极推动清洁能源的跨省份市场交易,进而逐步建立起全国性清洁电力交易市场。为此,各级政府应该积极落实《清洁能源消纳行动计划》,通过加快电力市场化改革,积极消除省际电力交易壁垒,推进跨省区发电权置换交易,确保各省份之间清洁能源电力输送协议的高效执行,实现清洁能源电力在全国范围内的优化配置。这是有效应对当前我国各省份之间清洁能源发展不平衡不充分矛盾,特

---

① 中华人民共和国财政部,国家发展改革委. 关于提高可再生能源发展基金征收标准等有关问题的通知[EB/OL]. (2016-01-05)[2017-06-05]. http://szs.mof.gov.cn/bgtZaiXianFuWu_1_1_11/mlqd/201601/t20160113_1649669.html.

② 徐小杰. 中国 2030:能源转型的八大趋势与政策建议[M]. 北京:中国社会科学出版社,2015:50-51.

别是解决清洁能源消纳问题的必由之路。[①]

目前,随着中国经济结构的重心从重工业转向第三产业,经济增长对能源的拉动效应不再那么显著。在能源消费需求开始放缓的背景下,国内风电、光伏发电和水电逐步替代煤电的目标将会更加容易实现。随着可再生能源总量持续上升,化石能源所占的比重将会持续降低,中国完成非化石能源占比目标将会更容易实现。然而,能源需求放缓也会导致可再生能源投资热情的降低,而化石能源价格的走低也会对可再生能源的竞争力带来更大的挑战。就此而论,未来中国非化石能源占比的目标很有可能会如期完成,但是可再生能源能否延续当前强劲的发展势头,目前来看还存在着很大的不确定性。

---

① 国家发展改革委,国家能源局.清洁能源消纳行动计划(2018—2020 年)[EB/OL].(2018-10-30)[2019-05-03]. http:∥www.ndrc.gov.cn/zcfb/gfxwj/201812/W020181204575699521824.pdf.

二、我国页岩气产业发展的政策选择

美国在页岩气开发领域的巨大成功使其一跃成为全球最大的碳氢化合物生产国,这也激发了中国开发本国页岩气的热情。由于拥有丰富的页岩资源,并且国内天然气市场正处于高速发展期,中国是全球为数不多的兼具必需的资源禀赋以及强烈的政治意愿来推进页岩气开发的国家。为此,政府制定了宏伟的页岩气发展规划,将页岩气列为战略新兴产业,到2020年力争实现页岩气产量300亿立方米,到2030年实现页岩气产量800亿~1000亿立方米。[①] 诚然,如果从资源潜力来看,中国在页岩气开发领域已经具备明显的优势条件。然而,要想取得类似于美国的成就,中国还需要克服诸多现实障碍。其中,体制机制上的制约因素尤其需要引起我们的重视。这是因为,当前的制度设计容易产生负面刺激或者激励不足的问题。就此而论,中国页岩气革命能否成功取决于能源市场化改革能否取得重大突破。

(一)中国发展页岩气的优势条件

1. 页岩气资源潜力巨大

中国历来被认为是一个"富煤、缺油、少气"的国家。然而,页岩气的出现很有可能会颠覆这一传统论断,因为中国拥有庞大的页岩资源,已经具备页岩气大规模成藏的地质条件。据美国能源信息署(EIA)在2013年发布的专题研究报告预测,中国页岩气的技术可采储量为32万亿立方米。这比该机构在两年前发布的36万亿立方米预测值略有降低,但其储

---

① 国家能源局. 关于印发页岩气发展规划(2016—2020年)的通知[EB/OL]. (2016-09-30)[2016-11-01]. http://www.gov.cn/xinwen/2016-09/30/content_5114313.htm.

量仍然高居全球榜首,是美国技术可采储量的近 2 倍。[①] 根据 2015 年国土资源部资源评价的最新结果,我国页岩气技术可采资源量为 21.8 万亿立方米。[②] 尽管中国页岩气资源总量和分布情况远未像美国那般清晰,不过就资源潜力而言,未来页岩气在中国的开发前景或许并不比美国逊色。

2. 庞大的国内市场需求

作为最清洁的化石能源,天然气在中国一次能源结构中扮演着越来越重要的角色。得益于庞大的人口规模、快速的经济增长以及对清洁燃料的迫切需求,目前中国的天然气需求正处于高速增长期,这也导致国内天然气出现了供不应求的状况。国内天然气供应量即便已从 2007 年的 698 亿立方米迅速攀升至 2017 年的 1492 亿立方米,仍然无法满足市场对于天然气的旺盛需求。2017 年,中国的天然气进口量高达 912 亿立方米,对外依存度已达 38%。[③] 鉴于中国能源消费市场规模庞大,且天然气在一次能源结构中的比重还比较低,未来中国仍有望赶超美俄成为最重要的天然气市场。按照国家发改委的规划,到 2020 年中国天然气预计消费量为 3600 亿立方米,届时国内天然气预计供应量为 2070 亿立方米,供需之间的缺口为页岩气开发预留了巨大的市场空间。[④]

3. 政府推动能源转型

政府在促进页岩气开发初始投资方面扮演着极为重要的角色。美国页岩气开发就是得益于《1980 石油暴利税法案》中非常规天然气钻井税

[①] U. S. Energy Information Administration. Technically Recoverable Shale Oil and Shale Gas Resources: An Assessment of 137 Shale Formations in 41 Countries outside the United States [R]. Washington D C: US Department of Energy, 2013: 10.

[②] 国家能源局. 关于印发页岩气发展规划(2016—2020 年)的通知[EB/OL]. (2016-09-30)[2016-11-01]. http://www.gov.cn/xinwen/2016-09/30/content_5114313.htm.

[③] BP. BP Statistical Review of World Energy 2018 [DB/OL]. 2018: 28-29. [2018-07-20]. https://www.bp.com/content/dam/bp/en/corporate/pdf/energy-economics/statistical-review/bp-stats-review-2018-full-report.pdf.

[④] 国家发展改革委,国家能源局. 天然气发展"十三五"规划[EB/OL]. 2016: 11, 25. [2017-12-03]. http://www.ndrc.gov.cn/zcfb/zcfbghwb/201701/W020170119368974618068.pdf.

收抵免条款。相对美国而言,积极的政府干预在中国更是必不可少。为了降低大气污染,中国亟须优化本国能源供需结构。目前,政府已经意识到,一个正在迈向"全面小康"的社会已不再满足于价格低廉,但污染严重的劣质煤炭供应,而是要追求更加清洁高效的燃料。为此,中国共产党在十八大会议上提出了"推动能源生产和消费革命",开始积极推动能源转型。继"十二五"规划后,政府相继出台了《页岩气开发利用补贴政策》和《页岩气产业政策》。具体而言,政府将根据利用量对页岩气生产商给予0.4元/立方米的财政补贴,并实行税费减免政策。2015年,财政部与国家能源局明确"十三五"期间页岩气开发利用将继续享受中央财政补贴,补贴标准调整为前三年0.3元/立方米、后两年0.2元/立方米。[1] 这表明了政府将政策目标转化为行动的能力,也彰显了其开发页岩气的决心。

4. 行业开放与制造基础

在中国,比天然气本身更稀缺的是天然气行业的投资机会。为了复制美国页岩气革命的经验,中国政府将页岩气列为第172个独立矿种,降低了外资和民营资本的准入门槛。页岩气竞标是政府在油气勘探开发领域向民营企业所做的重要行业开放措施。这一能源新政已得到国内中小能源企业的积极响应。例如,国内页岩气区块的第二轮招标便吸引了包括民营企业在内的83家企业参与投标,在大型国企主导的能源行业出现这一现象实属罕见。不仅中国能源企业有兴趣参与页岩气开发,国内强大的装备制造业也为页岩气开发奠定了基础。目前,我国装备企业在钻机、压裂车组、井下设备制造方面已具备较强的产业和企业竞争力,国产钻井设备已成套出口至美国,用于页岩气开发。国产大马力压裂泵机组也已攻克效率低与成本高的技术难关。[2] 目前,包括壳牌在内的国际石油公司已在页岩气开发领域大量使用中国制造的生产设备,以便在不影

---

[1]　国家能源局. 关于印发页岩气发展规划(2016—2020年)的通知[EB/OL]. (2016-09-30)[2016-11-01]. http://www.gov.cn/xinwen/2016/09/30/content_5114313.htm.

[2]　张永伟. 页岩气:我国能源发展的新希望[N]. 光明日报,2011-08-16(15).

响效率或安全标准的前提下有效降低成本。

　　5. 资本与人力资源

　　中国是高储蓄率和高投资率的国家,这为页岩气产业的快速发展提供了资本来源。由于油气是事关国计民生的战略性产业,一些特大型国有能源公司能从国有银行获得优惠信贷,并且在重大项目上赢得政府的支持。相比之下,尽管民间资本难以获得同等优惠的信贷和政策支持,但是由于较少承担商业因素外的社会责任,它们往往能获得更高的投资回报率。如果在页岩气开发领域能够实现"投资机会的均等",那么后者有可能释放出巨大的潜力。与此同时,在油气开发人才培养方面,我国并不缺好的大学。目前国内油气勘探开发的学科门类齐全,每年能培养 60 多万工程专业毕业生,这为页岩气开发提供了丰富的人力资源储备。而中国企业也积极投资北美页岩气开发项目,这为其在短期内迅速提升技术专长提供了绝佳途径。

(二) 中国发展页岩气的障碍

　　尽管有着上述显著的优势,但是要想实现页岩气革命,中国同样需要面对诸多的挑战,这其中的主要难点不仅限于学者们经常探讨的遭遇技术瓶颈或者地质因素过于复杂,而且还在于如何突破体制机制上的束缚。

　　1. 定价机制不完善

　　对生产商而言,商业上的可行性是推动页岩气开发的核心要素。然而,我国天然气定价机制的不完善导致市场主体的积极性并没有被充分激发出来。目前我国天然气产业链的主要环节都存在着政府管制与市场定价机制盘根错节的关系。在天然气行业的上游领域,央企控制的国产常规天然气受到政府限价,而煤层气、页岩气等国产非常规天然气以及进口天然气的定价机制已经市场化;在中游管输与批发环节,管道气实行的是基准门站价的政府定价模式,而非管道气、进入交易中心交易的气量、储气调峰气量则已经实现市场化定价;在下游领域,居民用气实行政府限价,而工商业用气实行"基准价+浮动幅度"的半市场化定价,直供大用户市场定价等多种模式。多种定价机制并存的现象容易造成上中下游各环节的市场主体都觉得自身为天然气行业的发展做出了"巨大牺牲",同时控诉另一环节的市场主体通过行业支配地位获取超额利润。[①]

2. 优质资源相对稀缺且分配不均

中国页岩气地质埋藏不仅要深于美国,而且地质结构也比美国复杂,由此造成国内页岩气开采的技术难度和投入成本要比美国高。另外,由于页岩气开采必备的水力压裂技术需要消耗大量水资源,这基本上决定了我国页岩气开发最为理想的区块主要位于页岩气储量和水资源都较为丰富的四川盆地等区域。然而,这些地区往往人口密集、耕地广布,钻井地点只得选在村庄附近,由此产生的噪音、灰尘及其他环境问题易引起当地民众不满。鉴于四川盆地位于地震多发带,水力压裂可能诱发地震的猜疑也较易引起当地百姓的不安。此外,这些优质区块的分配极为不均。由于中石油、中石化等大型国有石油公司早已在当地进行常规油气开发,抢先获得了很多储量丰富的页岩气钻探区块,并掌握着关键地质数据,因此留给其他企业的机会有限,伴随的投资风险也更高。考虑到国有石油巨头的业务重心还是常规油气开发,由此难免会出现"占而不采"的局面。

3. 基础设施不完善

我国页岩气开发还要克服基础设施不足的难题。从市场开发角度看,天然气管网密度低是国内页岩气开发的薄弱环节。对企业而言,如果缺乏相应的输送管网,不仅生产数据获取、地质评估、先导试验以及产能建设等配套工作难以开展,而且将制约页岩气输往消费市场。鉴于我国页岩气资源大多远离主要消费中心,未来在基础设施领域需要投入巨额资金。据国际能源署估计,每增加1立方米天然气市场需求就需要投入1美元开发费用。[②] 这意味着要想完成1000亿立方米的产能建设,中国在

① 杨骅昉. 我国天然气定价机制困境:交织的"市场之矛"与"计划之盾"[J/OL]. 国际燃气网.(2019-07-19)[2019-09-02]. https://gas.in-en.com/html/gas-3139504.shtml.
② 国际能源署. 开发中国的天然气市场:能源政策的挑战[M].朱起煌,译.北京:地质出版社,2003:16.

上游、管道和下游领域至少要投入 1000 亿美元,如果仅依靠国有企业来推动投资势必难以为继。此外,中国天然气行业纵向一体化程度过高可能会妨碍市场走向成熟。如果管道所有者同时参与页岩气生产与配送业务,它将有相应的能力和动机限制这两项业务的竞争。通过经济手段限制其他公司的竞争或歧视非下属企业,它能获取下游业务的垄断利益。①

4. 财税体制不完善

页岩气开发牵涉各级政府中的财税、价格、投融资、贸易、交通和国有资产管理等职能部门,对政府部门之间政策协调要求高。然而,由于存在着财税体制不完善问题,在实际开发过程中出现了中央政府积极推动页岩气开发,地方政府并没有全力跟进的现象。目前,我国三大国有石油公司都采取总部经济模式进行布局:总部设在全国中心城市北京,附属销售公司设在区域中心城市,生产加工基地则主要位于欠发达地区。在现行石油财税体制下,这一布局会产生税收与税源背离的问题。石油公司的分公司在经营地能享受当地政府提供的公共产品和公共服务,同时利用当地丰富的自然资源。然而,分公司所在地政府不能取得公司所得税收入权,却要承担治理生态环境的责任。这导致税收从欠发达地区向发达地区转移,并与基本服务均等化和区域统筹发展的原则相背离。② 这会阻碍页岩气开发进程,很容易导致地方政府和民众以占用土地、道路、水及由此带来的种种不便为由,向油气生产商发难。实际上,这类环境污染诉求的背后更多反映了如何实现资源利益共享的问题。

5. 技术短板与环保问题

最后,国内页岩气开发企业亟须克服技术短板并且解决环保问题。从国土资源部两轮招标结果看,目前一些页岩气勘探中标企业还缺乏油气开发经验。除了中石油、中石化等大中型国企外,其他企业在技术研

---

① 国际能源署.开发中国的天然气市场:能源政策的挑战[M].朱起煌,译.北京:地质出版社,2003:218.

② 王震.低碳经济与能源企业发展[M].北京:石油工业出版社,2010:142-145.

发、人才队伍建设及市场开发等方面大多缺乏优势。由于并未掌握勘探开发技术，这些企业要想开发页岩气不得不与其他企业进行合作。然而，中国国内的油气服务市场并没有像美国那样成熟，并且多数企业并未与国外同行合作过。这将导致中小能源企业难以同国有石油公司展开竞争，并且会妨碍页岩气开发技术在国内的传播。此外，大多数企业在进行页岩气开发时，主要看重的是巨大的商机，对于环境问题并未引起足够的重视。例如，不少国内企业急于引进美国同行的技术，但对于遵循对方的行业规范并没有表现出同样的热情。另外，对于页岩气开发可能引发的水污染和甲烷泄漏等问题也较少引起学界的关注。

（三）美国的开发经验与中国的政策选择

综上所述，中国页岩气开发进程滞后主要不是资源禀赋差或者生产能力低造成的，而在于现有能源体制还只是传统计划经济的延续，导致能源政策不能很好地适应市场经济和页岩气开发的要求。党的十八届三中全会明确提出"让市场在资源配置中起决定性作用"，这为我国解决能源问题提供了重要的思路。尽管如此，能源领域对于如何推动市场化改革，远未形成共识。目前，拖延能源市场化改革的主要论点有："特殊论"，煤、电、油、气属于特殊商品，是市场失灵的领域；"安全论"，改革会影响社会稳定和生产安全；"控制论"，能源行业事关国民经济命脉，必须垄断经营。[①] 然而，纵观美国天然气市场化改革进程，能源并非市场难以配置的特殊商品，市场机制不仅有效提升了效率，而且还极大保障了美国的天然气供应安全。

作为全球最成熟的天然气市场，美国的首要经验是，天然气定价的市场化改革不仅可行，而且成效显著。自 20 世纪 80 年代中期起，由于监管负担过重和天然气供应的萎缩，美国政府不得不解除对天然气价格、最终用途以及国际贸易的控制，转而制定了以市场为导向的政策，这为天然气

---

①　范必.中国能源政策研究[M].北京:中国言实出版社,2013:序言.

买卖双方的自行交易创造了条件。这种政策和监管"革命"吸引了许多新企业,激发了新的商业模式,刺激了天然气的供应和需求,使市场呈现出繁荣的景象。由此,自由市场也赢得了生产商与消费者的认可。美国的经验表明,天然气市场完全可以通过价格机制进行调节,市场的自由运作能不断地平衡天然气的供应和需求。[①] 其次,在市场经济体制下,天然气价格并未成为脱缰野马,因为竞争能取代政府的管制政策成为打压价格的最佳方式。正是得益于竞争性市场的建立,天然气在北美市场中由最初的"贵族燃料"变成了"大众商品"。

激烈的市场竞争不仅给消费者带来了廉价能源,而且还催生了页岩气开采得以持续进行的技术创新和分工协作。首先,从技术变革角度看,美国页岩气开发技术由中小企业推动,这点绝非偶然。相比大型油气公司而言,独立石油生产商对钻井及油井作业活动期望达到的盈利水平要低得多。不管是为了生存,还是为了获取利润,中小企业都要面临更大的压力去寻找替代储量。由于海外投资风险高,它们往往更专注于在北美的成熟区块试验新技术,而国际油价高涨则为它们提供了充足的动力。正是得益于它们的努力,水力压裂技术的应用与推广使得页岩气商业化开采成为可能,水平井钻井技术的进步降低了页岩气的开采成本,两者的完美结合使原本无人问津的页岩气开发成了能源投资的热点。其次,美国庞大的市场规模和开放的市场竞争体制使得专业化分工协作机制变得切实可行。美国油气专业服务公司门类齐全,专业化程度高,已经形成了衔接紧密、配套齐全的页岩气产业链。由于高度分工,美国页岩气开采的单个环节投入低、作业周期短、资金回收快,故能吸引大量风险投资和民间资本进入页岩气开采领域。[②]

尽管有先例可循,但中国还难以照搬美国模式,以便快速推进本国页

① 世界银行,国务院体改办经济体制与管理研究所.基础设施咨询基金.中国:天然气长距离运输和城市配气的经济监管[M].北京:石油工业出版社,2002:16-17.
② 范必.中国能源政策研究[M].北京:中国言实出版社,2013:111.

岩气开发进程。美国经验表明,只有具备竞争主体的多元化和管输的开放等先决条件,才能建立起竞争性的天然气市场。事实上,早在1938年,罗斯福就已促成了天然气市场的开放,打击垄断,培育了市场竞争主体,这也为卡特和里根政府逐步解除价格管制奠定了基础。[①] 然而,由于有着自然垄断的特点,天然气要想在管输领域实现充分竞争并不现实。为了避免天然气管道重复建设带来运力闲置问题,美国政府规定了天然气买卖双方有权利用管输公司的管道及相关服务,付费输送天然气,从而确保中小企业平等地利用天然气管道进入目标市场。

　　反观中国,由于存在经营地域限制,目前既是天然气生产方,同时又是销售方的中石油、中石化及中海油等少数公司之间的竞争有限。大型国有公司控制了天然气开发的上游领域,中小企业往往难以涉足,而商业竞争不足不利于天然气生产成本的快速下降。在这种情况下,要想加快页岩气开发进程,积极的政府干预必不可少。从国内外经验来看,政府与市场存在着互补共生的关系,要想建立行之有效的市场肯定离不开政府的积极作为。对此,政府应在市场准入、信息披露、收益分配、技术研发等方面发挥自身优势,弥补市场不足。首先,政府应在页岩气产业链各环节加大开放力度,维护公平的市场竞争环境,并且进一步简化页岩气行业进入的前置性审批手续,强化安全、环保等方面的事中监管和事后责任追究力度,避免重蹈小煤窑的覆辙。其次,为了有效降低企业的勘探与开发风险,政府亟须推动行业内部开启一场“能源数据革命”。鉴于页岩气开发的重要性,以及提高关键性地质数据透明度对于推动页岩气开发进程和促进市场竞争至关重要,政府应考虑在国家层面设立“能源信息机构”。再者,为了调动各方的发展积极性,政府应建立起合理的收益分配机制。自然资源部将与开发企业签署分成合同,分成收益纳入中央财政收入,并考虑从中提取一部分,作为公益性页岩气勘探专项基金。地方政府则从资源税、矿区使用费等方面获得补偿。在不挫伤企业积极性的前提下,适

---

① 韩晓平.美丽中国的能源之战[M].北京:石油工业出版社,2014:244.

当提高资源税比重。最后，遵循"管住中间，放开两头"的基本改革思路，逐步推进天然气干线管道、省内以及省际管网向第三方市场主体公平开放，完善天然气管网公平接入机制，提升天然气管道输送的公平服务能力，为天然气行业上游与下游领域的市场化改革奠定基础。

不过，当市场机制日渐完善，市场主体间的多元竞争逐渐展开时，也要求政府有所不为，这其中最重要的是要适时地取消对天然气资源分配和价格的管制。尽管政府机构在实行管制时不乏良好的初衷，但它在参与价格制定时难以达到动态平衡点。一方面，如果政府的管制向消费者利益倾斜，导致页岩气生产商被迫低价出售产品，那么他们将难以维持用于扩大页岩气生产能力的长期资本投资。另一方面，如果政府倾向于扶持生产方，导致后者定价过高，那么这无疑是鼓励消费者使用更加低廉的煤炭资源。换言之，政府难以取代成千上万的投资者、生产商和消费者对页岩气以及其他能源资源进行有效的甄别。相反，自由市场往往能找到一个动态的价格平衡点。只要油气运输通道畅通，信息获取成本较低，页岩气生产商可以根据自己掌握的市场信息，将页岩气输往最有利可图的市场。对于消费者而言，这种建立在页岩气生产商之间的商业竞争同样可以为其提供更多的选择。如果地方配气公司等主要需求方与页岩气供应商势均力敌，那么气价既不会低至让生产商变得无利可图，又不会高到让消费者难以承受。只有当双方实力对比出现明显失衡时，政府才有必要对上游页岩气价格进行干预。

尽管能源技术变革通常难以预测，但是支配该领域的经济法则亘古不变。为此，政府需要培育有助于创新的制度与政策环境。美国的经验表明，只有开放的市场才能提供多样化的能源商品和与之匹配的技术解决方案。目前，中国要想如期实现页岩气开发目标还困难重重。为了开发本国资源，政府积极鼓励国有石油公司到北美投资，希望它们"走出去"后能掌握国外页岩气开采技术，以便最终开发本国的非常规油气资源。然而，与开放国内市场相比，该模式存在明显不足。在"走出去"战略背景下，即便国企掌握了相关技术，该技术也仅仅掌握在极少数企业手中。在开放市场经济条件下,页岩气开采技术则可以通过资本引进的方式展现给相关的企业。这有助于技术和资本迅速地在全国范围内流动,让富有创造力的民营企业得以涌现与发展,这种竞争的溢出效应在"走出去"战略中是难以复制的。积极实施"引进来"战略不仅能有效地在全国范围内推动技术扩散与变革,而且还可以通过吸引国际公司参与项目竞标的方式使页岩气开发领域更具有竞争性,由此给中国带来的收益无疑将超出资源共同开发造成的潜在损失。

(四)结语

受美国页岩气风暴的鼓舞,中国国内也掀起了开发页岩气的浪潮。然而,中国要想取得类似于美国那样的成就,除了需要掌握页岩气勘探与开发技术,更需要突破国内的体制机制障碍。归根结底,目前中国页岩气开发进程远远落后于美国,还不能简单地归咎于页岩气埋藏的地质条件比较差等客观因素。从体制机制角度看,我国页岩气开发进程相对滞后,与现有的能源体制还不能很好地适应市场经济与页岩气开发要求有关。从美国页岩气开发历史可以看出,能源领域的市场化改革,不但有效提升了企业的竞争力,而且还极大地改善了美国的整体能源安全形势。美国的经验为中国带来了很好的借鉴意义。正是为了效仿美国的开发模式,中国政府允许民营企业参与页岩气资源开发,这有望在能源开发最薄弱的环节为改革打开一扇窗口。鉴于页岩气开发在中国起步不久,改革的政治成本低,降低勘探开发准入条件或许能作为推进油气行业改革的重要突破口。对此,中国政府加快了油气行业的改革步伐,积极推动国家管网公司的成立。不难想见,页岩气开发新模式如果能在中国取得成功,将为我国页岩油和油砂等其他非常规油气资源的开发探索出一条新路。就此而论,页岩气革命对中国而言,不仅意味着能源技术的变革,还是能源体制上的突破。

三、我国节能减排多元目标平衡策略

随着经济的高速增长,中国对化石燃料的需求在节节攀升,这对国内能源的有效供给施加了巨大的压力。更为重要的是,化石燃料生产和利用过程中带来的污染也严重破坏了环境。中国已是全球包括二氧化碳在内的所有重要污染物的最大排放国。2017年,中国的全年能源消费总量高达31.32亿吨标准油,占全球总量的23.2%,比位居其后的美国与印度当年的能源消费总量还要高0.14亿吨标准油。[①] 与此同时,2017年中国温室气体排放量高达92.33亿吨,占全球总量的27.6%,相较而言,美国与欧盟成员国当年的温室气体排放总量占全球排放总量的25.8%。[②] 这对中国如何应对未来节能减排工作提出了严峻考验。

鉴于中国易受全球变暖的影响,而其经济前景又在某种程度上取决于如何有效地利用能源,节能减排已是中国难以回避的问题。就其本质而言,节能减排将牵涉一系列复杂且不断演化的利益权衡与社会协调问题。在能源领域,能源价格的经济性、能源供应的安全性与能源使用的环保性三大目标之间往往难以调和。同样,温室气体减排的经济可承受性、环境安全性和技术可靠性也是如此。本文认为,为了有效推进节能减排,中国极有必要处理好国家与市场、中央与地方、供应安全与使用安全以及国内激励与国际合作等关系。

---

① BP. BP Statistical Review of World Energy 2018 [DB/OL]. 2018: 8. [2018-07-20]. https://www.bp.com/content/dam/bp/en/corporate/pdf/energy-economics/statistical-review/bp-stats-review-2018-full-report.pdf.

② BP. BP Statistical Review of World Energy 2018 [DB/OL]. 2018: 49. [2018-07-20]. https://www.bp.com/content/dam/bp/en/corporate/pdf/energy-economics/statistical-review/bp-stats-review-2018-full-report.pdf.

(一)国家与市场

中国政府在能源生产和消费领域起着重要的作用。在国家的各项中长期发展规划中,都能找到扩大国内能源生产与提高能源利用效率的战略。进入 21 世纪后,鉴于资源瓶颈与环境压力,政府的能源政策进入了一个更加强调需求管理的时期。在"十三五"规划中,中国政府从原先的重视控制能源强度转变为追求能源消耗总量与强度双控目标。国务院在《"十三五"节能减排综合工作方案》中明确提出,到 2020 年全国万元国内生产总值能耗将比 2015 年下降 15%,并且届时我国的能源消费总量将控制在 50 亿吨标准煤以内。

为了实现上述目标,中国的政策制定者明确了各项节能减排任务的牵头单位和参加单位,以便落实节能减排工作目标责任制。为此,国务院每年组织开展省级人民政府节能减排目标责任评价考核,将考核结果作为领导班子与领导干部考核的重要内容。同时,政府还将节能减排指标完成情况作为国有企业绩效与负责人业绩考核的重要内容。[①] 从目前情况看,尽管经济杠杆和法律手段的使用频率日渐增多,行政手段仍是政府实施节能减排的首要调控方式。毫无疑问,政府主导型的模式具有显著的优势。这点正如托马斯·弗里德曼所言,"如果需要的话,中国领导人可以克服官僚主义的障碍,彻底变革价格水平、规章制度、标准、教育和基础设施,以维护国家长期战略发展的利益"。[②] 事实上,中国的节能减排事业也取得了很大的成就。通过清洁技术的应用和结构调整,中国完成了"十二五"规划提出的节能目标,2015 年单位 GDP 能源消耗和单位 GDP 二氧化碳排放分别比 2010 年下降了 18.2% 和 20%,超额完成了原

① 国务院.国务院关于印发"十三五"节能减排综合工作方案的通知[EB/OL].(2017-01-05)[2017-06-05].http://www.gov.cn/zhengce/content/2017/01/05/content_5156789.htm.
② 弗里德曼.世界又热又平又挤[M].王玮沁,译.长沙:湖南科学技术出版社,2009:355.

定 16％和 17％的政策规划目标。①

　　不过,这一模式也有不足之处。首先,传统上,中国一直将工业污染管理的重点放在大中型企业上。由于这些企业都是国有企业,政府可以通过行政手段对其实施有效管理。然而,最近一二十年,非国有经济在中国经济增长中逐渐占据主导地位,这一变化导致政府仅仅通过行政手段难以复制在改革初期所取得的节能成效。② 其次,除体制和政策因素外,中国能源效率不高还与原料路线、企业规模、装备水平、生产工艺、能源质量和资源再生等因素密切相关。③ 对于这些短期内难以改变的因素,政府的行政手段很难有施展的空间。第三,尽管政府制定的标准易于实施,并且标准一旦得到落实就能阻止倒退,但它不能激励更进一步的创新,因为标准并不包括对超越标准的奖励。同样,标准往往不会考虑不同公司所处的市场环境的不同,以及完成相应标准所需能力的不同。④ 最后却并非最不重要的一点是,能源效率并不总是与经济效率相一致,经济效率包括所有资源使用效率的最大化。如果政府强制提高能源效率比其所节约的能源需要投入更多的资本、劳动和其他资源,那么经济效率就会随之下降。⑤

　　因此,用行政手段实施节能减排,更多是一种不得已而为之的办法。随着国内市场经济体制的不断完善,中国的节能减排事业需要以市场机制为主,弱化政府的行政管制,强化经济手段的运用。毕竟,相对于行政干预而言,市场机制和经济激励手段更具有企业和个人的自主性、政策的

---

　　① 中华人民共和国国民经济和社会发展第十三个五年(2016—2020 年)规划纲要[EB/OL].(2016-03-16)[2017-06-03]. http://www.npc.gov.cn/wxzl/gongbao/2016-07/08/content_1993756.htm.

　　② The World Bank. China:Air, Land and Water [M]. Washington D C:World Bank,2001:4-5.

　　③ 林伯强.2006 年中国能源发展报告[M].北京:中国计量出版社,2006:30.

　　④ Lovins A B, Datta E K, Bustnes O E, et al. Winning the Oil Endgame:Innovation for Profits, Jobs, and Security [M]. Colorado:Rocky Mountain Institute,2005:176.

　　⑤ 邹若素.邹若素气候变化报告[M].张征,译.北京:社会科学文献出版社,2009:393.

灵活性,社会经济成本较低,这是可持续节能减排的关键。① 政府是政策和规则的制定者,应致力于制定能源政策和环保法规,使能源价格反映环境成本。同时,政府还应加强法规的有效性,使其发挥最大的效力。政府不能成为项目管理者,具体投资项目应由市场起主导作用。总之,节能减排工作的有效开展离不开自上而下的国家政策与企业自下而上的积极参与和配合。

(二)中央与地方

迄今为止,中国在节能减排事业上表现出了强烈的政治决心。中央政府已将具体的能耗目标纳入国家中长期发展规划,使其成为国策,希望以此扭转过度依赖能源消耗的增长方式。国家发展与改革委员会也表示能耗指标将成为今后项目审批的强制性门槛,并陆续出台了几套能源价格和财税政策。不过,这些举措并未有效遏制各地高能耗产业的扩张步伐。从已有的统计数据看,中国能源消费总量从 2007 年的 21.5 亿吨标准油迅速攀升至 2017 年的 31.32 亿吨标准油,年均增速为 4.4%,远高于全球同期 1.7%的年均增速。② 中国能源消费的超常增长与国内工业的快速扩张密不可分,这表现为工业部门所耗能源份额远高于大多数国家所占份额。2015 年,工业部门占中国能耗总量的 69.8%,同时也是大气和水污染的主要来源。与此同时,超大规模的城市化和人民生活水平的提高,同样带来了商业及民用能源消耗的大幅攀升。就此而论,只要中国加快实现工业化、城市化的决心不变,能源密集型产业的增长步伐就不会停歇。

正如中国的许多政策一样,影响能源与环境最根本的政策是优先强调国民生产总值的最大化。尽管中国领导人已经认识到,如果现在不关

---

① 林伯强.中国能源政策思考[M].北京:中国财政经济出版社,2009:47.
② BP. BP Statistical Review of World Energy 2018 [DB/OL]. 2018:40. [2018-07-20]. https://www.bp.com/content/dam/bp/en/corporate/pdf/energy-economics/statistical-review/bp-stats-review-2018-full-report.pdf.

注环境问题,未来中国将付出巨大的代价。不过,对于地方政府而言,它们在保持最高经济产出上有着压倒一切的利益。[1] 很多地方的经济之所以能高速发展,正是得益于高能耗产业的超常发展。例如,对一些省市而言,钢铁、石化等工业是其经济的支柱产业。问题在于,这一类重工业的繁荣不仅要有低廉的原料和良好的筹资环境的支撑,同时还需要依靠宽松的环境政策作后盾。自 21 世纪以来,受大规模基础设施建设和汽车时代来临的推动,中国的钢铁工业与石化行业快速扩张,并由此引起一系列问题,包括日益严重的大气污染,温室气体的排放以及铁矿石与原油进口的剧增。为了应对上述问题,中国政府采取了行业规模控制与能源强度双控政策。一方面,政府希望通过建立以工艺、技术、能耗、环保、质量和安全等因素作为约束条件的推进机制,强化行业规范和准入管理,坚决淘汰落后产能;[2]另一方面,政府还明确提出,到 2020 年全国规模以上工业企业单位增加值能耗比 2015 年降低 18％以上的能源强度约束目标。届时,重点耗能行业能源利用效率达到或接近世界先进水平。[3]

从目前情况看,即便中央政府明确意识到中国能源与环境问题的严峻性,但"不惜一切代价保增长"让节能减排的实施更为艰难。地方官员往往将其与经济增长视为对立的选择,并且通常都会选择经济增长。[4]相对于推动持续、平稳的发展,他们在推动快速工业化方面所得的好处更

---

[1]　李侃如.治理中国:从革命到改革[M].胡国成,赵梅,译.北京:中国社会科学出版社,2010:282-300.

[2]　中华人民共和国国民经济和社会发展第十三个五年(2016—2020 年)规划纲要[EB/OL].（2016-03-16）[2017-06-03]. http:// www. npc. gov. cn/wxzl/gongbao/2016-07/08/content_1993756. htm.

[3]　国务院.国务院关于印发"十三五"节能减排综合工作方案的通知[EB/OL].（2017-01-05）[2017-06-05]. http://www. gov. cn/zhengce/content/2017/01/05/content_5156789. htm.

[4]　Lo C W H, Fryxell G E. Governmental and societal support for environmental enforcement in China: an empirical study in Guangzhou [J]. Journal of Development Studies, 2005, 41(4): 558-588.

多,尽管后者经常以环境污染为代价。[①] 从现实情况看,地方环保部门依赖地方政府拨款,这就造成了其与地方政府利益上的冲突。这是因为,负责执法的地方环保部门通常是通过收费、罚款其至是关闭污染企业等方式降低污染,与之相反,地方政府的目标是扶持本地工业的发展和增加税收收入。[②] 此外,使问题进一步复杂化的是,地方政府不仅缺乏节能减排的动力,而且还缺乏有效的政策工具。从政策实施角度看,地方政府能够运用的手段有限,许多手段,特别是价格和税收手段都掌握在中央政府手里。[③]

不可否认,中国未来的节能减排事业需要一系列配套政策与措施。首先,中央政府应该加快资源市场的整体改革,为地方政府推进节能减排事业创造良好的外部条件。其次,规范地方政府参与高耗能行业投资行为,对于不符合产业政策的落后生产能力要坚决予以淘汰,促进产业结构升级。第三,加强环保部门的能力建设,重点增强地方环保部门的技术能力,并提供相应的资源。最后,加大监测和执法力度,制定和完善科学、完整、统一的节能减排指标体系、监测体系和考核体系,严格实施问责制。[④]

(三)供应安全与使用安全

通常学者们将能源安全简单地解释为以合理的价格满足经济发展所需的能源供应的稳定性,但现实情况却复杂得多,能源安全还应包括对人类生存与发展环境不构成威胁的能源使用的安全性。长期发展表明,能源供应安全与使用安全之间存在着一种既相互演进又相互排斥的关系。一方面,能源供应的有效保障是国家能源安全的基本目标,而能源使用安

① Quek T. The Man Who Wants to Save a Lake: Beijing's Efforts to Protect the Environment Thwarted by Local Officials' Subterfuge in their Drive for Growth [N/OL]. Strait Times. (2007-01-21)[2010-03-01]. https://www.lexis-nexis.com.

② International Energy Agency. Developing China's Natural Gas Market: The Policy Challenges [R]. Paris: OECD/IEA, 2002:144.

③ 陈新华.能源改变命运:中国应对挑战之路[M].北京:新华出版社,2008:130.

④ 林伯强.能源经济学:理论与政策实践[M].北京:中国财政经济出版社,2008:87.

全则是国家能源安全更高的追求目标。另一方面,两者之间也存在着深刻的矛盾——能源与保障以及能源与环境污染的竞赛。两者的一个交汇点是能源利用效率的提高,另一个则是更多地利用清洁能源。

中国走的是一条相对粗放的发展道路。尽管近期中国的能源效率已经有了显著提高,不过即便是按购买力平价计算,2016 年中国的能源强度仍是美国的 1.23 倍、日本的 1.73 倍以及印度的 1.97 倍。[①] 不管是出于缓解能源供给压力考虑,还是出于降低温室气体排放的需要,提高能源利用效率都应列入政府首要的能源政策议题。作为全球最依赖煤炭的大国,如何清洁、高效地利用煤炭对中国能源供应安全而言至关重要。为此,近期内中国应将更加清洁、高效地利用煤炭资源置于首要地位。实际上,即便出于温室气体减排考虑,中国也有必要优先关注化石燃料的利用效率。2017 年,火力发电仍占全国发电总量的 71.8%,而太阳能发电则相当于全国发电量的 1.5%。就二氧化碳减排来说,火电利用率提高一个百分点相当于当前太阳能发电量实际贡献的一半,而煤炭利用率提高两个百分点要比太阳能发电翻翻更易实现。就此而言,如今人们称新能源才是实施节能减排的主要出路,其实是认识上的一种误区。

中国如果在中长期要想提高能源使用的安全性,那就需要积极开发低碳以及无碳能源。由于中国拥有丰富的、低成本的煤炭资源,因而,政府不能仅仅依赖市场力量,并以此为基础鼓励人们采用更为洁净的替代能源。对于那些同煤炭相比具有一定竞争力的替代能源,尤其是天然气的供应,应该得到政府强有力的支持。[②] 尽管目前天然气仍比煤炭贵得多,但是增加天然气在能源结构中的比重将会带来很多好处:第一,有助于解决环境污染问题,因为用天然气替代煤炭可以基本解决二氧化硫和悬浮颗粒排放问题;第二,提高中国能源结构多样化水平,这有助于缓解

---

① 国别详细数据请参见美国能源部能源信息署网站,https://www.eia.gov/beta/international/.

② The World Bank. China：Air, Land and Water [M]. Washington D C：World Bank,2001：95.

铁路运输压力；第三，天然气还具有促进国家工业设施现代化的潜能。[①]
为了实现国家的能源和环境政策目标，政府有必要调整税制，使煤炭价格
能够反映环境与社会成本，然后让市场本身做出抉择。

此外，政府还需要采取措施鼓励可再生能源的开发与利用。国家对
可再生能源产业的适度支持不仅是必要的，而且是必不可少的。这不仅
是因为扶持政策的缺失将使风电、太阳能发电等无法与火电竞争，也是考
虑到一旦政策见效，中国能够在全球新兴能源领域确立领先地位，这将带
来重要的竞争优势。当然，政策本身应是适度的，因为一种能源替代另一
种能源是由经济而非政治决定的。政治只有在前者快要追上后者的时
候，帮助后来者赶超居于支配地位的资源。[②] 这意味着能源行业的竞争
最终必须走市场化道路。政府需要为节能减排创设特定的目标，为新能
源行业的投资提供政策的可预见性和连贯性，然后让充满竞争活力的市
场决定新能源技术的优胜劣汰。

（四）国内激励与国际合作

节能减排是企业的利润之源还是负担所在，是值得探讨的重要问题。
对这一问题的回答将决定企业采取何种方式应对节能减排。如果它能带
来经济效益（姑且不论社会效益），又将如何刺激企业尽早采取行动？反
之，我们则要思考应在多大程度上，或通过哪些途径积极适应全球变暖？

从已有研究看，不少学者认为节能减排能带来经济效益，但由于存在
以下几个因素，企业家和消费者未能抓住这些潜在的机会。首先，提高能
源效率的最大阻碍来自于能源供应商，因为一旦卖出更多能源或要新建

---

①　International Energy Agency. Developing China's Natural Gas Market：The Policy
Challenges [R]. Paris：OECD/IEA，2002：17-19.

②　毛杰里.石油！石油！探寻世界上最富争议资源的神话、历史和未来[M].夏俊，徐文
琴，译.上海：上海人民出版社，2008：252.

发电厂,它们就会赚得更多。① 其次,多数企业高管认为,工程师们已做了应做的一切来削减成本。尽管节能属于高回报的投资,但它往往不受重视,因为能源通常只占运营成本的百分之一二,节能还达不到大多数战略家关注的优先级别。② 再者,节能减排的多数机会都将涉及其他资源的前期投入,然后通过降低今后的能源或燃料支出,部分或全部地收回投资。市场存在的缺陷,阻碍了企业对这些机会进行必需的投资。③ 最后,市场选择的主体是普通消费者。消费者在选购商品时通常优先考虑价格,而不是产品生命周期中的全部成本。这导致了节能产品由于缺乏价格优势而难以迅速替代高能耗、高污染的产品。

上述因素的存在阻碍了市场主体自发地实现节能减排的目标,这也为政府进行合理的干预提供了必要的理由。不过,中国能源过度消耗的根本性问题在于市场改革不到位,无法为能源消费提供正确的价格信号。对中国而言,降低能源强度的关键在于在发展战略中考虑能源和环境的双重约束,使能源价格体现资源的稀缺性和环境成本。④ 从目前形势看,如果缺乏强有力的政策措施,将无法显示政府重视能源需求管理的决心,那么公共事业的改革将难以到位,企业将缺乏足够的动力向清洁高效的高端产品转型。同样,消费者也将丧失选择低能耗产品的机会。最终,中国将错失以更少成本换取更大发展的良机。

当然,市场的缺陷并不意味着中国将在节能减排事业上碌碌无为。鉴于中国能源部门的规模和飞速发展,中国有可能处于能源技术变革的

---

① Grunwald M. Seven myths about alternative energy [J]. Foreign Policy, 2009 (174): 132.

② Hirschland M J, Oppenheim J M, Webb A P. Using energy more efficiently: An interview with the Rocky Mountain Institute's Amory Lovins [J/OL]. The McKinsey Quarterly, 2008: 1-6. [2010-03-05]. http://china.mckinseyquarterly.com/Using_energy_more_efficiently_An_interview_with_the_Rocky_Mountain_Institutes_Amory_Lovins_2164.

③ Nauclér T, Enkvist P A. Pathways to a low-carbon economy: Version 2 of the global greenhouse gas abatement cost curve [J]. McKinsey & Company, 2009, 192(2).

④ 林伯强. 中国能源问题与能源政策选择[M]. 北京:煤炭工业出版社,2007:6.

前沿。中国的重要优势在于同时具备市场条件和高度一致的政治意愿来推进新能源技术变革。中国可以采用多数发达国家由于市场不大、搁置成本高昂或者因既得利益者的反对而未能采用或应用缓慢的尖端技术。这有助于中国从一个能源技术落伍者成为全球的领先者,实现跨越式的发展。① 事实上,注重发展和采用先进的能源技术,不仅与中国致力于提升其在全球经济生产价值链中的地位目标相吻合,而且也与跨国公司希望抢占中国巨大的清洁能源市场这一目标并行不悖。对于发达经济体而言,中国的市场规模及其相应的清洁能源需求,将为最新清洁能源技术的推广提供一条最为快捷的通道。中国与先进经济力量的联合能够大幅降低低碳技术和气候适应性手段的成本,并向工业化程度较低的农村地区提供这些技术和手段。②

　　鉴于规模效应,仅仅通过更有效地利用能源,中国也将帮助国际社会改善全球环境。为了更好地应对能源与环境问题的挑战,国际社会也有必要帮助中国提高节能减排的能力。中国需要一个国家级的能源研究机构,实时关注国内外能源市场的动态,对国内能源行业和市场了如指掌,并及时看出问题,做好超前研究,进而提出政策建议。中国同样需要建立起及时、详细、可靠的能源信息数据库。③ 国际能源署在这些领域表现出色,可以帮助中国完善相关制度,并且培养能源审计人员。这种合作的代价很低,但是回报巨大。它既能改善中国的能源安全,也符合发达国家要求中国提高能源透明度的利益诉求。鉴于中国已经成为国际能源署的联盟国,双方加强在这一领域的合作符合彼此的共同利益。

　　① 世界银行东亚和太平洋地区基础设施局,国务院发展研究中心产业经济研究部. 机不可失:中国能源可持续发展[M].北京:中国发展出版社,2007:9.
　　② Chatham House. Changing Climates: Interdependencies on Energy and Climate Security for China and Europe [R]. London: The Royal Institute of International Affairs, 2007: 14.
　　③ 陈新华.能源改变命运:中国应对挑战之路[M].北京:新华出版社,2008:130.

(五)结论

综上所述,中国节能减排的潜力巨大,但是难度也大。中国需要在经济发展、能源安全以及环境保护等彼此竞争的目标之间寻求平衡,并力求将成本控制在合理范围内。为了实现全面建设小康社会的宏伟战略目标,中国有必要制定和实施一项综合的、长期的节能减排战略。这一战略的有效性将部分取决于如何平衡以下几组关系,即:既要发挥市场的主体功能,又有赖于政府宏观调控弥补市场缺陷;既要确保经济增长活力,又要兼顾生态环境的保护;既要努力提高传统能源的利用效率,又要为潜在的新能源变革做好准备;既要承担相应的国际责任,又要维护中国应有的发展空间。诚然,实现上述平衡异常艰难,但节能减排的重要性决定了为此努力的必要性。

四、我国节能减排体制机制优化策略

近年来,随着经济的高速增长,中国对能源的需求节节攀升,面临的能源约束问题日益突出。对于中国而言,一个关键性的能源约束条件在于:2017年中国的人均石油探明可采储量约为18桶,按当年中国人均实际石油消费量计算,大致可供国人使用6年。[①] 更重要的是,化石燃料大规模生产和利用过程中所带来的污染严重破坏了环境。目前,中国已经是包括二氧化碳在内的全球主要污染物的最大排放国。不仅如此,中国的人均二氧化碳排放量已于2006年超过了世界平均水平。[②]

尽管许多尚处于工业化发展阶段的国家也遭遇了同样的难题,但中国的国家规模,以及致力于发展的宏图大志却是其他国家难以企及的。为了有效应对上述挑战,中国在制定"十一五"规划时就已将节能减排确定为国家战略。2015年,我国单位国内生产总值能耗比2010年降低了18.4%,已经超额完成了"十二五"规划纲要中提出的16%的目标。[③] 在此基础上,我国政府提出,到2020年,我国能源消费总量将控制在50亿吨标准煤以内,届时,全国万元国内生产总值能耗将比2015年下降15%,单位国内生产总值二氧化碳排放量下降18%;到2030年,能源消费总量将控制在60亿吨标准煤以内,单位国内生产总值二氧化碳排放量将比2005年

---

① 根据 BP Statistical Review of World Energy 2018 数据计算而得。

② U. S. Energy Information Administration. International Energy Statistics [DB/OL]. 2010. [2010-10-12]. http://www.eia.gov/cfapps/ipdbproject/iedindex3.cfm?tid=90&pid=45&aid=8&cid=regions&syid=2006&eyid=2010&unit=MMTCD.

③ 国务院. 国务院关于印发"十三五"节能减排综合工作方案的通知[EB/OL]. (2017-01-05)[2017-06-05]. http://www.gov.cn/zhengce/content/2017-01-05/content_5156789.htm.

下降 60%～65%,届时,二氧化碳排放将达到峰值。[①] 尽管我国在节能减排领域取得了显著成效,不过鉴于挂得最低的节能减排的果实已被摘取,未来要想实现中长期节能减排新目标还需克服更多的障碍。其中,体制机制的约束是最为重要的因素之一。目前,政府的监管能力还不足以有效应对能源需求快速增长带来的各种问题,由此也未能扭转我国能源利用效率低、传统化石能源所占比重过高以及环境污染严重等不利局面。上述问题的存在与政府能源主管机构不协调、多元发展目标不平衡以及监管能力不到位等因素密切相关。

(一)能源主管机构不协调

面对严峻的能源安全形势和重大挑战,中国政府需要采取强有力的应对措施。然而,迄今为止,中国尚未建立起一套完备的能制定和执行合理能源政策的决策体系。究其原因,缺乏一个可以协调国家整体能源战略的核心机构可能是首要问题。

自新中国成立以来,能源机构恐怕是政府机构改革中变动最频繁的部门之一。负责石油、煤炭、电力和水利的各部时而各自独立,时而又被以各种可行性很低的方式合并在一起。[②] 20 世纪末 21 世纪初,中央政府推动的能源管理机构调整已经跳出了以往简单的拆并怪圈,但这次影响深远的改革仍未完成其应尽的使命。如果仅从推动能源行业的市场化进程来看,此次改革无疑是成功的,因为它将原本属于政府的职能从石油、电力和煤炭企业中剥离出来,并在原有的基础上组建了大型的国有能源公司。在石化行业,这意味着改组后的三大国有石油公司已经成为自负

---

① 国家发展改革委,国家能源局.能源生产和消费革命战略(2016—2030)[EB/OL].2016:8-9.[2017-06-01]. http:// www. ndrc. gov. cn/zcfb/zcfbtz/201704/t20170425_845284.html.

② 李侃如.治理中国:从革命到改革[M].胡国成,赵梅,译.北京:中国社会科学出版社,2010:179.具体能源监管机构的分合可以参见林伯强.2006 年中国能源发展报告[M].北京:中国计量出版社,2006:267-268.

盈亏、自主经营、上下游一体化的市场竞争主体。① 这为中国国有石油公司实施"走出去"战略,积极参与国际油气市场竞争奠定了基础。但是,在推倒了计划经济时代僵硬的"命令与控制"型管理体制的同时,相应的新型政府能源管理体制并没有建立。具体而言,在改革过程中,石油、电力和煤炭等部门管理机构相继被撤销,政府职能也在以下两方面被极大地削弱了:一是政府监管人员大幅压缩,由以往按照部门管理"条状"的机构设置和较多数量的管理人员,转变成了发改委以及能源办仅有几十个人履行政府管理职能的局面;二是职级降低,专门的能源管理机构仅为发改委内部司局级或职能仍有待明确的国家能源领导小组办公室。②

在机构改革初期,政府能源监管机构的削减或许有助于国有能源公司释放自身的潜能,但是面对日益凸显的能源环境问题,中国能源领域低级别的分散管理模式不乏潜在的风险。首先,从国际层面看,由于中国能源行业的国家级管理职能分散于 13 个平行部级机构内,分散的能源决策模式以及相关机构的能力不对称,可能导致中国在全球主要能源与环境领域的谈判中处于不利地位。其次,从国家层面看,中国在能源与环境领域正面临着有史以来最大规模、最严峻的挑战。没有一个高度专业、强有力的国家能源主管部门,就不能集中必要的资源对国家的能源战略、规划、重大政策问题作深入研究,许多政策与建议也将难以落实。③ 最后,从次国家层面看,与那些强大的国有能源企业相比,中国能源机构的低级别管理模式直接影响监管的成效。国家能源局监管的三大国有石油公司负责人的行政级别都不比能源局局长低,并且这些公司从事能源研究的经验也比国家能源局丰富。这些因素都阻碍了政府对大型能源企业实施

① 国务院发展研究中心资源与环境政策研究所.中国石油资源的开发与利用政策研究[M].北京:中国发展出版社,2010:70.

② 中国能源财经税收政策研究课题组.中国可持续能源财经与税收政策研究[M].北京:中国民航出版社,2006:125.

③ 陈新华.能源改变命运:中国应对挑战之路[M].北京:新华出版社,2008:11.

有效的监管。① 有鉴于此,很多专家都支持成立一个正部级其至超部级的机构,以加强跨行业、跨部门的综合协调能力,从而结束能源领域"九龙治水"的局面。②

　　尽管重新组建一个强有力的能源部是一个较为可行的办法,但是这将招致其他相关政府机构以及实力雄厚的国有能源公司的强烈反对。③作为一种过渡,国务院于 2005 年 5 月正式宣告了国家能源办公室和国家能源领导小组的成立。这在一定程度上加强了能源行业管理的协调性,但它并未消除中国能源管理的隐患。为了进一步加强能源战略决策和统筹协调,2010 年 1 月,国务院决定成立国家能源委员会。作为改革的重要组成部分,目前国内级别最高的能源管理部门——国家能源局将在国家能源委员会的领导下开展工作。从职能上看,作为副部级单位的国家能源局,相比其前身国家发改委能源局,地位自然有所提升,但它仍不具备独立的能源监管能力。这不仅源于其实施有效能源监管所需的能源定价权等重要调控手段仍掌握在国家发改委手中,而且也与国家能源局的人员配备不够合理有关——产业专业知识人员的短缺导致国家能源局出现了将多兵少的局面。④

　　从最近十多年中国能源机构调整来看,一方面,能源局一直隶属于国家发改委这一事实本身表明,尽管中国的整体能源政策目标关乎经济成长和人民福祉,但它只是中国总体经济政策目标的一个重要组成部分。另一方面,能源局行政级别的不断提升则表明,随着中国的能源问题变得日益突出,如果不能妥善处理好经济发展同能源安全以及环境保护之间的关系,将会对中国经济可持续发展和社会长治久安带来不利影响。这

　　①　Downs E S. The Brookings Foreign Policy Studies Energy Security Series: China [R]. Washington D C: The Brookings Institution, 2006: 16-25.

　　②　例如,陈新华就是这一观点的坚定拥护者,详见陈新华. 能源安全要重视内部因素,强调政策体制保障[J]. 中国能源,2003(5): 4-14.

　　③　Kong B. Institutional Insecurity [J]. China Security, 2006, 2(2): 81.

　　④　王震. 低碳经济与能源企业发展[M]. 北京:石油工业出版社,2010:186.

也正成为困扰决策者的另一个重要问题。

(二)多元发展目标不平衡

从政府中长期规划看,中国追求的目标在于实现经济、能源以及环境三者之间的和谐发展。在一个理想的能源可持续发展规划中,经济增长、能源安全和环境保护将构成彼此依存、相互促进的关系。有鉴于此,政府在能源法立法草案中明确阐述了立法目标:"构建稳定、经济、清洁、可持续的能源供应及服务体系,提高能源效率,保障能源安全,推动资源节约型和环境友好型社会建设,促进能源与经济社会的协调发展。"①然而,从实际情况看,三者之间不仅有着比较明显的轻重缓急之分,而且它们也存在着相互对立的方面。

长期以来,中国的能源政策主要以促进经济增长为目的。只有当能源供应成为制约经济发展的瓶颈时,能源的可持续供应问题才会受到重视。并且,直到最近,中国才真正开始重视能源开发与利用产生的环境问题。这种转变在很大程度上是受全球能源安全形势的影响,而中国国内的资源禀赋和能源消费结构是政府做出政策反应的依据。二战以来,由于世界能源供应长期稳定并且价格低廉,能源问题并未引起各国的重视,能源研究也大多集中在技术领域。直到1973年世界能源危机爆发后,能源问题才引起各国政府的高度重视。然而,基于对自身能源生产前景的乐观估计,中国迟至1978年才开始积极制定出一套完整可行的能源政策,而当时也正是中国国内的石油产量面临停滞之时。改革开放后,中国经济的快速增长带动了能源需求总量的大幅攀升。1993年,中国从石油出口国变成了石油进口国。2003年,正当美军开始攻占伊拉克时,中国一举超越日本,成为全球第二大石油消费国。目前,中国甚至已经超过美国,成为全球最大的石油进口国。这些都加剧了中国对于本国能源安全

---

① 全国人大.中华人民共和国能源法(征求意见稿)[EB/OL].(2007-12-04)[2010-01-21].http://news.xinhuanet.com/fortune/2007-12/04/content_7195580.htm.

的担忧，并且促使政府将确保石油稳定供应列为国家安全议程上的首要
议题。

2007 年，早在能源消费总量超过美国前，中国源于能源消耗产生的
二氧化碳排放总量就已超过美国。① 这两者之所以不是同步出现，主要
源于中国能源结构的更不平衡——2007 年，含碳量更高的煤炭占据中国
一次商品能源消费总量的 70％，比美国高出 45 个百分点，比世界平均水
平高出 41 个百分点。② 目前，随着各国对气候变暖的日益关注，发展低
碳经济逐渐成为国际社会应对气候变化问题的一项共识。对中国而言，
低碳是一种全新的游戏规则，它在原本已显得十分严格的能源资源约束
条件下，又增加了一项更为棘手的环境约束条件。为了应对国际压力，中
国政府提出到 2020 年单位 GDP 的二氧化碳排放量要比 2005 年下降
40％～45％的目标。从先前的能源强度变成现在的碳排放强度目标约
束，体现了中国能源战略和政策将面临一个战略性转变，即从"十一五"时
期以提高能源利用效率为主，转变为将气候变化因素作为约束目标。③

毫无疑问，中国领导人希望在保持经济高速增长的同时，尽最大可能
解决能源和环境问题。然而，中国 30 多年的发展早已形成了一种具有强
大惯性的发展模式。当前，中国国民经济核算体系虽已从原先只核算物
质生产活动的"物质产品平衡表体系"（MPS）转变为将国民经济的生产、
流通和消费作为有机整体进行核算的"国民账户体系"（SNA），但将 GDP
和"物质生产领域"产值增速赶超发达国家作为应当不惜一切代价实现的
国家目标，并且将增长速度作为各级党政领导干部"政绩"考核主要指标

① 2007 年中国与能源相关的二氧化碳排放总量达到 61.84 亿吨，[2010-01-21]. 占全球
20.9％，首次超过美国的 60.16 亿吨.［2012-01-21］. http：// www. eia. gov/cfapps/ipdbproject/
IEDIndex3. cfm? tid＝90&pid＝44&aid＝8.

② BP. BP Statistical Review of World Energy 2008 ［DB/OL］. London：The beacon
Press，2008：41.［2010-01-23］. https：// www. bp. com/en/global/corporate/energy-economics/
statistical-review-of-world-energy/downloads. html.

③ 林伯强. 中国能源思危[M]. 北京：科学出版社，2012：12.

等习惯和做法并未根本改变。①

事实上,在经济增长和创造就业这两根强有力指挥棒的指挥下,任何想要放慢经济增长速度以平衡能源和环境目标的要求,都较难得到地方政府官员的响应。对于多数地方政府官员而言,在 GDP 增长、产值增加、利润和税收提高等一些标志性政绩上做文章,要比在改变经济发展模式、降低产品能耗、提高产品科技含量等一些不能马上彰显政绩的指标上做文章容易得多,并且也更容易得到上级领导的赏识和提拔。在"有水快流"这一思想的指导下,很多地方官员都倾向于在短期内将有限的资源优势尽快地转化成 GDP 优势。② 由于目前中国的治理机制和责任机制还不完善,地方与中央之间的分权有时强化了以利润和物质利益为中心的激励机制和竞争机制。

与之相类似,国资委更多以企业规模大小,而不是单位资金创造的价值来衡量一个企业的业绩,并且将其作为衡量企业领导班子成员升迁与否的一项主要指标。因此,大多数国有企业领导也都以"自我扩张"作为企业的第一要务。各地与各行业较少从整个国家的高度,从有限资源更充分、更优化利用的角度来思考问题,而是以 GDP 和利润为取向。这种局部"优化"行为很容易导致整体出现"重复建设""产能过剩"等诸多不良后果。③ 政府对化石能源的不合理补贴扭曲了市场价格信号,在客观上鼓励了高耗能产业的扩张,导致能源低效利用和过度消费,以及温室气体排放增加。④

(三)监管能力不到位

中央政府越来越意识到这种依靠投资驱动的、以重工业为主导的增长模式是不可持续的。为了缓解资源和环境压力,中央政府一方面加强

---

① 吴敬琏.中国增长模式抉择(增订版)[M].上海:上海远东出版社,2008:106.
② 倪维斗.困局与突破:倪维斗院士谈能源战略[M].上海:上海辞书出版社,2012:69.
③ 倪维斗.困局与突破:倪维斗院士谈能源战略[M].上海:上海辞书出版社,2012:69-74.
④ 林伯强,蒋竺均.中国能源补贴改革和设计[M].北京:科学出版社,2012:3.

了能源和环境监察机构设置,使之在决策过程中拥有更大的影响力,另一方面在地方官员考核清单中新增了能效改进和环境保护指标。上述改革是中国走向可持续发展的必要条件,但绝非充分条件。随着能源问题复杂性和环境问题危害性的日益显现,如何迅速而有效地提升政府的监管能力也就变得更为重要。

从理论上来说,政府可以采用的节能减排政策工具很多。概言之,不外乎法律、经济、行政以及教育这四种。法律方面包括制定节约能源以及大力推广可再生能源等法律条文;经济政策包括能源定价、税收及补贴等手段;行政上主要采取能源限额、强制实施能效标准、进出口管制以及其他行政命令方式;此外,每当出台一项重要政策时,政府往往还会推出相应的教育计划,以便赢得公众的支持。显然,节能减排是一项长期而艰巨的任务,不能仅靠单一的政策工具解决,更不可能毕其功于一役。为了实现节能减排目标,中央政府需要重新平衡政府干预与市场的关系,并且高度重视地方政府和企业的激励问题,因为它们才是实现节能减排规划目标的关键。

必须看到,在节能减排领域,中国政府在制度建设方面已经取得了很大的成就。为了解决能源和环境问题,中国政府先后制定并且通过了《节约能源法》《可再生能源法》《中国应对气候变化国家方案》《能源发展"十三五"规划》《能源生产和消费革命战略(2016—2030)》等一系列重要的法律法规和中长期发展规划。鉴于中国当前的人均能源消费增长仍处于相对较快水平,相对于中长期能源需求而言,提高能源利用效率也只能起到缓解中国能源供不应求的作用。因此,政府在鼓励节能的同时,采取大力发展可再生能源的战略,无疑是正确的。然而,在经济发达、人口稠密的东部地区,即便最大限度地开发可再生能源,也难以同时解决有效保护中国的生态环境和为经济增长提供充足能源动力这两大难题。为了使权力的天平不至于过于偏向经济增长这一端,同时也为了强化节能减排的政治决心,中央政府将能源消耗纳入了各地经济社会发展综合评价和年度考核,实行单位国内生产总值能耗指标公报制度以及节能目标责任制和问责制。① 然而,上述政策的有效执行,不仅取决于政府强大的政治意愿,而且有赖于推行切实可行的经济刺激原则,使企业积极推动的节能减排变得有利可图。

实际上,随着市场化进程的一步步推进,中国国内的能源消费已经逐步实现了以市场主体的自主选择为基础。尽管如此,目前学者寄希望于通过市场机制推动节能减排仍不现实,这主要源于中国的能源管理体制尚未完成从传统计划经济控制手段向现代管理机制的转型。换言之,政府管理能源的方式仍存在着明显的越位和缺位问题:一方面,政府对能源领域经济事务的干预过于频繁和直接。政府对于能源投资项目的审批带有明显的计划经济的痕迹,因而更像是一种"脱离了投资责任的项目审批制度"。政府对能源价格的干预使其不能很好地反映能源资源的稀缺程度、能源产品的国内供给关系以及能源生产和使用过程中的外部成本;② 另一方面,尽管政府提高了环保费并且提出了环保减税措施,试图促使企业减少污染物排放,然而,环保费用偏低且监管难以到位,导致许多企业宁愿铤而走险支付环保费,也不愿意安装环保设备或者改变生产流程。③ 鉴于中国当前主要能源商品的价格并未包含外部环境和社会成本,能源商品价格的低估实际上只会给企业和消费者带来错误的信号。

如果中国的能源市场改革停滞不前,即便能源与环保部门的改革取得了进展,但在中央政府施加的前所未有的节能减排压力与地方政府缓慢演变的能源监管能力之间,还是会出现一条日益扩大的鸿沟。由于价格和税收等主要政策工具都掌握在中央政府手里,在实践中,地方政府通常不得不借助行政手段来达成政策目标,这有时会导致政策的倒退。例

---

① 中华人民共和国国务院新闻办公室.中国的能源状况与政策[EB/OL].2007.[2010-01-25].http://www.sdpc.gov.cn/zcfb/zcfbtz/2007tongzhi/W020071227502848725829.pdf.

② 中国能源财经税收政策研究课题组.中国可持续能源财经与税收政策研究[M].北京:中国民航出版社,2006:5,126.

③ 莫尔.转型期中国的环境与现代化:生态现代化的前沿[M]//周艳辉.增长的迷思:海外学者论中国经济发展.北京:中央编译出版社,2011:180.

如,为了完成"十一五"规划所设定的节能目标,一些地方政府不惜采取随意中断对重工业的电力供应,或者临时关闭某些工厂等举措。尽管这些措施有可能在短期内发挥作用,但它既缺乏效率又不可持续,更像是传统中央计划经济控制手段的延续。^①

最后,即便地方政府和企业切实履行了节能减排的职责,能否及时准确地监测能源消耗和污染物排放水平这一问题仍然悬而未决。目前中国的能源统计定额可信度仍受到不健全的信息收集、分析和处理系统的损害,以及政府部门之间交流不充分、试图保护地方利益和人为主观臆断而导致的虚假、相互矛盾与含混能源数据的损害。^② 由于及时可靠的统计数据的缺乏,政府难以对节能减排政策的落实、官员和企业的表现进行准确评估。

(四)节能减排体制机制障碍的消除

对于目前尚未完成工业化和城市化进程的中国而言,国内的资源禀赋无法改变,发展阶段也难以逾越,但是我国的能源体制机制存在着巨大的改善空间。由于目前尚未建成一套完善的节能有增益、增排有成本的约束机制,中央政府制定的节能减排政策并未得到地方政府和企业的积极响应。

展望未来,要想合理有效地利用能源,同时避免对我们赖以生存的环境造成重大破坏,政府首先需要制定一套完善的公共政策。如果缺乏完整且连贯的国家能源政策,中国难以走上可持续发展之路。这是因为能源不同于教育,后者只需地方政府自行决策,便能有效改善民生。然而,能源政策的制定往往是牵一发而动全身。从地域上看,山西一整顿煤炭安全生产问题,就会造成全国煤炭供应紧张。同样,河北如果大张旗鼓地

① 林重庚,斯宾塞.中国经济中长期发展和转型:国际视角的思考与建议[M].余江,译.北京:中信出版社,2011:105.
② 世界银行东亚和太平洋地区基础设施局,国务院发展研究中心产业经济研究部.机不可失:中国能源可持续发展[M].北京:中国发展出版社,2007:181.

发展重工业,可能会使北京治理大气污染的努力前功尽弃。从行业领域看,如果不做通盘考虑,那么一些特殊利益集团就会将一己私利置于公众利益之上。汽车工业只会敦促石油公司生产更清洁、低硫的汽油,而石油行业则会鼓吹通过立法提高汽车的燃料和排放标准。尽管两者都会把中国推向以小汽车为中心的交通体系,并对建立完善的公共交通体系缺乏热情。[①] 这就是中央政府有必要成立一个能够超越狭隘的地区或者部门利益的能源监管机构的主要原因。中央政府还要赋予其相应的权威和足够的资源,使其得以整合不同条块的能源政策,并以此为基础制定出能有效促进经济和环境协调发展的战略。中国近年来能源需求的快速增长凸显了能源问题的重要性和紧迫性,而确保能源主管机构权责对等和恪尽职守,将是中国能源和经济迈向可持续发展之路不可或缺的一环。

其次,为了平衡经济增长、能源安全和环境保护三者之间的关系,政府一再强调建设资源节约型、环境友好型社会的重要性。然而,至少就短期而言,如何处理好三者关系存在着两难选择,这与能源既是财富的创造者又是环境的破坏者这一双重属性密切相关。从能源政策角度看,制定并执行严格的环境保护标准将会提高能源的开发成本,而能源价格的上涨势必增加企业的生产成本和社会的物价水平,进而削弱中国产品的国际竞争力,并且可能引发人民的不满。于是,为了确保经济增长和社会稳定,长期以来政府便利用税收减免和价格补贴维持低价能源。然而,由于环保的公益性与防治环境污染私人成本的不一致性,低水平的能源价格意味着那些规模越大、能耗越显著以及污染越严重的企业得到的补贴和税收减免就越多,这无疑会加剧经济发展与环境保护之间的不平衡性。目前,能源的供不应求、能源生产与消费造成的环境污染以及由此引起的群体性事件的频发,都使得经济与生态领域的威胁有加快向社会与政治领域蔓延的趋势。据统计,过去五年中国大规模群体性骚乱大多与环境维权有关。因

---

① 斯珀林,戈登.20亿辆汽车:驶向可持续发展的未来[M].王乃粒,译.上海:上海交通大学出版社,2011:208.

环境污染导致的伤害与恐惧,已成为中国社会动荡的首要因素。①

　　显然,如果不能平衡经济发展、能源安全和环境保护之间的关系,那么在维持经济持续增长的同时,未来中国将难以避免能源供不应求和环境继续恶化等问题。相对于自身的发展阶段而言,中国经济碳排放水平偏高。这主要源于中国的能源消费以工业部门为主,而工业结构又偏向于高耗能和高污染的产业,因此,产业结构的调整将是节能减排的大方向。尽管政府能够通过能源核查、财税奖惩等行政管制措施激励企业采用节能技术,但这一需要强权主导的计划经济管理模式效率低下,它要求政府采取宏观控制和微观管理相结合的形式,大到具体的环保标准、环保要求,小到具体的环保技术和严密监管都要做到有章可循。② 更重要的是,相对于价格机制而言,上述措施对于调整产业结构的作用并不明显。目前中国经济已经历市场化改革,许多工业的生产和消费已不再受计划约束,政府不能指望企业仅凭着“企业的社会责任”来解决节能减排问题,更不应该替代市场在资源配置方面所起的决定性作用。

　　因此,就体制机制改革而言,如果说还有比加强能源主管机构职能更为优先的事项,那就是政府机构亟须完成监管职能的转变。具体而言,政府应将自身的职能从先前的“价格的管理者”转变为“税率的管理者”,而后者的工作也远较前者合理。因为在制定价格的过程中,决策者只是被动地应变,而税率的管理,则赋予了政府解决油品、电力使用所衍生的政策问题以及满足公众特定的公共需求的主导权,这较之直接干预价格、扭曲市场价格结构的行为显得更为合理可行。为了降低能源价格改革带来的社会阻力,政府可以将税收所得用于社会福利项目再融资,以降低能源价格上涨对于低收入家庭造成的冲击。在市场机制激励不足时,这一新的角色定位将有助于政府调控为其提供有益的补充。届时,税率的调节

① 刘鉴强. 环境维权引发中国动荡[N/OL]. FT 中文网. (2013-01-04)[2013-03-05]. http://www.ftchinese.com/story/001048280.

② 耶金. 能源重塑世界(下)[M]. 朱玉犇,阎志敏,译. 北京:石油工业出版社,2012:116.

将成为政府追求能源效率、社会公平和环境质量等目标的有效手段。

反之，如果政府沿用计划经济的手段来推动节能减排，那么进一步加强政府的监管职能只会削弱市场有效配置资源的能力，导致政府这一"有形之手"相对于市场的"无形之手"处于更强势的地位。事实上，从各国以往经验看，只有富有活力的市场和企业家才能有效地创造出最符合消费者需求的革新技术和商业模式。① 如果能让化石能源反映其真实的成本，那么价格机制将是促进节能减排、推动产业结构升级乃至平衡经济发展与环境保护的一种有效手段。从长远看，合理的市场价格可以有效地提高能源的利用效率，促进节能技术的创新与应用以及抑制高能耗产业的过度扩张，促使企业向产业链的更高端进军。为此，政府应该确立一个渐进的市场化改革目标，并给予企业明确的信号，以便为节能减排做好准备。这即是说，市场机制不应只是沦为促进节能减排的辅助性手段，而应作为实现目标的基本工具。只有不断完善国内的能源市场，使其不断对企业和消费者增加经济刺激，才能确保节能减排的可持续性。

最后，为了进一步推动节能减排工作，政府还需要大力加强节能宣传教育工作。节能宣传教育有助于使国人认识到，如果只是一味追求低廉的能源价格，那么我们势必会遭受很多环境、社会乃至经济问题的困扰。中国的人口规模和资源禀赋意味着，如果我们不能节制个人欲望，盲目追随美国的消费模式，将会造成石油需求猛增，并使环境走向崩溃。积极开展这项工作将使公众意识到节能减排任务的艰巨性和紧迫性，从而为中国实现包括能源和环保在内的公共政策的成功变革减少阻力。从积极意义看，目前国内还需要有更多的技术专家和管理人员，帮助政府制定切实可行的规章制度，执行相应的政策措施。良好的能源教育无疑能提升我国整体能源科技水平，提高能源管理人员的决策力与执行力，从而保障节能减排目标的顺利实现。

---

① 卡森，维塞斯瓦伦.汽车不确定的未来[M].杨春晓，译.北京：中信出版社，2009：242.

第三部分　国际合作篇

一、新时期我国海外能源投资的机遇与挑战

进入 21 世纪以来,随着中国迅速超越美国成为全球最大的能源消费国和首要石油进口国,如何确保海外能源的稳定供应,切实有效地降低中国石油公司实施"走出去"战略过程中所遭遇的海外投资风险,不仅成为中国政府和相关企业关心的重要问题,而且也成为媒体和学者关注的焦点问题。然而,正如在政治学和国际关系等领域,决策者与学者之间隔着巨大的鸿沟那样,中国企业在参与全球油气竞争时,同样面临着学术界难以提供强大的智力支持的问题。为此,国内知名油气问题专家徐小杰先生在谈及此现象时毫不客气地指出:"石油公司在'干',国家在'看',学界在'跟'。"①确实,在能源领域,我们面临着如何加快搭建能源公共政策与学术思想之间的桥梁问题。并且,这一问题随着中国石油企业开始大举并购海外油气资产而变得日益突出和紧迫。

有鉴于此,徐小杰先生凭借其在地缘政治领域的深厚理论功底,结合自己在中国石油集团公司的长期工作经历,十年磨一剑,最终完成了《石油啊,石油:全球油气竞赛和中国的选择》一书。在作者看来,该书的问世有助于在彼此缺乏互动的学术圈和政策决策圈之间架起一座相互沟通的桥梁。

(一)海外投资机遇与挑战并存

为了确保本国的油气供应安全,同时替代国内日渐枯竭的油气储备,中国国有石油公司早在 20 世纪末期便积极实施"走出去"战略,开始参与获取全球油气资源的竞赛。然而,尽管全球油气市场为中国石油公司提

---

① 徐小杰.石油啊,石油:全球油气竞赛和中国的选择[M].北京:中国社会科学出版社,2011:17.

供了丰富的资源和广阔的舞台,但要想抓住机遇,它们必须学会应对随之
而来的诸多挑战。具体而言,它们在实施"走出去"战略时,不仅面临着油
气资源所在国的政局动荡等因素带来的政治风险,而且面临着国际能源
市场价格波动和汇率变动等因素带来的经济风险,同时还面临着意识形
态差异等因素带来的文化风险。[①] 此中利害便是徐小杰先生书中开篇描
述的:"全球油气竞赛面临着诸多机会、不确定性和风险。善于选择者为
优胜者,将得到巨大的奖赏;而疏于选择者为失败者,必然要付出巨大的
代价或承担巨大的风险。"[②]

　　鉴于徐小杰先生曾长期担任中石油海外投资环境研究所所长一职,
并且以顾问和首席专家的身份,参与了国内石油公司在俄罗斯、伊拉克、
非洲诸国以及美洲等地的业务活动,他自然十分了解国有油气公司进入
全球各大油气产区所蕴含的机遇,以及随之而来的挑战。在其笔下,全球
主要油气产区的机遇大多是相似的,但风险却各有各的不同。国际油气
巨头进入俄罗斯的主要障碍在于,俄联邦政府依然将油气资源视为本国
的战略资产——"俄罗斯的油气产业是俄罗斯国家安全的重要保障,也是
俄罗斯对外政治与经济合作的重要基础和手段,更是俄罗斯恢复经济和
大国地位的重要砝码。从俄罗斯的国情看,没有能源资源产业,就没有俄
罗斯应有的国际地位。对于俄罗斯来说,'能源帝国'不是梦想,而是现
实"。[③] 在普京的领导下,俄罗斯设法利用本国丰富的油气资源,办成了
苏联用核武器都难以办成的事情。鉴于石油极具战略价值,克里姆林宫
早已将本国的油气资源视为禁脔。

　　对能源资源的垄断无疑让俄罗斯领导人重温了大权在握的感觉。这

---

　　① 刘劲松,李孟刚.资源"走出去"与中国石油产业安全研究[M].北京:经济科学出版社,
2011:序言.
　　② 徐小杰.石油啊,石油:全球油气竞赛和中国的选择[M].北京:中国社会科学出版社,
2011:7.
　　③ 徐小杰.石油啊,石油:全球油气竞赛和中国的选择[M].北京:中国社会科学出版社,
2011:67.

种权力是如此富有魅力,以至于俄罗斯无法克制希望掌控中亚各国油气输送管道的冲动。然而,中亚地区的原苏联加盟共和国有自己的中长期油气出口战略规划:在稳定俄罗斯出口市场的同时,积极开辟新市场和新的出口通道。在哈萨克斯坦、土库曼斯坦和乌兹别克斯坦看来,这些新的市场主要是中国、南亚与欧洲市场。而推进中哈石油管道、中国—中亚天然气管道、巴库—第比利斯—杰伊汉(BTC)石油管道和纳布科天然气管道,则是它们增强本国油气独立出口能力的重要举措。

相比其他较为成熟的油气产区而言,具有更短勘探和开发历史的非洲更像是一块充满希望的大陆。目前,北非的沙漠盆地、西非的几内亚湾以及东非的大裂谷地带,都已成为世界石油勘探领域的"热土"。然而,由于普遍存在的权贵制度、分配不公平和不透明以及监督问责机制乏力等制度性缺陷,尼日利亚、利比亚和苏丹等国丰富的油气资源并未带来应有的经济发展和国民财富的增长。相反,由财富分配的极端不均等问题所引发的社会动荡,让外来投资者望而却步。

通览全书,徐小杰先生无疑是油气进口多元化策略的最坚定支持者,但他也意识到,中东国家在油气资源储量上独一无二的地位使得这一主要进口渠道无可替代。可能一方面是受美国能源思想家马修·西蒙斯"唱衰"沙特阿拉伯油气资源储量观点的影响,另一方面还考虑到国际石油公司难以进入沙特阿拉伯石油上游领域,徐小杰将更多的笔墨倾注于如何强化中国同伊朗以及伊拉克的油气合作。目前,为了避免由于核问题而导致的外交孤立,伊朗倾向于在中伊两国的能源交往中迎合中方的需求。而伊拉克作为国际陆上油气资源最为丰富的国家之一,更是引起了包括中石油在内的国际石油公司的高度重视。

尽管国际油价的飙升让石油公司赚得盆满钵满,但这也给它们在拉美地区的投资与经营带来了不少麻烦。在油价高涨的背景下,拉美各国的资源民族主义开始盛行。为了确保本国收入,资源国纷纷提高了石油税收和矿区使用费,甚至对国际石油资本实行国有化政策,以便获得更多的石油收益,强化本国的资源主权。这给外国公司在这一地区的投资与经营带来了较大的压力。

在全球油气竞赛场上,北美地区因其政治风险低、财政稳定、技术先进以及市场广阔等条件,吸引了众多石油公司参与竞逐。然而,油气作为一种战略性资源所兼具的稀缺性和难以避免的运输瓶颈,使得这一行业天生具有走向垄断的倾向。正如普京颇不情愿与他国分享油气资源一样,埃克森美孚等国际石油巨头也绝不乐见中国石油公司在全球主要石油产区占有一席之地,更不要说在它们的本土侵蚀宝贵的油气资源和市场份额了。尽管如此,对资源的渴望促使中国企业大举进军亚非拉,对页岩气、油砂、深海油气开采技术及北美市场的向往推动着中国企业涉足北美市场。毫无疑问,中国企业在海外的任何投资举动都是伴有风险的,并且作为初来乍到者,它们往往还要支付更高的投资溢价,但是这些代价本身尚不及无所作为所带来的风险,而对海外油气资源的主宰本身将是对这种冒险行为的最大奖赏。目前,尽管 2005 年竞购优尼科石油公司的硝烟尚未散尽,但是后来颇具雄心的中海油于 2012 年成功并购了加拿大的尼克森石油公司。

(二)理论研究困局与突破同在

在近 40 年中,中国的三大国有石油公司在海外取得了长足的进步,它们逐渐成为全球油气领域并购市场的主角。2009 年,中国石油公司的海外并购金额已达到 182 亿美元,占当年全球油气并购金额的 13％,占国家石油公司并购金额的 61％。仅就中石油而言,2010 年的海外作业石油产量就达到了 8673 万吨。[①] 尤其是进入新世纪以来,包括中石油、中海油在内的新兴市场国有石油公司正在迅速崛起。德意志银行公布的一份研究报告显示,中石油在 2011 年的平均市值已经超过了壳牌石油公

---

① 徐小杰.石油啊,石油:全球油气竞赛和中国的选择[M].北京:中国社会科学出版社,2011:190.

司,而中海油也已经逼近老牌劲旅英国石油公司的市值。[①]

　　然而,更完整的图景或许正如徐小杰先生在书中所坦言的,在取得这些光鲜亮丽的投资成果的背后,同样充斥着差异、冲突、矛盾以及风险。该书中最"新鲜出炉"并且也最值得我们反思的案例当属中国在利比亚的投资。徐小杰先生非常坦诚地描述了自己在利比亚局势上存在的重大误判。先前普遍被大家认为是"非常稳定的"卡扎菲政权的倒台,不仅让中石油此前极力争取利比亚瓦兰杰伊石油利益的举动显得轻率,而且也让国内一些人士寄希望借助于卡扎菲在非洲国家的影响力推动中国与非洲国家展开合作的设想显得太过于一厢情愿。究其原因,这一战略误判无疑表明中国石油公司的商业行为已脱离了利比亚的实际情况,但其背后更为深刻的教训在于,中国学者对利比亚的历史文化、部族关系以及卡扎菲的离奇思想缺少应有的了解。正如先前中海油竞逐优尼科未果一样,这一生动的案例表明,作为投资主体的企业如果太过于强调利润和财务方面的因素,而不重视地缘政治风险的话,将有可能给自己在海外的投资行为带来重大的损失。这一点对于那些希望获取中东、非洲等地油气资源的中国石油公司来说显得尤为重要,因为这些地区具有很高的地缘政治风险,往往有着错综复杂的民族、宗教乃至种族矛盾。

　　当然,在学言学,徐小杰先生在书中更多地强调了作为学者理应具备的研究自觉。显然,他对于目前国内学术界的研究现状是不满意的。有些是针对研而不究所提出的。例如,当谈及中俄能源合作时,他指出那种强调"简单的双赢互利"的合作模式已经徒留形式,缺少实质内容,因为以此作为立论基础难以"解决两国绝对利益和相对利益之间的差别和博弈过程";[②]还有一些则是有感于学者缺乏研究自觉这一现象而发的——尽管当前石油输出国的石油民族主义开始盛行,但国内很少有学者对其产

　　① Denning L. 石油巨头的十年变迁[N/OL]. 华尔街日报. (2012-10-02)[2012-10-05]. http://cn.wsj.com/gb/20121002/hrd110732.asp?source=NewSearch.

　　② 徐小杰. 石油啊,石油:全球油气竞赛和中国的选择[M]. 北京:中国社会科学出版社,2011:17.

生的根源、特点,以及与埃及"纳赛尔主义"、国有化和当权者三者之间的关系展开深入研究;① 由此导致的后果是,那些比较宏大的"诸如和谐社会、和平崛起、不干涉内政、互利共赢和'搁置争议、共同开发'等已有的论点和政策,难以解释和处理所直面的严酷现实"。② 西方学者提出的有关国际合作与竞赛、合作秩序与对抗等诸多理论观点,尽管颇具启发意义,却大多是从西方的视角看问题,其学术研究不乏"为己所用"的目的,具有强烈的"自我服务"的色彩。仅从中国进入非洲开采油气资源的投资行为被一些西方学者视为是"新殖民主义"这点而言,就不难理解中国为何需要在能源安全领域发出自己的声音。③

诚如徐小杰先生所言,中国的迅速崛起迫使国内不断增长的石油需求与海外的石油贸易、投资、运输和治理等议题紧密相连。不论是合作还是竞争,中国的石油问题已经变成了世界的问题。有鉴于此,深入研究中国石油公司"走出去"战略的意义和重要性不言而喻。那么如何取得突破呢? 美国石油地质学家华莱士·普拉特(Wallace Platt)不无启发地说过一段话:"人们通常以老的观念在新的地区发现了石油,也在老的地区以新的观念发现了石油。但是,很少有人在老的地区以老的观念找到大量的石油。过去不知多少次地质学家认为再也找不到石油的地方,事实上并不是没有石油,而是我们再也没提出什么找油的新观念和新设想了。"④ 就中国的国家规模,以及能源问题的复杂性而言,我们完全有理由相信,即便中国国内的油田在未来某一天不可避免地走向枯竭,但中国的能源研究议题仍是一种可再生资源,永远不会让人觉得缺乏神秘与新鲜感。倘若以地质学家的找油方法为准绳,可能除了奇思妙想、批判性思

① 徐小杰.石油啊,石油:全球油气竞赛和中国的选择[M].北京:中国社会科学出版社,2011:205.

② 徐小杰.石油啊,石油:全球油气竞赛和中国的选择[M].北京:中国社会科学出版社,2011:310.

③ 王联合,周云亨.中美石油关系研究现状述评[J].国际论坛,2008(4):38.

④ 徐小杰.石油啊,石油:全球油气竞赛和中国的选择[M].北京:中国社会科学出版社,2011:4.

维,以及孜孜不倦的钻研精神之外,我们并不缺乏开发这一"研究富矿"的其他条件。

(三)结语

进入 21 世纪以来,中国国内能源需求的快速增长导致中国能源对外依存度越来越高。与此同时,国内学界有效能源政策的供给不足,难以为政府和企业决策提供合理的政策建议,也在一定程度上导致了不少能源问题无法得到及时、有效的解决。这也给中国企业在海外的投资以及中国的国家形象带来了不利影响。或许,正是由此产生的危机感,以及作为一个中国文人所具有的使命感,促使徐小杰先生在短短一个多月的时间里完成了该书的写作。这得益于徐小杰先生极为丰富的从业经历,以及对学术、实业以及政界的深度了解,他对能源大趋势的敏感程度确实不是一般空守书斋的学者可比拟的。徐小杰先生对学界的期待在此已经无须赘述。对于实业界,他提出国有石油公司需要改变"少说多做、只做不说"的企业文化。这是因为,油气政策不仅仅是产业政策,也是公共政策;而对于中国政府而言,作为一个负责任的消费大国,需要向世界呈现自己的需求增长趋势和方向,并在此基础上提出与世界其他国家和国际能源治理趋势相协调的综合解决方案。[①] 展望未来,确保中国走上能源可持续发展之路,无疑是任重而道远的,这绝不是仅凭学者一己之力、企业单打独斗或者政府毕其功于一役所能完成的。好在大家都在各尽本分,徐小杰先生也是用心良苦。细读此书,不难品味为学者的不易,实业家的不懈,以及当政者的不安。

---

① 徐小杰.石油啊,石油:全球油气竞赛和中国的选择[M].北京:中国社会科学出版社,2011:324.

二、新型城镇化背景下的中欧清洁能源合作

自从改革开放以来，中国经历了快速的城镇化进程，也取得了举世瞩目的成就。无论是从城镇人口总量还是年净增量看，中国城镇化的规模都已跃居全球首位。据国家统计局披露，截至 2018 年底，我国城镇人口总量已经达到 8.3 亿人，[①]相当于美国与欧盟当年人口规模总数。中国仅仅用了不足 40 年时间，便将本国的城镇人口从 1.7 亿提升至 8 亿多，这无疑是人类发展史上的奇迹。然而，由于在资源稀缺、生态环境脆弱的情况下快速推动城镇化，中国非但未能摆脱"先污染后治理"困局，甚至比大多数发达国家在同一发展阶段面临着更为严峻的资源与环境问题。[②]由此，在"十三五"期间，中国在能源领域需要应对两方面的挑战：一方面是能源对外依存度过高引发的安全问题；另一方面是过于依赖煤炭带来的环境问题。

为了解决资源与环境问题，中国政府提出要走新型城镇化之路。这意味着，要从当前数量增长、高能耗、高环境冲击、放任机动化的城镇化模式，转向质量提高、低能耗、低环境冲击、集约机动化的城镇化模式。新型城镇化已是中国绿色低碳转型发展的希望所在，不过，要想使理想变成现实，中国需要借鉴欧洲各国的发展经验。欧盟成员国不乏清洁能源技术，并在扩大清洁能源利用方面有成熟的商业模式。不仅如此，中欧在推动清洁能源产业发展与促进环境可持续方面有共同的利益。双方的有效合作不仅能为欧洲企业创造巨大的商机，也能为中国带来经济与环境效益。中欧双方在清洁能源领域的合作将有助于中国加快新型城镇化建设。

---

① 国家统计局.2018 年国民经济和社会发展统计公报[EB/OL].(2019-02-28)[2019-03-08]. http://www.stats.gov.cn/tjsj/zxfb/201902/t20190228_1651265.html.

② 易鹏.中国新路:新型城镇化路径[M].成都:西南财经大学出版社,2014:206-207.

（一）中欧清洁能源合作的基础

中国与欧盟分别是全球第一大和第三大能源消费主体。2018年，双方的能源消费量以及由此产生的温室气体排放量分别占全球总量的35.8%和38.1%。与此同时，中国与欧盟的石油对外依存度分别高达71%和89%。[①] 鉴于此，能源安全是中欧双方都极为重视的议题。中欧双方在能源领域的合作不仅能促进彼此的能源安全，降低双方的温室气体排放总量，还能造福其他国家。双方在清洁能源领域发展并保持良好的合作关系，对推动中欧战略合作至关重要。

首先，中欧都高度依赖进口石油，并且双方还面临着同源竞争的问题。对于中国而言，国内城镇化率每提高一个百分点，每年就会增加相当于8000万吨标准煤的能源消费量。[②] 迄今为止，中国主要通过在全球范围内配置和利用资源满足本国的能源需求。然而，过度依赖海外能源供应也对中国经济发展与能源安全造成了不良的影响。2017年，中国原油进口量达到4.2亿吨，进口额高达1623亿美元，比上年增长39%。[③] 不仅如此，中国近年来从中东地区进口的原油一直占据进口总量的半壁江山。进口集中度过高不仅限制了中国与主要产油国讨价还价的能力，而且还带来了能源地缘政治的难题：波斯湾困局、马六甲困局以及南海和东海海域的主权困局。[④] 欧盟同样关注能源供应安全问题，这其中就包括对俄罗斯油气资源的过度依赖，以及由此产生的能源安全隐患。在欧盟看来，俄罗斯倾向于运用经典的分而治之的方式，即将同一块胡萝卜抛给

① BP. BP Statistical Review of World Energy 2019 [DB/OL]. 2019：8，57，17-21. [2019-07-15]. https：//www. bp. com/content/dam/bp/business-sites/en/global/corporate/pdfs/energy-economics/statistical-review/bp-stats-review-2019-full-report. pdf.

② 国家发展改革委，国家能源局. 天然气发展"十三五"规划[EB/OL]. 2016：5. [2017-12-03]. http：//www. ndrc. gov. cn/zcfb/zcfbghwb/201701/W020170119368974618068. pdf.

③ 田春荣. 2017年中国石油进出口状况分析[J]. 国际石油经济，2018(3)：12.

④ Speed P A，Dannreuthr R. China，Oil，and Global Politics [M]. London：Routledge，2011：134-147.

中国与日本、德国与英国,对将来的能源运输管道终点故意含糊其辞,不奖励也不惩罚,最终结果完全取决于对方的妥协与让步的程度。① 能源问题的重要性不仅激化了欧盟成员国之间以及欧盟与区域外能源进口国的竞争关系,而且妨碍了欧盟追求其他外交目标。考虑到克里姆林宫在石油和天然气领域掌握着重要的筹码,欧盟强加给俄罗斯的制裁实际上是有限的,这也导致乌克兰危机无法按照欧盟的意愿得到解决。②

其次,中欧双方都致力于清洁能源转型,共同受惠于清洁能源技术的进步。由于双方处于不同的发展阶段,中欧在清洁能源技术领域有着各自独特的优势。清洁技术集团(Cleantech Group)的研究表明,中国在新兴清洁技术创新领域的竞争力比较弱,但在清洁技术商业化领域表现却相当出色。中国不仅在清洁技术企业 IPO 数量上位居前列,而且清洁技术制造业的规模、生产总值、从业人数等相关指标都居于领先地位,是推动清洁技术走向商业化国家的代表。相比之下,芬兰、瑞典、丹麦、英国、瑞士、德国和爱尔兰等欧洲国家在清洁技术创新和早期开发领域表现优异,但是它们的共同挑战体现在商业化领域,属于技术创新型国家。③ 正是得益于其能源部门的规模与发展速度,中国能够应用欧盟国家由于市场规模小、搁置成本高或者既得利益者反对而难以实现商业化的清洁能源技术,通过规模化生产降低清洁能源成本,从而实现清洁能源对传统化石能源的替代。

最后,中欧双方都面临着能源开发和利用带来的环境挑战。作为全球最大的能源消费国,中国以煤炭为主的能源消费结构导致了中国环境的极大破坏。据绿色和平组织统计,2017 年中国 365 座城市 PM2.5 平

---

① 伊科诺米迪斯,达里奥.石油的优势[M].徐洪峰,李洁宇,译.北京:华夏出版社,2009:289.

② 扬斯.能源安全:欧洲外交新挑战[M].蔡国田,译.北京:中国环境科学出版社,2011:5.

③ Cleantech Group, WWF. The Global Cleantech Innovation Index 2014 [R/OL]. 2014. [2015-05-10]. https://www.cleantech.com/wp-content/uploads/2014/08/Global_Cleantech_Innov_Index_2014.pdf.

均浓度为 44.1 微克/立方米,远高于世界卫生组织制定的 PM2.5 年均浓度 10 微克/米³ 的标准值。[①] 空气污染对人们的健康带来了危害,导致中国的人均寿命缩短了 25 个月。[②] 不仅如此,中国还面临着极大的温室气体减排压力。为了应对上述问题,中国政府承诺将于 2030 年左右使本国的二氧化碳排放达到峰值,并且非化石能源占一次能源消费比重将提高到 20%左右。欧盟在该领域同样面临着削减温室气体排放等方面的挑战。为了应对气候变化,欧盟明确提出到 2020 年温室气体排放量将比 1990 年削减 20%,可再生能源占一次能源消费总量的 20%;到 2030 年欧盟的温室气体排放量将比 1990 年至少降低 40%,可再生能源将占一次能源消费总量的 27%,同时实现 27%的节能目标。[③] 可以说,应对能源开发带来的环境挑战已经成为中欧双边关系中重要且紧迫的政策议题,与双边政治、经济、安全等议题密切相关,是中欧双边关系中不可或缺的环节。

(二)中欧清洁能源合作机制及成效

尽管处于不同发展期,中欧在能源政策议程上有各自利益的关切点,但作为全球重要的能源消费者,双方在发展清洁能源领域有着共同的利益诉求。积极开发清洁能源是应对能源与气候问题的必然选择,它不仅事关中欧的能源安全,也是有效应对全球气候变暖的重要跨国合作议题。无论是在清洁能源政策激励方面,还是在清洁能源技术研发领域,中欧都有着广阔的合作空间。然而,共同利益的存在只是双方合作的基础,只有建立良好的合作机制,才能更有效地推动中欧在清洁能源领域的合作进程。鉴于中国对外能源关系的不断扩展,以及欧盟能源外交日益走向成

---

① 绿色和平组织. 绿色和平发布 2017 年中国 365 个城市 PM2.5 浓度排名[EB/OL]. (2018-01-10)[2018-05-10]. http://www.greenpeace.org.cn/air-pollution-2017-city-ranking/.

② International Energy Agency. Energy and Air Pollution [M]. Paris: OECD/IEA, 2016: 170.

③ European Commission. Climate Action [DB/OL]. (2018-02-26)[2018-05-10]. https://ec.europa.eu/clima/citizens/eu_en.

熟,中欧已经在区域、国家和地方等各层级建立起清洁能源合作机制,双
方的合作成效日益显现。

　　首先,中国与欧盟在区域层面建立了清洁能源交流与合作机制,并将
应对气候变化作为双方合作的重要内容。就最高层级而言,中欧领导人
峰会为区域清洁能源合作机制的建立创造了机遇。得益于这一机制,中
欧双方发布了《中欧城镇化伙伴关系共同宣言》《中欧能源安全联合声明》
和《中欧气候变化联合声明》等重要文件。作为首脑会议的有益补充,由
政府官员与相关专家组成的中欧城镇化伙伴关系论坛、中欧能源合作大
会和中欧能源对话起到了落实首脑共识的作用。中欧城镇化伙伴关系论
坛由中国国家发改委和欧盟委员会共同主办,该论坛在能源领域旨在加
强新能源利用、节能建筑、旧城节能改造等方面的合作,积极推动中国新
型城镇化建设。中欧能源合作大会是双方在能源领域规格最高、规模最
大的能源交流合作机制。这一由中华人民共和国科学技术部与欧盟委员
会牵头举办的会议,对于推动双方在清洁能源、可再生能源、提高能效等
领域的合作起到了重要作用。中欧能源对话机制由中国国家能源局与欧
盟委员会能源总司主导建立,旨在推动中欧双方建立起多层级的能源合
作机制,扩大公共部门在低碳技术的研究、创新、应用与推广方面的合作,
鼓励私有部门积极开发清洁能源,尤其是可再生能源。通过不同层级间
的对话,中欧双方除了探讨清洁能源合作,还就气候变化领域的政策议题
进行了深入的交流,并且相互分享绿色发展经验。这为中国推动新型城
镇化建设与清洁能源转型提供了助益。

　　其次,中国与欧盟成员国在国家层面建立起了清洁能源合作机制,积
极开展双边合作。中国与欧盟重要成员国的清洁能源合作可追溯至20
世纪70年代的中法核能合作。两国在粒子加速器与核废料处理等科研
领域开展的初始性合作,既为中国与西方国家进行核能合作打开了局面,
同时也为中方向法方购买两座核电站的商业性合作奠定了基础。经过多
年合作,中法双方建立了宝贵的信任。中法在核能建设领域开展的合作

有助于中国核电堆型少走弯路,从而更加稳健地发展核电。[①] 如果说中法在核能领域合作良好的话,那么中德在可再生能源领域的合作进展顺利。自 1981 年签订了首个可再生能源合作协定后,中德双方已经签署了十余项可再生能源合作协议。双方的合作方式由最初低级别的贸易合作、技术援助与经济援助,发展到了高级别的相互投资与合作生产,并且已经建立起较为成熟的合作机制。[②] 相比法德两国,英国主要在引领低碳经济发展方面对中国产生了重要影响。作为低碳经济的首倡国,英国每年投入约 480 万英镑,在低碳、清洁能源与绿色金融领域与中国展开合作。英国为亚投行"气候变化和碳捕捉与封存技术(CCS)倡议"贡献了 3500 万英镑。[③] 此外,为了推进低碳转型以及应对气候变化,中英两国还在中欧清洁发展机制(CDM)框架下积极开展相关合作。中国与欧盟成员国积极开展合作不仅提高了中国国内的清洁能源产业相对于传统化石能源行业的竞争力,而且也使得相关利益攸关方意识到,低碳发展本身除了带来环境效益外,还会产生良好的经济效益。

最后,中欧双方还在地方层级建立了合作机制,共同推动清洁能源产业发展。作为双方合作的重要组成部分,由地方官员组成的中国—欧盟市长论坛起到了对接合作项目的作用。该论坛重点关注生态城市的规划建设、建筑节能以及可持续城市管理等议题。在这一合作框架下,深圳与阿姆斯特丹、广州与布里斯托尔、成都与波恩、常州与埃森、威海与根特等分别来自中国与欧盟的十二对城市达成了合作协议,共同推动中欧城市可持续发展与共同繁荣。这一合作机制创造了实际的成果,促使双方在低碳城市、智慧城市、新能源城市、低碳规划等领域开展合作,并且创建了一批涉及企业的合作项目。这不仅加强了地方层级的交流,还为城市之

---

① 托雷斯.同舟共济:法国电力集团在中国的历程[M].北京:中国原子能出版社,2013:序言.

② 郭关玉,戴修殿.中德可再生能源合作:基础、机制和问题[J].中国地质大学学报(社会科学版),2012(4):15.

③ 谢玮.中英能源合作新的窗口正在打开核电有望成为赢家[J].中国经济周刊,2015 (31):30-33.

间分享能源供需管理经验提供了捷径。中欧城市之间关于低碳城市、智慧城市、新能源城市的合作不仅仅涉及地方政府部门之间的对接,这一机制同样能够为双方的公司、行业协会以及大学提供交流与合作的平台。[①]此外,中欧还通过半官方以及民间机构启动了中欧清洁能源中心等项目,并且通过已经成立的中欧能源培训中心开展了一系列能源项目培训班与研讨会,从而推动了中欧清洁能源交流与合作。

(三)中欧清洁能源合作存在的问题

尽管中欧在清洁能源领域已取得不少合作成果,但是这一成果与双方预期的合作目标仍有较大的差距,中欧双方甚至一度在光伏产品领域产生了贸易争端。中欧之所以难以深入开展合作,既与双方预设的合作获益目标有着内在冲突有关,也与清洁能源转型路径选择存在着不确定性,以及中欧双方在合作过程中存在的交易成本过高等因素有关。

首先,就合作获益目标而言,中国的"市场换技术"同欧盟的"技术换市场"获益目标有着内在的逻辑冲突。在清洁能源合作中,中国关注欧盟在清洁能源开发、低碳环保领域的技术优势,希望通过市场换技术的方式,促使欧盟向中国低价甚至无偿转让清洁能源技术。欧盟更看重的是中国的市场,若要在中国市场确立领先地位,欧洲企业必须要保持清洁能源技术的领先优势,毕竟它们在产品价格上难以与中国同行展开竞争。为了维持技术领先优势,除了继续加强科研投入外,欧洲企业在实践中越来越倾向于对核心技术采取严格的保密措施。[②] 不仅如此,随着本国企业在技术领域取得了长足进步,最初的"市场换技术"策略对中国而言已缺乏足够的吸引力。这是因为,随着国外转移技术水平的不断提高,技术转让的条件只会越来越苛刻。考虑到作为国外企业核心竞争力的先进高

---

① Europe-China Clean Energy Center. China-EU Energy Cooperation Roadmap 2020 [R/OL]. 2015:24. [2018-05-12]. https://core.ac.uk/download/pdf/76528716.pdf.

② 郭关玉,戴修殿.中德可再生能源合作:基础、机制和问题[J].中国地质大学学报(社会科学版),2012(4):17.

端技术难以进行转移,如果继续依赖国外相对过时的技术,中国清洁能源产业将缺乏核心竞争力。[①] 与此同时,伴随着中国经济实力的不断提升,越来越多的欧洲人认为很有必要将中国从欧盟受援国的名单上剔除。[②] 由此也出现了一种新的现象,那就是中国的企业倾向于以更加积极进取的姿态并购欧盟境内的清洁能源企业。随着中国企业具备越来越强的竞争力,一些欧洲企业不仅担心会失去中国市场份额,而且担心丧失其他地区的市场份额。为了维护自身的利益,欧洲企业不愿将投入巨资研发所得的清洁能源技术向中国的同行进行优惠转让。这种现实与理想之间的落差使得中欧双方在清洁能源领域的合作难以深入开展。

其次,尽管清洁能源转型是新型城镇化的必然选择,但是对于清洁能源转型的路径选择,各方有着不同的认知。如果说各方对于清洁能源转型确有共识的话,那么这一共识便是清洁能源转型将是逐步去碳化的进程,是一个能源载体由高碳向低碳转型的过程。具体而言,多元化既是清洁能源转型的目标,同样也是清洁能源转型目标得以实现的手段。为了加快清洁能源转型,全球主要经济体都将原先以传统化石能源为主的能源供应模式,转变为以油、气、煤、核和可再生能源多轮驱动的能源供应模式。得益于技术进步和政策激励,目前全球的能源结构相较于 20 世纪 70 年代已经变得更加均衡和多元化。[③] 然而,由于在发展程度、资源禀赋与终端需求等方面存在着巨大的差异,因而在清洁能源转型的路径选择上各国难以遵循统一的模式。有鉴于此,原本就极富地域特色的中国城市自然难以套用在可再生能源领域发展遥遥领先的丹麦等欧盟成员国的清洁能源开发模式,抑或法国以核能为主导的供电模式。不仅如此,欧盟的大多数成员国不但已经完成了油气对煤炭的替代,而且正在推进可再生能源对传统化石能源的替代。然而,目前中国尚未完成油气对煤炭的

① 史丹.新能源定价机制、补贴与成本研究[M].北京:经济管理出版社,2015:169.

② Europe-China Clean Energy Center. China-EU Energy Cooperation Roadmap 2020 [R/OL]. 2015:19. [2018-05-12]. https://core.ac.uk/download/pdf/76528716.pdf.

③ 周云亨,方恺,叶瑞克.能源安全观演进与中国能源转型[J].东北亚论坛,2018(6):87.

替代进程,更不要说可再生能源对油气的替代。有鉴于此,中国的各个地区在借鉴欧盟成员国经验的同时,还需要因地制宜开发清洁高效的低碳燃料,以便逐步替代高污染的传统燃料。

最后,中欧合作进展相对有限与双方在合作进程中存在过高的交易成本等因素有关。从政府层面看,双方不同层级政府机构遵循着不同的运作方式,如何富有成效地落实中欧双方领导人达成的合作共识,需要做大量的协调工作。中国的行政管理机制更多的是遵循一套自上而下的决策与执行模式,一旦中央政府采取行动,相关地方政府就会迅速跟进,尽管这在一定程度上也有赖于中央政府和地方政府政策目标相一致。与之对应,欧盟的行政管理体系更多的是采取分权的模式,不同层级的政府机构之间需要进行更多的协商才能将政策落到实处。鉴于中欧双方在《中欧城镇化伙伴关系》框架下的清洁能源合作涉及面非常广,要想将双方的合作共识付诸实践,不仅有赖于中欧双方对等机构之间的合作,还需要中欧各自的政府机构和利益攸关方相互协调、开展合作。这意味着中欧双方不仅需要更多地了解对方,找到共处的方式,而且需要做好大量的内部协调工作。就企业层面而言,同样有不少阻碍中欧企业在清洁能源领域进行有效合作的障碍。这其中就包括获得可靠的清洁能源技术与市场信息的成本较高、能源效率融资项目的交易成本高、中欧双方缺乏知识产权的协议、双方的投资与贸易商业条款缺乏透明度等一些不利因素。在全球经济相对不景气、贸易保护主义盛行的背景下,过高的交易成本使得中欧双方的中小企业对于加强国际合作望而却步,这在以中小企业为主体的清洁能源领域表现得尤为明显。概言之,国际合作将显著增加交易成本,引发对于知识产权难以得到有效保护的担忧,同时还增加沟通与协调的成本,这些因素都不可避免地降低了双方的合作效率。

(四)加强中欧清洁能源合作的建议

展望未来,如果清洁能源产业发展被视为是为了确保潜在的经济优势而进行的零和博弈的话,那么清洁能源势必会与贸易保护主义纠缠在一起。结果,中欧清洁能源合作很可能逐步变质,进而会导致清洁能源产业发展成为中欧双边关系趋于紧张的因素。这种贸易保护主义将会导致清洁能源技术在全球扩展速度放缓,阻碍技术创新,延缓中国新型城镇化与全球清洁能源转型进程,这显然是双输的局面。事实上,在清洁能源领域,国家安全与国际安全已变得越来越密不可分。在全球化的大背景下,仅凭中国一己之力,或单靠欧盟力量都不足以推动全球范围内的清洁能源转型。正如中国生产的清洁能源产品离不开欧洲制造商提供的尖端材料与零部件一样,只有中欧双方在优势互补的基础上通力合作,才能有效解决当前的能源与环境问题。技术进步一直是中国能源强度下降的主要推动力,中国企业需要欧洲的技术,而欧洲企业同样依赖中国的市场。没有欧盟的帮助,中国需要花更多时间与更高代价开发出清洁高效的能源技术;没有中国的参与,欧洲很多先进的能源技术将会由于市场规模小等一些不利因素搁置在实验室里。有鉴于此,以市场换技术仍将是中欧在清洁能源与环境领域加强合作的原动力。

为此,中欧应积极开展对话,鼓励并且优先推广在经济环境中能体现成本效益的先进能源技术。尽管中欧都已意识到发展清洁能源产业的重要性,但如果缺乏资源依托、产业基础以及价格竞争力的话,清洁能源就难以替代传统化石能源。就此而言,政府对清洁能源的初期支持是必需的,因为相对于传统化石能源,清洁能源在价格上处于劣势地位。欧盟可以通过财政激励等措施,鼓励欧洲公司在中欧清洁能源示范项目中推广先进的能源技术,中国政府也可以提供政策或税收优惠,吸引国外合作伙伴参与清洁能源项目。只有充分结合欧洲的技术研发优势与中国的低成本生产优势,清洁能源才有望在较短时间内有效替代传统化石能源。不过这种合作需要双方解决好知识产权问题。对中国而言,寄希望于欧盟改变游戏规则,放宽知识产权保护,甚至要求欧洲企业无偿转让技术,并不现实。更加可行的做法是,中国政府不断加强对知识产权的保护,这也能刺激国内企业加大科研投入。对于欧盟而言,除了要考虑低碳技术的经济属性外,还要顾及其减缓温室气体排放的公共产品属性。因此,应当鼓励欧盟对发展中国家进行技术转让。

其次,中欧双方应以缔结双边投资条约为契机,积极地开放市场,鼓励双边清洁能源投资。为了共同应对中欧双方在能源与环境领域面临的挑战,欧盟应当欢迎中国在欧洲进行核电以及其他清洁能源领域的投资。为此,中国可以向欧洲阐明,欧洲清洁能源市场对中国企业开放有助于降低清洁能源投资的融资成本。相对于传统化石能源,这会提高清洁能源的竞争力。与之对应,出于经济、环境与地缘战略的考虑,中国应当欢迎欧洲企业在中国高速发展的清洁能源领域进行投资。这是因为欢迎欧洲企业来华投资,将会为中国同行带来更先进的清洁能源技术,这不仅有助于中国国内的城市变得更加宜居,而且有助于提高中国的能源安全。自2013年底宣布正式启动中欧投资协定谈判以来,双边投资协定便成为双方关注的政策议题。对此,为双边清洁能源投资提供更便利的条件也应该成为双方共同追求的目标。拟议中的《中欧双边投资协定》应当允许双方清洁能源企业在彼此境内享有国民待遇。

最后,为了加快能源转型,中欧双方需要着手解决清洁能源技术有效需求不足,并克服供给方面存在的障碍。在需求侧方面,清洁能源的可持续发展需要政府制定切实可行的产业发展战略,并基于这一战略选择及与之匹配的政策工具推动该产业的发展。中欧双方可以在制定可再生能源配额、温室气体与机动车尾气排放标准等方面加强协调,提高相关政策的稳定性与可预测性,并且充分发挥市场机制在推动清洁能源产业发展方面的决定性作用,通过企业之间的竞争有效降低清洁能源开发成本。在供给侧方面,鉴于信息不对称是妨碍中欧清洁能源合作的重要因素,中欧双方有必要创建一个清洁能源技术信息交流平台。通过这一公共交流平台,中欧双方可以展示各自在能源与环境领域的解决方案。政府部门可以以此为依据,编制双方技术合作清单,并将此纳入双边议事日程。实际上,只有建立了有效的清洁能源信息交流平台,才能避免政府机构与企业两个层面的需求相互脱节,造成中欧领导人希望在能源与环境领域加强合作,而双方企业却未能及时跟进的尴尬局面。

简而言之，和平、繁荣以及为国民营造良好的生存环境是中欧双方的共同目标，而寻求可靠、经济与清洁的能源则是实现这一目标的重要途径。目前中欧双方都面临着如何解决能源短缺和环境恶化的问题。对中欧双方而言，如何有效地处理经济发展、能源开发和环境保护之间的关系还需克服诸多困难。双方在技术和政策方面的合作无疑能为彼此解决上述难题创造必要的条件。加强能源技术开发、推广及应用合作，并辅之以配套的制度建设，将有利于中国和欧盟实现经济和能源的可持续发展。中欧通过提高能源利用效率、开发清洁能源以及减少化石能源消耗，不仅能节省一笔巨额的能源开支，降低对进口石油的依赖，而且还可以在温室气体减排方面为全球作出表率。这一石三鸟的策略无疑能为中欧双方的国际能源安全战略注入全新的内容。作为全球最重要的发展中国家和最大的经济体，中国和欧盟之间的合作将会为发展中国家与发达国家之间的合作树立良好的榜样。

三、特朗普政府能源新政与中美能源合作

自 2017 年 1 月美国总统特朗普上台以来,能源便成为其最为重视的政策议题之一。在白宫网站已经公布的八大"首要议题"中,"美国优先能源计划"位居榜首,能源业成了特朗普总统兑现竞选口号"让美国再次伟大"的重要基石。在这一政策议程中,特朗普政府提出的能源政策目标为尽最大可能开发国内的能源资源,以便在为美国人民提供更实惠的能源的同时,摆脱对进口能源的依赖。① 尽管这一政策目标相较于奥巴马政府提出的能源政策目标并无本质区别,但是在如何实现上述政策目标方面,特朗普政府表现出了明显的差异。在其能源政策行动计划中,特朗普政府明确提出将撤销奥巴马政府出台的所有损害就业的法案,这其中就包括退出巴黎气候协定的决定,这也导致特朗普政府的能源新政在美国国内与国际社会引起了巨大反响。对于中国而言,特朗普政府的能源新政既有一些令人期待的合作领域,同样也不乏令人担忧之处。在这种情况下,中国又该如何趋利避害,无疑是值得我们深入探讨的重要政策议题。

(一)特朗普政府能源新政

长期以来,能源政策已经成为美国政府备受争议与挞伐的领域之一。② 美国民主党与共和党的轮流执政加剧了能源政策纷争。总体而言,尽管民主党与共和党候选人都认为美国丰富的能源资源是促进经济增长、创造就业与推进美国外交政策等目标的重要手段,③但是在如何推

---

① The White House. An America First Energy Plan [EB/OL]. 2017. [2018-03-01]. https://www.whitehouse.gov/america-first-energy.

② 吴磊. 能源安全与中美关系[M]. 北京:中国社会科学出版社,2009:147.

③ Ladislaw S. Energy Opportunities in North America [R]. Statement before the House Committee on Foreign Affairs Subcommittee on Western Hemisphere, 2017:2.

动这些目标方面,两党存在着深刻的分歧。民主党更为重视可再生能源在维护能源安全与环境保护方面作用,主张政府应当加快清洁能源的开发与利用,以替代化石能源,并通过需求侧管理弥补能源市场在维护能源安全与环境保护方面的不足。然而,共和党主张应该通过扩大化石能源的供给解决能源安全问题,为此政府应该降低环境监管标准,以刺激化石能源的生产。相较于民主党的向内发掘潜力而言,共和党更加倾向于通过确保海外能源供应畅通,满足美国国内的能源需求。①

美国民主党和共和党在能源领域的政策分歧在 2016 年美国总统大选中表现得尤为明显。具体而言,民主党候选人希拉里·克林顿更多的是萧规曹随,②坚定地支持奥巴马政府的清洁能源计划,承诺要在四年总统任期内将美国的可再生能源发电比例提高到 50%,并且在 2027 年底实现美国所有家庭的电力供应来自可再生能源。为此,她将会发起清洁能源投资计划。③ 与此同时,为了实现巴黎气候协定的既定目标,即到 2025 年削减 25%碳排放,到 2050 年削减 80%以上的碳排放,希拉里公开宣称美国很有必要关闭众多的煤矿与煤炭企业。④唐纳德·特朗普则针锋相对地提出,美国将解除限制煤炭工业发展的管制措施。他相信一旦解除了美国联邦政府针对化石能源的管制措施,美国每年将会多创造 7000 亿美元的经济产出。这不仅能增加就业,还将有助于美国重振本国的制造业。相较于要积极开发化石能源,特朗普对于发展可再生能源热情不高。他发誓要废除奥巴马政府的清洁能源计划,并且退出巴黎气候协定。在他看来,所谓的绿色能源大多华而不实,如太阳能发电并不可

---

① 徐洪峰,李林河.美国的中亚能源外交[M].北京:知识产权出版社,2010:56-57;Lowry W R. Disentangling energy policy from environmental policy [J]. Social Science Quarterly, 2008, 89(5):1205. 转引自叶玉.渐进主义与美国能源政策发展[J].国际展望,2010(2):31-32.

② Ladislaw S. US Election Note: Energy and Climate Policy after 2016 [R/OL]. [2018-01-12]. https://www. chathamhouse. org/sites/files/chathamhouse/publications/research/2016-10-20-USElectionEnergy. pdf.

③④ Clinton H. Climate Change, Hillary for President [EB/OL]. 2016. [2018-01-12]. https://www. hillaryclinton. com/issues/climate/.

靠,风力发电破坏了海岸的景观。[①]

　　美国民主党与共和党能源政策分歧看似源于意识形态上的差异,实则两党背后各自有着重要的利益诉求。尽管能源政策并非党派之争的焦点议题,不过民主党与共和党都希望能够争取能源行业利益集团的支持。这主要源于能源行业在美国的大选中起着重要作用。仅从人口分布来看,目前美国的传统能源行业、能效行业以及汽车行业的从业人数已经高达 640 万人,为美国创造了 6% 的就业岗位。从增量上看,能源行业在 2016 年度新增就业岗位 30 万个,相当于同期美国新增就业岗位的 14%。其中,美国电力与燃料工业从业人员总数为 190 万人,其中 55% 从属于化石能源行业,45% 从属于可再生能源、核能等低碳排放能源行业。[②] 就能源行业而言,民主党的能源与环境政策主张更多地吸引了新能源行业从业人员与环保主义者。事实上,自从民主党长期与环保主义和反垄断管制联合起来,美国的油气企业就一直被视为共和党的盟友,而不是民主党的盟友。[③] 在 2016 年美国总统大选中,共和党同样得益于化石能源企业的支持。特朗普竞选团队积极鼓励开发传统化石能源,这一政策主张也取得了较好的效果。从竞选结果看,美国绝大部分位于中西部的州最终都倒向了共和党。并非巧合的是,从美国能源部的统计数据看,由于这些地区化石能源资源极为丰富,传统能源行业为美国中西部各州创造了大量的就业岗位。[④] 可以说,特朗普团队制定的能源政策至少在一定程度上帮助他击败了民主党候选人希拉里。

---

　　① Caldwell M. Clinton's and Trump's Plans for Coal and Other Energy Sources [J]. Coal Age, 2016(10): 48.

　　② U.S. Department of Energy. US Energy and Employment Report [R/OL]. 2017: 8, 81. [2018-01-15]. https://www. energy. gov/sites/prod/files/2017/01/f34/us_energy_jobs_2017_final. pdf.

　　③ 霍夫迈斯特. 我们为什么恨石油公司[M]. 王文玉,译. 北京:东方出版社,2013:102.

　　④ U.S. Department of Energy. US Energy and Employment Report [R/OL]. 2017. [2018-01-15]. https://www. energy. gov/sites/prod/files/2017/01/f34/us_energy_jobs_2017_final. pdf.

　　特朗普刚一就任总统,便开始积极推进竞选纲领中的能源政策议程。其中,最令人瞩目的能源政策倡议便是在美国白宫网站上发布的"美国优先能源计划"。在这一计划中,特朗普政府开宗明义地提出美国的能源政策致力于降低国内能源成本、最大限度地利用本国资源,减少对国外原油的依赖。在特朗普看来,美国拥有价值约 50 万亿美元的油气资源有待开发,如果继续推进页岩油气革命,将有望为数百万美国人创造就业机会,为美国重建道路、桥梁、学校以及其他公共基础设施提供收入来源。① 除了促进经济繁荣,扩大能源产量,还能够维护美国能源独立与国家安全,因为这将会有助于美国摆脱对欧佩克及其他反美油气出口国的依赖。特朗普政府同样希望振兴美国的煤炭行业,为此,该计划承诺将尽可能取消气候行动计划、清洁水法等不必要的政策。在特朗普政府看来,奥巴马政府出台的环境规制政策限制了清洁煤炭技术和水力压裂技术的发展,废除这些政策有望为美国劳动者在未来七年增加约 300 亿美元收入。② 最后,该计划声称在推进能源政策的同时解决环境问题。特朗普总统承诺继续支持美国环保署(EPA)的工作,使其能源政策在刺激经济发展、确保能源安全的同时维护国民健康。③

　　然而,从特朗普政府内阁组成人员来看,其能源政策议程的优先度将会高于环境政策议程。特朗普政府的内阁成员中有多位坚定支持化石能源发展或者质疑全球气候变暖的人士,如曾担任国务卿一职的雷克斯·蒂勒森(Rex Tillerson)入阁前曾为美国最大石油公司埃克森美孚的总裁,该石油巨头长期以来一直反对向可再生能源以及替代燃料进行投资;能源部长里克·佩里(Rick Perry)曾担任美国最重要油气产地和最大碳排放州得克萨斯州州长,他曾对全球气候变化表示强烈质疑,坚定支持石油化工行业的发展;内政部长瑞安·津凯(Ryan Zinke)有过油气行业从业经历,还曾作为美国众议院自然资源委员会成员反对环境监管政策;相

---

　　①②③ The White House. An America First Energy Plan [EB/OL]. 2017. [2018-03-01]. https://www.whitehouse.gov/america-first-energy.

较于前几位,特朗普总统提名斯科特·普鲁特(Scott Pruitt)担任美国环境保护署署长则更具有争议性。这不仅源于后者长期对全球气候变暖持怀疑态度,支持化石燃料开发,而且还源于其在担任俄克拉荷马州司法部长时对美国环保署提起十余次法律诉讼,这其中就包括对奥巴马政府气候变化政策进行起诉。① 由此可见,特朗普政府的能源与环境政策议程将会更多地迎合化石能源行业的利益诉求,而非如奥巴马政府时期更多地限制化石能源开发。

不仅如此,特朗普政府提交的联邦政府预算报告更加直观地反映了其政策转向。从美国能源部的部门预算来看,美国能源部在2018财年(2017年10月1日至2018年9月30日)的经费预算为280亿美元,相比2016年度减少了5.3%。其中,能源效率与可再生能源项目削减幅度高达69.3%,从2016财年的20.7亿美元大幅降低至6.4亿美元。清洁能源技术研发项目更是遭受重创,美国能源部不再拨款资助汽车制造业节能技术研发等项目。相较而言,美国能源部针对化石能源项目缩减幅度小得多,2018年度将比2016年度削减项目经费3.9亿美元。② 相对于能源部而言,美国国家环保署的预算更是遭到大幅度压缩,其预算经费将从2016年度的81亿美元大幅降至2018年度的57亿美元,由此造成了空气、水体、固体废弃物等污染控制项目都将被大幅度削减经费。③ 从特朗普政府推出的首份完整的预算报告中可以推断,美国能源部无意也无力继续积极推动清洁能源技术的研发和可再生能源的快速发展,由于经费

① The New York Times. Donald Trump's Cabinet is Complete. Here's the Full List [N/OL]. The New York Times. (2016-05-11)[2018-01-16]. https://www.nytimes.com/interactive/2016/us/politics/donald-trump-administration.html? mcubz=1.

② U. S. Department of Energy. FY 2018 Congressional Budget Request Budget in Brief [EB/OL]. 2017: 8. [2018-01-16]. https://www.energy.gov/sites/prod/files/2017/05/f34/FY2018BudgetinBrief_3.pdf.

③ United States Environmental Protection Agency. FY 2018 EPA Budget in Brief [EB/OL]. 2017: 41. [2018-01-16]. https://www.epa.gov/sites/production/files/2017-05/documents/fy-2018-budget-in-brief.pdf.

锐减,美国环保署将会弱化其监管职能。

(二)特朗普政府能源新政的影响

从特朗普政府能源政策表述中可以看出,让美国国内的传统能源行业更具竞争力是其决策中最为重视的因素。这是美国国内极为丰富的能源资源得以继续勘探与开发的重要前提,也是美国实现能源独立,振兴国内制造业,重振国力的重要条件。在目前国际油气价格处于低位徘徊,油气工业开支大幅紧缩,煤炭工业又相对不景气的情况下,如何使传统能源企业具备更强的竞争力,即便在能源行业内部也尚未取得共识。对此,特朗普政府提出的主要解决方案是,取消对化石能源行业的过度监管。从能源开发角度评估,推行去监管的政策有其内在的合理性。奥巴马政府先前采取的能源与环境监管政策导致美国不少传统能源开发项目以及相关基础设施被搁置,甚至被迫取消。特朗普政府采取的政策有望激起美国传统能源行业的投资热情,由此将会对美国本土、北美地区乃至全球范围的能源安全产生重要影响。

首先,特朗普政府的能源政策有望增强美国作为全球主要石油供应国的地位,加快本国的能源独立进程。最近十年来,得益于拥有灵活的矿产资源产权制度、完备的能源基础设施、灵活的管网准入机制、成熟的商业模式以及极具竞争力的油气服务公司等因素,美国能源行业开始表现出强劲的复兴态势。[1] 然而,在特朗普看来,奥巴马在其任内推行的联邦土地租赁、清洁能源计划、燃油经济性标准、甲烷排放和清洁水法案等规制政策,都会对美国扩大化石燃料供给带来不利影响。如果特朗普政府能够顺利实施"去管制"计划,将有助于美国国内的油气行业延续页岩气

---

① Medlock K B. Land of Opportunity? Policy, Constraints, and Energy Security in North America [R]. Houston: James A. Baker Ⅲ Institute for Public Policy of Rice University, 2014: 8-9.

革命以来的良好发展态势,增强美国作为全球主要石油供应国的地位。[①]

从能源安全角度评估,特朗普总统极力鼓吹的"减少管制、增加钻探"的做法确实有助于美国实现能源独立的目标,但它也会产生一些特朗普所不乐见的后果。2018 年美国国内的石油产量相比 2008 年大幅增长了126%,与此同时,当年美国的石油需求量相比 2008 年略有增长,石油供需之间的缺口已从 2008 年的 1271 万桶/日骤降至 2018 年的 515 万桶/日。尽管美国天然气需求量从 2008 年的 6289 亿立方米增长至 2018 年的 8171 亿立方米,但天然气产量增长更为迅速,从 2008 年的 5461 亿立方米迅速攀升至 2018 年的 8318 亿立方米。目前,美国已经成为天然气净出口国。然而,由于在发电等领域存在着很强的替代效应,美国天然气行业的繁荣在很大程度上导致了煤炭行业的萎缩。从统计数据看,美国煤炭产量从 2008 年的 5.67 亿吨标准油当量萎缩至 2018 年 3.65 亿吨标准油当量,其需求量从 2008 年的 5.36 亿吨标准油当量降至 2018 年的3.17 亿吨标准油当量。[②] 如果从能源替代视角进行评估,任何提高美国国内天然气产量的举措都有可能导致气价下跌,这将使得煤炭行业的竞争力进一步削弱,这也是特朗普能源政策的悖论之所在。[③]

其次,特朗普政府有意加强与加拿大、墨西哥的能源合作,这有助于缓解美国与邻国由于北美自由贸易协定(NAFTA)争议产生的紧张关系,提高北美地区的能源供应安全。尽管特朗普总统一再声称希望通过谈判与加拿大和墨西哥重新缔结北美自贸区协定,但在能源领域他表现出了相比其前任更强的合作意愿。在百日新政期内,特朗普兑现了其竞

---

① Ladislaw S, Siminski A, Verrastro F, et al. U. S. Oil in the Global Economy: Markets, Policy, and Politics [R]. Washington D C: Center for Strategic and International Studies, 2017: 9-10.

② BP. BP Statistical Review of World Energy 2019 [DB/OL]. 2019: 14-44. [2019-07-15]. https:// www. bp. com/content/dam/bp/business-sites/en/global/corporate/pdfs/energy-economics/statistical-review/bp-stats-review-2019-full-report. pdf.

③ Krupnick A J. Energy Policy and a Trump Administration [J]. Resources for the Future, 2016: 1.

选承诺,批准了已被奥巴马政府否决的美加基石石油管线(Keystone XL)。该石油管道纵贯北美大陆,全长 3000 多公里,管线建成后每天将有 80 多万桶重质原油从加拿大阿尔伯塔省输往美国墨西哥湾地区的炼油厂。如果说美国与加拿大在石油领域有着良好的合作前景的话,那么美国与墨西哥在天然气领域有着利益上的互补。页岩气革命使美国成为全球最大的天然气生产国,导致国内经常出现局部性与季节性的天然气供应过剩,而墨西哥天然气需求的增加刚好可以更多地消费美国国内过剩的天然气。不仅如此,墨西哥的能源改革计划也为美国的油气公司创造了良机,该计划旨在打破国有的墨西哥石油公司在油气行业的垄断地位,通过引入外来竞争者来增强墨西哥能源工业的活力。伴随着特朗普一系列以美国利益为优先的对外政策,能源政策或许可以充当润滑剂,缓解美国与其邻国在贸易、移民及环境等领域出现的紧张关系。

从地区能源政策来看,特朗普政府更加倾向于信奉以“近邻”为原则的能源供应安全观念,即在地理上与美国相邻的能源供应国更有可能提供可靠的油气供应,对此,美国也在政策上给予了更多的关注。这一能源安全政策取向与美国共和党的能源政策主张是一脉相承的。比如,小布什总统就曾明确指示国务卿、商务部长、能源部长通过“北美能源工作组”扩大对话,在加拿大、墨西哥和美国之间建立更密切的能源合作关系。[①]鉴于民主党推行的能效政策将不可避免地限制人们的能源需求,特朗普政府的“能源对外扩张政策”具有更强的政治吸引力,因为这一方案更能满足美国人与生俱来的对能源的渴求。北美大陆极为丰富的能源资源也为特朗普政府实现地区能源目标提供了可行性。在化石燃料方面,2018年北美大陆的石油、天然气和煤炭可采储量分别占全球总量的13.7%、7.1%和24.5%,其石油、天然气和煤炭产出更是占据全球总量的23.8%、27.2%和10.2%。除了石油供需之间还存在着一定的缺口外,

① 美国国家能源政策研究组报告.美国国家能源政策[M].国土资源部信息资源中心,译.北京:中国大地出版社,2001:113.

北美地区其他能源品种的供应已经可以满足本地区的需求。①

最后,特朗普政府的能源政策短期内有助于美国降低对欧佩克石油的依赖,不过就长期而言将会延缓全球能源转型进程。长期以来,为了防止欧佩克动用石油武器,美国采取了一系列构建欧佩克国家对美依赖的措施,这其中就包括提供援助、开放市场与扩大贸易,特别是军火贸易,使石油出口国的经济与安全命脉控制在美国手中。由此,美国便将欧佩克的石油禁运武器变成了一种对双方都有害的双刃剑。② 伴随着国内油气产量的大幅提高,美国从中东的石油进口量已从 2012 年的 7.7 亿桶/年降至 2016 年的 6.5 亿桶/年,目前中东石油仅占美国石油进口量的 22%,远不及加拿大的 41%。③ 美国重新成为全球最重要的油气生产国,意味着欧佩克剩余产能的重要性正在下降,这无疑会损害该组织抬高国际油价的能力。面对国际石油市场日趋激烈的竞争,欧佩克更加倾向于从严格限制产量的价格保护者转变为市场份额的保护者。④ 然而,对于特朗普政府而言,市场份额与石油利润并不是唯一的考虑因素。2017 年6 月 29 日,特朗普总统在美国能源部发表演讲时提出,美国将进入"能源统治"时代(energy dominance),而非仅仅实现能源独立。为此,他承诺将撤销奥巴马政府制定的各项限制与监管规定,扩大美国核能行业,提高液化天然气出口,并且建设通往墨西哥的输油管道。⑤ 此后,特朗普政府在其出台的首份《国家安全战略》报告中,更加明确地将"能源统治地位"

---

① BP. BP Statistical Review of World Energy 2019 [DB/OL]. 2019:14-44. [2019-07-15]. https://www.bp.com/content/dam/bp/business-sites/en/global/corporate/pdfs/energy-economics/statistical-review/bp-stats-review-2019-full-report.pdf.

② 杨光. 中东非洲发展报告:防范石油危机的国际经验[M]. 北京:社会科学文献出版社,2005:107.

③ U.S. Energy Information Administration. Imports of all grades to Total U.S. 2016 [EB/OL]. 2017. [2017-09-01]. https://www.eia.gov/petroleum/imports/browser/#/?e=2016&o=0&ot=REG&s=2009&vs=PET_IMPORTS.WORLD-US-ALL.A.

④ 周云亨. 美国能源独立前景及对中国的影响[J]. 中共浙江省委党校学报,2013(6):63.

⑤ President Trump Remarks at Energy Department [EB/OL]. (2017-06-29) [2017-09-01]. https://www.c-span.org/video/?430673-1/president-trump-speaks-energy-department.

定义为"美国作为能源生产者、消费者和创新者在全球能源系统的中心地位,确保能源市场的自由,并保证美国基础设施的安全"。该报告强调"美国必须发挥领导力,对抗危害美国经济发展和能源安全的国际能源议程"。①这意味着美国要在能源领域寻求支配性的地位,防止其他国家利用能源损害美国的利益。

此外,特朗普政府的能源政策将对国际能源转型产生重要影响。从美国能源转型实践看,其核心诉求一直非常明确,那就是改善本国能源安全,降低对进口能源的依存度,相对而言,环境保护等其他诉求则居于次要地位。相反,在以德国为代表的西欧国家的能源转型过程中,环境保护的诉求一直居于首要地位。②鉴于美国国内能源保障水平原本就比欧洲国家高得多,特朗普政府大力发展化石能源,可能迫使德国等国放慢能源转型步伐。这是因为与美国的能源转型模式相比,德国的能源转型模式带来了市场扭曲、电价高涨、常规电厂经营困难等问题,也未能很好地解决可再生能源发电上网难的问题,由此也引发了业界对改革的强烈呼声。③鉴于美国在国际能源领域的影响巨大,如果美国仍然坚持大力开发化石能源,那么国际社会向低碳能源转型的步伐势必会放缓。在应对气候变化领域,尽管特朗普政府仍在其《国家安全战略》报告中承诺,"在减少传统污染物以及温室气体方面继续充当全球领导者,为其他国家树立能源发展的典范",④但是特朗普总统在全球气候变化方面的言行,以及共和党政府推行的环境领域的去监管政策,已经极大地损害了美国的

---

① The White House. National Security Strategy of the United States of America [EB/OL]. 2017: 22. [2018-03-02]. https://www.whitehouse.gov/wp-content/uploads/2017/12/NSS-Final-12-18-2017-0905.pdf.

② 朱彤,王蕾.国家能源转型:德、美实践与中国选择[M].杭州:浙江大学出版社,2015:334.

③ 中国华能集团公司技术经济研究院课题组.全景式框架下可再生能源政策国别研究[M].北京:中国电力出版社,2014:50.

④ The White House. National Security Strategy of the United States of America [EB/OL]. 2017: 22. [2018-03-02]. https://www.whitehouse.gov/wp-content/uploads/2017/12/NSS-Final-12-18-2017-0905.pdf.

领导力。两党政治导致美国能源政策支离破碎,且缺乏连贯性,这将无助于美国乃至全球的绿色低碳转型发展。概言之,美国能源转型将往何处去,会在很大程度上决定世界能源转型的方向与进程。

(三)中美能源合作前景评估

特朗普政府的能源政策将会对中国的能源供应安全、制造业的竞争力以及海外利益的维护产生重要的影响。首先,从能源安全视角评估,特朗普政府积极推动国内化石能源的开发,有助于维护中国的能源供应安全。从相互依赖的视角看,国际石油市场更像是一个巨大的游泳池,美国人铆足了劲儿往游泳池里注入活水,将使中国人能够坐享水池水量上升带来的乐趣。[①] 换言之,特朗普积极鼓励美国油气生产商开发国内的油气资源,能为国际能源市场带来额外的供应,这将有助于防止全球能源市场出现供不应求的现象。作为全球最重要的能源进口国,中国自然能够分享美国油气产量增长带来的国际油价走低的好处。不仅如此,受美国国内油气产量的大幅增长、石油禁运的解除以及巴拿马运河的扩容等因素的推动,美国对中国的油气出口量增长迅速。据美国能源部能源信息署统计,2017 年 8 月份,中国自美国进口了原油及油气产品 1108 万桶,相比2016 年 8 月份的 285 万桶已经有了大幅度提高。[②] 随着中国加快实施清洁能源计划与中美"百日计划"的逐步推进,中美两国的油气贸易已经进入了快速增长态势。中美两国之间良好的能源合作进程一直延续到两国的首脑峰会期间。在 2017 年 11 月 8 日至 10 日的对华国事访问中,特朗普总统率领美国企业代表团与中方企业签署了 34 个合作项目,总金额高达 2535 亿美元,而能源合作项目则是其中最为重要的组成

---

①　吴磊. 能源安全与中美关系[M]. 北京:中国社会科学出版社,2009:189.

②　U. S. Energy Information Administration. U. S. Exports to China of Crude Oil and Petroleum Products [EB/OL]. (2017-10-31)[2018-03-05]. https://www.eia.gov/dnav/pet/hist/LeafHandler.ashx? n=PET&s=MTTEXCH1&f=M.

部分。①

其次，特朗普政府制定的能源政策将会导致中国国内能源成本相对提高，进而造成中国制造业总体成本的上升，由此引起国际制造业布局的重新调整。由于化石能源是化工、运输、制造等行业的重要原料与燃料的来源，能源获取成本的提高将会带来下游产业生产成本的上涨，由此会导致制造业竞争力的下降。根据波士顿咨询（BCG）针对全球25个主要经济体制造成本的评估，若将美国2014年的制造成本指数作为基准值100的话，那么中国的制造成本指数为96，已经大幅高于印度尼西亚的83以及印度的87。除了劳动力成本大幅上涨外，中国制造成本指数的快速攀升还与国内能源价格大幅上涨密不可分。自2004年至2014年，中国工业电价上涨了66%，天然气价格更是上涨了138%，而美国同期电力价格水平仅上涨了30%，天然气价格则下降了25%，导致美国国内气价水平仅相当于中国的三分之一。② 对于特朗普政府而言，美国国内极具竞争力的能源价格水平，将有助于在华投资的美国跨国公司向美国回流。这是美国政府实施"再工业化"与"制造业回归"计划的重要前提。有鉴于此，特朗普政府已经明确在其《国家安全战略》报告中宣称，确保清洁、廉价、可靠的国产能源的供应，将是促进美国繁荣不可或缺的要素。③

最后，美国加快本国能源独立进程将使中国在维护海外重要利益时面临更大的战略风险，这在中东地区体现得尤为明显。自冷战开始起，美国领导人便制定了如下战略目标，即不仅要确保美国不受阻碍地获取波斯湾石油供应，而且还要确保美国独自掌握全球首要石油供应的阀门。

① 新华社.2535亿美元！特朗普访华期间中美企业签"大单"[N/OL].新华网.（2017-11-09）[2018-03-06]. http://news.xinhuanet.com/world/2017-11/09/c_1121931967.htm.

② Sirkin H L，Zinser M，Rose J. The shifting economics of global manufacturing：How cost competitiveness is changing worldwide [R]. Boston：Boston Consulting Group Inc，2014：3-18.

③ The White House. National Security Strategy of the United States of America [EB/OL]. 2017：22-23. [2018-03-02]. https://www.whitehouse.gov/wp-content/uploads/2017/12/NSS-Final-12-18-2017-0905.pdf.

通常,这一极具排他性的诉求通过否定形式来表达:美国并非为了自身的经济优势而寻求这一支配地位,而是为了防止其他国家利用它危害美国和世界经济。这是"卡特主义"的本质,也是美国沿袭至今的能源政策的明确表述。[①] 对于中国而言,美国在中东地区的霸权地位,一方面使其海外能源供应得到安全保障,另一方面却要承担风险。在和平时期,中方可以从安全、可预见的贸易环境中受益。然而,中国对于现行体系能否经受住极端条件的考验并未抱有太大的信心。部分得益于美国在西太平洋地区的军事同盟关系,五角大楼具备在北印度洋航道上瓦解中方海上行动的强大实力。这意味着中方不得不依靠美国的善意,而非本国的实力维护其在中东地区的利益。[②] 从能源地缘政治视角看,能源独立为特朗普政府调整美国全球战略布局提供了更大的空间。例如,由于不再遭受能源问题困扰,特朗普政府在处理伊朗核问题时表现得更为强硬。随着美国在国际事务上越来越倾向于奉行"美国优先"的原则,中东地区局势和能源通道安全可能趋于恶化,这将使中国等能源进口国直接暴露在中东等地区的地缘政治风险中。

概言之,特朗普政府推行的能源政策会使中国喜忧参半。作为对特朗普政府能源政策的回应,中国可以在加强中美能源贸易、加快国内油气资源开发以及增强维护本国海外利益的能力等方面有所作为。首先,增加从美国进口能源资源能够推动国际能源市场的有效竞争,这有助于中国增强自身相对于沙特阿拉伯、俄罗斯和澳大利亚等国的谈判地位。事实上,在目前国际能源市场处于供大于求的形势下,沙特阿拉伯等传统能源供应国更倾向于降低能源产品价格,以维护自身在中国市场的宝贵份额。相较于从其他国家进口能源产品,中国若能增加从美国进口能源资源,还将有利于消除中美之间过高的能源价格差,降低美国对中国的巨额

---

① 克莱尔.石油政治学[M].孙芳,译.海口:海南出版社,2009:173.

② Alterman J B. The other side of the World: China, the United States, and the Struggle for Middle East Security [R]. Washington D C: Center for Strategic & International Studies, 2017:18.

贸易逆差。在特朗普访华期间,中国的南山集团与美国乙烷公司(American Ethane Co.)正式宣布签署了一份总额 260 亿美元、为期 20 年的有约束力的《乙烷购销协议》。这一项目将从得克萨斯州墨西哥湾地区向中国一个新建的乙烷厂运送乙烷气体。此外,中美能源贸易并非是单向度的。随着特朗普政府对煤炭行业和火电厂的日益重视,为中国向美国提供高效的燃煤技术创造了机会。

其次,中国需要通过加快国内页岩气资源开发来降低能源价格,进而提高国内制造业竞争力。从美国的实践中可以看出,要想取得页岩气革命的成功,能源科技创新、企业家精神以及相对完善的市场机制三者缺一不可。如果中国想要像美国一样高效地开发国内极为丰富的页岩油气资源,就必须加快推进本国能源行业的市场化改革。具体而言,我国政府可以将"一条主线、三个维度、多个环节"作为总体改革思路,即以油气产业链为主线,从企业、市场、政府三个维度出发,对油气产业链的各主要环节,包括矿权出让、勘探开发、管网运输、流通、炼化等,进行全方位市场化改革。[①] 为此,政府应该进一步放宽国内天然气资源开发准入门槛,积极实施"引进来"战略,鼓励多元资本参与天然气资源开发,增加天然气资源供给,有效降低制造业的能源成本。

最后,中国通过"一带一路"建设扩大在中东等地区的政治与安全影响力,积极维护本国的海外利益。中国应意识到,即便美国实现了能源独立,华盛顿仍然需要动用强大的军事力量维护其盟友在中东地区的能源安全利益,并且继续履行与能源并无关系的地缘政治承诺。有鉴于此,中国可以通过陆上丝绸之路与中亚国家保持良好的关系,并且通过海上丝绸之路与东南亚、南亚以及中东国家保持友好,扩大我国在这些地区的地缘政治影响力。与此同时,我国需要建设一支能有效维护我国海外利益的强大海军,加快实现我国海军由近海防御向远海防卫的战略转变,为我国国家利益的不断拓展提供更加强有力的军事保障,为维护中东地区的

---

① 范必.中国油气改革报告[M].北京:人民出版社,2016:8.

和平稳定以及海上能源通道的安全贡献中国力量。只有综合、灵活地运用软实力和硬实力,才能有效维护中国的海外利益。

(四)结语

概言之,积极发展化石能源和"去监管"是特朗普政府能源政策的主要特点。就其本质而言,这两者是紧密相连、相互促进的。如果支持一切在自由经济体中无补贴、市场化的能源,那么客观上将会营造出一种有利于传统化石能源行业发展的局面。特朗普政府的政策主张对于能源行业,尤其是油气行业而言颇具吸引力。相比奥巴马政府,特朗普政府相信市场机制远比政府监管更加有效。在特朗普看来,奥巴马政府的过度监管遏制了包括煤炭、石油及天然气等能源的发展。特朗普政府能源新政的成效还有待观察,不过,美国积极开发国内油气资源将会加快本国能源独立进程,从而巩固美国的霸权地位。对于中国而言,除了有必要积极进口美国的化石燃料外,更有必要加快页岩气开发等技术的引进与消化,积极推动国内能源市场改革,促进国内资源开发。只有这样,中国才能化战略被动为主动,增强本国能源安全。此外,鉴于特朗普政府的能源政策更加强调美国利益优先的原则,中国也有必要积极推动"一带一路"建设,并且加快蓝水海军的建设,以更好地维护本国的利益。

四、美俄能源博弈背景下的中俄能源合作

　　近年来,一场起源于美国的静悄悄的页岩气革命正在使全球油气生产、消费以及贸易发生重大变化。得益于水力压裂法和水平井技术的大规模应用,从页岩层中开采出的石油和天然气使得美国油气产量激增。这使原本是全球首要天然气和石油进口国的美国有望转变为重要的油气出口国。① 能源自给能力的增强使美国在全球战略布局上的优先次序也出现了相应调整。如美国能以更超脱的姿态应对中东动荡局面,对俄罗斯施加更强硬的制裁措施,并将战略重心转向东亚。页岩气革命的影响层面相当广泛,它不仅改变了美俄能源博弈态势,而且也在一定程度上推动了欧盟对俄罗斯强硬政策的出台。对此,我们自然很有必要深入研究页岩气革命会对美国的国际战略行为带来哪些改变,以及页岩气革命能否成为美国在与俄罗斯不断加剧的能源博弈中占据优势地位的关键要素。与之相关的一个问题是,美俄能源地缘政治博弈能否为中俄或中美在能源领域创造共同利益与合作良机?

　　为深入探讨这些议题,本文将在分析能源安全的内涵、要素和策略的基础上,检视美国页岩气革命的战略内涵,它会对美俄两国之间的能源博弈带来哪些变化,以及将对中国未来的能源安全产生什么样的影响。美国能源独立进展幅度之大、速度之快,超出了大多数业内人士的预期,这也使得要全面且深入地理解美国页岩气革命的影响极富挑战性。本研究的目的在于通过评估与分析,深化学界对于美国页岩气革命影响的认识,激发学者就中国如何应对展开争鸣。

---

① 周云亨.美国能源独立前景及对中国的影响[J].中共浙江省委党校学报,2013(6).

（一）能源安全：定义、要素及策略

能源安全的内涵是什么，应该从何种视角加以考察，这些议题自能源问题凸显之后就引起学者热议。哈佛大学学者戴维·A.迪斯（David A. Deese）认为，"能源安全指的是一国有很大概率能够以可承受的价格得到充足的能源供给的一种状态"。[①] 这个定义被大多数西方学者所接受，如知名能源问题专家丹尼尔·耶金（Daniel Yergin）也从供应安全的角度出发，将能源安全解释为"以合理的价格和不危及一国价值观和国家目标的方式，获得充足、可靠的能源供应"。[②] 而处于大西洋彼岸的欧洲委员会（EC）同样将能源安全视为是一种"供应安全的保障能力"。[③] 略微不同的是，大西洋两岸对于如何实现能源安全存在着不小的分歧。如2004年出台的一份颇具影响力的报告宣称，当美国能源政策转向"地区和帝国"的途径时，欧盟仍然拘泥于"市场和制度"的框架。[④]

然而，如果进一步考虑能源出口国的利益，那么西方学者广为引用的能源安全概念明显有其内在的局限性。他们倾向于将建立国际能源市场体系的主要目标等同于促使能源生产国向能源消费国开放投资机会。正是这种狭隘的思想把能源安全问题政治化，让能源生产国感觉到它们仅仅是其他国家能源安全战略的目标，而自己在多边能源安全体系重构方面却没有发言权。[⑤] 实际上，相对于能源进口国主要关注能源供应安全而言，能源出口国更多的是将政策重心落在确保资源的"需求安全"方面，

---

① Deese D A. Energy: economics, politics, and security [J]. International Security, 1979, 4(3): 140.

② Yergin D. Energy Security in the 1990s [J]. Foreign Affairs, 1988, 67 (1): 111.

③ European Commission. EC Study on Energy Supply and Geopolitics [R]. OECD/IEA, Paris, 2004: 6.

④ CIEP. Study on Energy Supply Security and Geopolitics [M]. The Hague: Clingendael International Energy Program, 2004: 89.

⑤ Mitchell J. Renewing Energy Security [R]. RIIA Working Paper, London: Royal Institute of International Affairs, 2002: 5.

毕竟能源出口所得是这些国家政府收入的重要来源。很显然,这些争论的背后都表明了一个问题:不同能源安全战略倡导背后代表了不同国家的利益。

尽管不同类型的国家对能源安全的关切各有侧重,但决定能源安全的诸多指标都难以撇开以下三个要素:资源、技术与市场。资源的重要性自不必言,而技术和市场之所以是不可或缺的,主要源于任何物质需要满足两个前提条件才能称其为资源:首先,需要有获取和利用它的知识与技能;其次,人们对它所提供的物质或服务有需求。[①] 换言之,正是由于人类利用资源能力的提高与需求的增长,尤其是进入工业化时代以后,石油和天然气等化石能源作为工业燃料和原料的巨大价值得以显现。

在国际能源市场中,资源、技术和市场三者并非独立的,而是紧密相连的。这种相互依赖的关系在 20 世纪 70 年代爆发的国际石油危机中表现得相当明显(见图 3.1)。既有文献表明,阿拉伯产油国针对西方国家的石油禁运措施造成了石油的短缺,导致国际油价的飙涨,这对西方国家造成了很大的冲击,就此而言,石油无疑是很好的武器。[②] 然而,长远来看,石油禁运武器具有强大的后坐力,因为高油价引发了需求和技术的连锁反应。首先,油价高涨促使西方国家同意在节约能源、限制需求方面协调政策,积极支持替代能源发展计划,促进能源研究和开发计划,由此石油需求开始降低。[③] 其次,油价上涨和对石油枯竭的担心推动了油气勘探开发技术变革,而技术革新降低了石油勘探和生产成本,使原先因成本过高未能开采的油田获得了开发的可能。[④] 同时,油价高企有利于西方

① 丽丝.自然资源:分配、经济学与政策[M].蔡运龙,译.北京:商务印书馆,2002:21.

② 如可参见 Adelman M A. The Genie Out of the Bottle: World Oil since 1970 [M]. Cambridge (MA): Massachusetts Institute of Technology Press, 1995.另见:耶金. 石油风云[M].东方编译所,上海市政协翻译组,译. 上海:上海译文出版社,1997;刘悦. 大国能源决策 1973—1974[M].北京:社会科学文献出版社,2013.

③ 罗宾逊.亚马尼与欧佩克[M].雷甲钊,译.北京:中国对外经济贸易出版社,1992:200.

④ Adelman M A. The Economics of Petroleum Supply [M]. Cambridge (MA): Massachusetts Institute of Technology Press, 1993.

石油公司筹措资金,用于开发北海和阿拉斯加的油田,这也帮助英美等国降低了对欧佩克成员国油气资源的依赖。

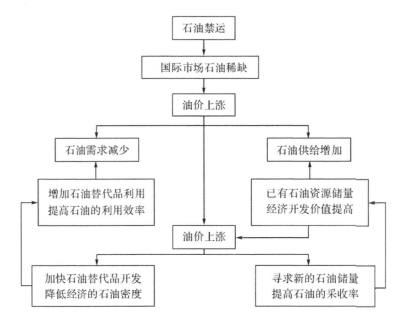

图 3.1　国际石油危机对国际石油影响示意图①

　　概言之,石油危机使西方国家意识到了资源的重要性。在这个"资源为王"的行业中,鉴于"七姐妹"在波斯湾地区的石油资源已被阿拉伯国家国有化,国际石油巨头在当时的处境用曾任中石化总裁傅成玉的一句话来形容再合适不过:"我有技术,我也有资本。但如果你没有油田和石油,谁也帮不了你!"②不过,此次危机同样给欧佩克国家一个深刻的教训,那就是一旦把油价提得过高,等于是降低未来需求。问题症结诚如沙特阿拉伯前石油部长艾哈迈德·扎基·亚马尼(Ahmed Zaki Yamani)所言:

————————

　　①　以上图示是受朱迪·丽丝的著作启发而制,请参见:丽丝.自然资源:分配、经济学与政策[M].蔡运龙,译.北京:商务印书馆,2002:57.

　　②　卡森,维塞斯瓦伦.汽车不确定的未来[M].杨春晓,译.北京:中信出版社,2009:55.

"你能把石油国有化,但你不能把市场国有化。"①

由此,我们可以得出两个推论:首先,能源贸易是一个资源、技术和市场紧密结合的行业。如果一个国家想在全球范围内展开强有力的竞争,那么它就不仅要有相应的资源和技术作为支撑,而且还要具备强大的市场购买力。其次,不同类型的国家在能源市场博弈中都离不开两种策略。第一种一般被称为"能源杠杆"策略,即将本国的能源优势视为可用于实现更加广泛的经济或地缘政治目标的工具,其主要政策措施包括:(1)禁止本国油气资源出口,或者仅对盟国和中立国出口;(2)限制能源开发技术的交流与合作;(3)禁止从高度依赖能源收入的国家进口油气资源。第二种则可以称之为"能源稳定"策略。从概念上讲,这意味着采取旨在增加全球供给的措施,同时最大限度地减少对容易遭受价格波动影响的生产者的破坏。能源稳定策略的目标在于建立一个稳定、开放、多元与高效的国际能源市场,其实现的途径主要有几个基本组成部分:(1)鼓励世界各地的能源生产;(2)推动能源开发技术的跨国交流与合作;(3)保护并促进国际能源自由贸易。② 一般来说,石油出口国为了实现外交战略目标或者国内利益集团的利益诉求,倾向于采取能源杠杆策略,而石油进口国为了确保本国能源供应安全,更倾向于维护国际能源市场的稳定。不过,在国际石油市场供过于求的情况下,石油进口国有可能会通过施行投资、进口禁令等方式对石油出口国施加压力,希望通过能源杠杆的策略将本国的意志强加给对方。在这种情况下,石油进口国则希望借助国际市场机制维护本国油气资源的需求安全。上述视角对于我们理解美俄能源博弈,以及中国应采取何种应对策略颇有助益。

---

① Clô A. 石油经济与政策[M]. 王国樑,译. 北京:石油工业出版社,2004:137.

② 关于两种策略的内涵及其现实应用可以参阅 Ladislaw S, Leed M, Walton M A. New Energy, New Geopolitics: Background Report 3: Scenarios, Strategies, and Pathways [R/OL]. Rowman & Littlefield, 2014. [2015-01-06]. http:// csis. org/files/publication/140605_Ladislaw_NewEnergyNewGeopolitics_background3_Web. pdf.

（二）页岩气革命加剧美俄能源博弈

伴随着两国关系的大幅降温,近年来美国与俄罗斯在能源领域的合作关系也出现了逆转:美俄在能源供需方面的互补性曾促使布什政府计划从俄罗斯进口天然气,两国在油气领域合作关系的升温使得一些学者开始探讨形成新的"石油轴心"的可能性。① 然而,短短数年后,美俄两国希望建立能源合作伙伴关系的倡议就化为泡影。自乌克兰危机爆发后,美国一改先前的积极鼓励俄罗斯加大对外出口油气资源的政策,转而在资本、技术、设备、人才和服务等各个领域对俄罗斯油气工业设置障碍。不过,除了乌克兰危机外,阻碍美俄两国在能源领域展开合作的原因还可以追溯至源于美国的页岩气革命。事实上,它如同涌动的暗流,逐渐侵蚀了美俄能源合作的基础,并加剧了两国在该领域的竞争。这种竞争建立在双方资源潜力与产量的对比上,并且最终在对外能源开发和国际能源贸易领域得以集中显现。

首先,从资源禀赋上看,页岩气革命在一定程度上改变了美俄在能源领域的实力对比。得益于技术进步,对美国页岩气资源的重新评估产生了迅速而令人瞩目的变化。据美国莱斯大学贝克研究所统计,2003 年美国国家石油委员会(NPC)估计美国页岩气技术可采储量为 1.08 万亿立方米。2005 年,美国能源部能源信息署(EIA)将评估结果提升至 3.97 万亿立方米。2008 年,法维翰咨询公司(Navigant Consulting)将估算结果进一步提升至 18.13 万亿立方米。2009 年,潜在天然气委员会(Potential Gas Committee)认为美国页岩气储量为 19.26 万亿立方米。到 2011 年,先进资源国际组织(Advanced Resources International)则将估算结果再次提升至 24.36 万亿立方米。② 当然,这些数据并非是结论

---

① Victor D G, Victor N M. Axis of Oil? [J]. Foreign Affairs, 2003, 82(2): 47-61.

② Medlock K B, Jaffe A M, Hartley P. Shale Gas and U. S. National Security [R/OL]. (2011-07-19)[2014-12-21]. http://bakerinstitute.org/files/496/. 作者已按照 35.3 立方英尺天然气相当于 1 立方米和 7.33 桶相当于 1 吨这一通行标准对相关数据进行了换算。

性的,而且拥有丰富页岩气资源的并非仅限于美国,实际上俄罗斯也具备相当丰富的非常规油气资源。据美国能源部能源信息署于 2013 年发布的一份评估报告称,俄罗斯不仅拥有大约 47.82 万亿立方米常规天然气可采储量,而且国内页岩气技术可采储量估算值为 8.07 万亿立方米。若再考虑石油资源,结果将更为可观,俄罗斯的液体燃料可采储量为 109 亿吨,致密油的技术可采储量为 102 亿吨。而该报告披露的美国常规天然气可采储量为 9 万亿立方米,页岩气技术可采储量为 18.84 万亿立方米,[①]石油可采储量为 34.35 亿吨,致密油技术可采储量为 79.13 亿吨。[②]

尽管俄罗斯非常规油气资源相当丰富,但是有几个因素决定了目前只有美国能够从本国的资源潜力中获得不成比例的好处。首先,相比欧洲主要竞争对手,美国页岩气开发所需克服的监管方面的门槛要低得多,因为水力压裂法并不在 2005 年通过的能源政策法案主要监管范围内。其次,与俄罗斯等绝大多数国家不同,在美国,开发页岩气的矿权归土地所有者,因此,美国公众的反对意见远远不及国家拥有矿权的一国中所见到的那样强烈。再者,一口页岩气井的实际建设成本在美国要比其他国家便宜得多。欧洲的页岩气井钻井费用可能高达 1400 万美元,而在一些美国页岩勘探区内,钻井成本还不到这一金额的三分之一。[③] 正是有了上述有利条件,水力压裂法和水平井技术在美国页岩带得以迅速推广,使得美国的页岩气产量从 21 世纪初的几乎可以忽略不计,迅速增至 2017 年的 5264 亿立方米,[④]进而带动了美国天然气产量迅速增长。2018 年美国天然气年产量已经高达 8318 亿立方米,占全球总量的 21.5%。这使

---

① 先进资源国际组织(ARI)最新的评估数据为 32.89 万亿立方米。

② U. S. Energy Information Administration. Technically Recoverable Shale Oil and Shale Gas Resources: An Assessment of 137 Shale Formations in 41 Countries outside the United States [R]. Washington D C: U. S. Department of Energy, 2013.

③ Dunn D H, McClelland M J L. Shale gas and the revival of American power: debunking decline? [J]. International Affairs, 2013, 89(6).

④ EIA. Shale gas production [DB/OL]. (2018-11-28)[2018-12-20]. https://www.eia.gov/dnav/ng/ng_prod_shalegas_s1_a.htm.

得美国天然气总产量自 2009 年超过俄罗斯后,目前已经相当于全球第二大产气国俄罗斯与第六大产气国中国天然气产量总和。① 与此同时,美国致密油产量也从 2000 年日产 20 万桶迅速攀升至 2018 年的日产 650万桶,相当于当年美国原油总产量的 59％。② 如果再加上油砂和天然气凝析液的产量,2018 年美国已经凭借 1531 万桶/日产量成为全球最大的液体燃料生产国。此时,美国的液体燃料日产量已经比俄罗斯高出 387万桶,相当于同期中国的石油日产量。③

　相对美国而言,目前俄罗斯的影响力表现为在重要能源进口国的市场份额方面占据支配地位,这点在欧洲市场表现得尤为明显。仅在 2018年,俄罗斯通过天然气管道向欧洲国家输送了 1938 亿立方米天然气,占当年欧洲各国管道天然气进口量的 40％。不仅如此,2018 年欧洲国家还从俄罗斯进口了 2.66 亿吨原油和成品油,占当年欧洲各国石油净进口量的 46％。④ 相比之下,即便国内油气产量的增量在最近几年内创造了历史最好纪录,目前美国仍难以摆脱对进口石油的依赖。在国际能源市场上,鉴于一国占世界总出口量的份额要比该国油气产量占全球总产量的份额更重要,⑤因此,俄罗斯在国际能源市场上的影响力并不逊于美国。或许正是有了这种绝对自信,面对页岩气的冲击,俄罗斯人最初显得不屑

　① BP. BP Statistical Review of World Energy 2019[DB/OL]. 2019:32. [2019-07-15]. https:// www. bp. com/content/dam/bp/business-sites/en/global/corporate/pdfs/energy-economics/statistical-review/bp-stats-review-2019-full-report. pdf.

　② EIA. How much shale (tight) oil is produced in the United States? [DB/OL]. (2019-09-04)[2019-09-15]. https://www. eia. gov/tools/faqs/faq. php? id＝847.

　③ BP. BP Statistical Review of World Energy 2019 [DB/OL]. 2019:16. [2019-07-15]. https:// www. bp. com/content/dam/bp/business-sites/en/global/corporate/pdfs/energy-economics/statistical-review/bp-stats-review-2019-full-report. pdf.

　④ BP. BP Statistical Review of World Energy 2019 [DB/OL]. 2019:41, 28. [2019-07-15]. https:// www. bp. com/content/dam/bp/business-sites/en/global/corporate/pdfs/energy-economics/statistical-review/bp-stats-review-2019-full-report. pdf.

　⑤ 维克托,贾菲,海斯. 天然气地缘政治[M]. 王震,王鸿雁,译. 北京:石油工业出版社,2010:350.

一顾。普京曾抨击页岩气开发成本过高,对环境破坏大。俄罗斯天然气工业股份公司总裁阿列克谢·米勒声称,页岩气不过是一个"神话"或"即将破灭的泡沫",并表示俄罗斯感受不到任何风险。[①]

不过,页岩气和致密油革命带来的竞争优势已经为美国提供了可以打击俄罗斯的能源杠杆。目前,美国正竭力扩大国内非常规油气产量,并利用随之而来的能源增量和经济效益,打击俄罗斯在欧洲能源市场上的地位。为了降低俄罗斯能源外交对欧盟的影响,美国针对能源贸易的核心议题是联邦政府是否应该加速批准向尚未与美签署自由贸易协议的国家出口液化天然气。其中,主张对欧洲出口的人主要基于两点理由:首先,美国积极开展能源外交能为美欧双方带来经济利益,LNG 出口将通过创造就业和推动页岩开发提振美国经济,它们会给欧洲天然气消费增加供应来源,从而有助于降低该地区的价格;其次,它还会产生战略利益,这既让美国兑现其对欧洲安全的承诺,又无须派驻更多部队或者做出昂贵的军事承诺。[②] 有鉴于此,美国商务部同意国内的超轻质原油用于出口。[③] 这一举措迎合了西欧各国及其他依靠俄罗斯油气资源的国家希望降低对俄依赖的心理。实际上,在"跨大西洋贸易与投资伙伴关系协定"(TTIP)加快磋商的背景下,欧盟正敦促美国做出"具有法律约束力的承诺",保证不对油气资源出口设限。为此,欧盟还特意提及乌克兰危机及"欧盟正面临有关能源依赖的微妙情况"。[④]

然而,这种能源杠杆想要发挥作用还需要克服地理因素的阻碍。这

---

① 范必,徐以升,张萌,等.世界能源新格局:美国"能源独立"的冲击及中国应对[M].北京:中国经济出版社,2014:186.

② Lenard B, Sautin Y. Time for Natural Gas Diplomacy: A powerful new tool for America [J/OL]. The National Interest. (2014-02-05)[2015-01-06]. http://nationalinterest. org/commentary/time-natural-gas-diplomacy-9825.

③ Cimino C, Hjfbauer G C. US Policies toward Liquefied Natural Gas and Oil Exports: An Update [J/OL]. Policy Brief, 2014. [2015-01-06]. http://www. piie. com/publications/ interstitial. cfm? ResearchID=2641.

④ DePillis L. E. U. presses U. S. on oil-export ban [N]. Washington Post, 2014-07-09 (11).

是因为,即便向欧洲出口液化天然气的申请顺利获得美国能源部以及联邦能源管理委员会的批准,并且美国天然气出口商在优先满足更加有利可图的日本市场需求后,还有多余的液化天然气供应欧洲,欧盟各国仍要为来自美国的更加"安全"的能源供应付出额外的成本。这对于东欧国家而言更是如此,因为它们大多属于内陆国,目前还缺乏必要的终端设施用于接收液化天然气。即使欧盟投入巨资建成高效的四通八达的天然气管网,使得来自北美的液化天然气能够运抵东欧,绝大多数东欧国家恐怕也负担不起。因为经过液化、运输和再气化等过程,北美液化天然气的价格将是运抵东欧的俄罗斯天然气价格的两倍。而俄罗斯天然气已经相当昂贵:近年来,高昂的价格已导致天然气消费量下降,使东欧一些地区出现了使用煤炭的热潮。综上所述,美国液化天然气尚未对俄罗斯管道天然气构成直接的威胁。[①]

　　除了继续推动跨大西洋两岸的能源贸易,美国可资利用的针对俄罗斯的能源稳定策略还包括向欧洲国家输出技术和资本,帮助它们开发本地区的非常规油气资源。对于美国而言,积极开发欧洲的页岩气资源不仅能遏制俄罗斯对欧盟的影响力,而且还能为本国能源公司带来投资机遇。这对于波兰等欧盟成员国更有吸引力,因为相较于从美国进口LNG,吸引美国能源企业开发本国非常规油气资源不但能够克服页岩气开发技术瓶颈,增加本国的能源供应总量,而且有助于提高自身相对于俄罗斯的能源议价能力。实际上,美国也较为看好欧洲国家的资源潜力。据美国能源部估计,欧洲地区的页岩气技术可采储量达到13.3万亿立方米,比苏联地区还要多1.6万亿立方米。[②] 鉴于俄罗斯经济高度依赖能

　　① Shaffer B. Pipeline Problems: Ukraine Isn't Europe's Biggest Energy Risk [J/OL]. Foreign Affairs. (2014-03-11)[2015-01-08]. http://www.foreignaffairs.com/articles/141023/brenda-shaffer/pipeline-problems.

　　② U. S. Energy Information Administration. Technically Recoverable Shale Oil and Shale Gas Resources: An Assessment of 137 Shale Formations in 41 Countries outside the United States [R]. Washington D C: U. S. Department of Energy, 2013.

源生产和出口,而欧洲市场又是俄罗斯最重要的能源出口市场,因此美国油气公司参与欧洲页岩气开发的计划自然会引起俄罗斯的警觉。据北约首脑称,欧洲环保团体受俄罗斯情报机构秘密资助,试图组织反对页岩气开采的运动,这不利于欧盟摆脱对俄罗斯天然气的依赖。①

　　如果说油气出口和资源开发的效应在短期内都难以显现的话,那么,运转良好的国际能源市场确实是起到了应有的作用,全球能源贸易流向的改变给俄罗斯带来了阵阵寒意。非常规油气正在重塑全球能源贸易流向,其中最根本的变化是,从前运往美国的能源现在正在转销其他市场。迄今为止,这种影响在全球天然气市场上表现得最为明显。美国国内页岩气产量的激增,让原本十分看好北美市场的液化天然气出口商遭受了沉重的打击。例如,由于误判美国的天然气市场将会供不应求,仅在2009年至2011年间,有将近2000万吨新增液化天然气出口产能不得不转销欧洲等能源消费市场。② 而美国发电厂用天然气取代了国产的燃煤,也迫使国内的煤炭生产商不得不在欧洲开拓新市场。此外,美国国内致密油产量的快速增长,使得美国轻质原油的来源地从尼日利亚、安哥拉、利比亚和阿尔及利亚等地迅速转向墨西哥湾和美国东海岸。这样一来,先前运往美国的非洲和中东石油只得转销他国,这也迫使俄罗斯等国必须寻找替代市场出口其原油。③ 在页岩气革命的影响下,俄罗斯与欧洲的天然气定价方式也被迫做出了调整。为了确保市场份额,俄罗斯被迫提供比与油价挂钩的合约价更具竞争力的价格。一些欧洲公司也成功地重新签署了合约,并得到俄罗斯给予的折扣。美国液化天然气出口可

　　① 琼斯,查赞,奥利弗.北约指责俄方搅局欧洲页岩气开发[N/OL].金融时报.(2014-06-20)[2015-01-08]., http://www.ftchinese.com/story/001056855/? print=y.

　　② Stevens P. The "Shale Gas Revolution": Developments and Changes [M]. London: Chatham House, 2012.

　　③ Ladislaw S, Leed M, Walton M A. New Energy, New Geopolitics: Background Report 1: Energy Impacts [R/OL]. Rowman & Littlefield, 2014. [2015-01-06]. http://csis.org/files/publication/140529_Ladislaw_NewEnergyNewGeopolitics_Background1_WEB.pdf.

能会对俄罗斯过渡到更具竞争力的定价造成更大的压力。①

　　概言之,页岩气革命不仅使俄罗斯将美国作为首要潜在市场的设想化为泡影,而且还对俄罗斯在欧洲能源市场上的定价权造成了不利影响,这将使俄罗斯确保能源的"需求安全"面临巨大的挑战。这两股压力促使俄罗斯加快推行油气出口多元化战略,以降低过于依赖欧洲市场带来的风险。为此,俄罗斯加快实施了战略东移的步伐,开发亚洲市场已成为莫斯科的首选。

(三)对中俄能源合作的影响

　　如果说页岩气革命侵蚀了美俄能源合作的基础,那么它反过来却为中俄能源合作注入了动力。这是因为,随着美国能源独立进程的加快,中俄两国都认为很有必要通过双边能源合作来增加自己相对于美国的谈判筹码。页岩气革命对俄罗斯的冲击毋庸赘述,它同时使中国能源安全脆弱性暴露无遗。美国能源自给程度不断提高的后果之一是,中东石油输出的变化正在加快,已从美国转向亚洲。随着中东能源流向的转变,石油运输中断的主要风险承担者也随之改变。由于美国长期以来一直是中东石油的主要客户,它不得不承担着与能源生产和运输相关的地缘政治风险。然而,鉴于中国已经成为中东石油的最大买家,其所承担的石油进口的风险只会越来越大。尽管沙特阿拉伯暗示可能从效忠美国转为效忠中国,但中国至少要用 20 年才能获得取代美国在波斯湾的角色所需的军事力量。更重要的是,美国并没有显示出从该地区撤出的真正迹象。这导致的结果便是,中国几乎不能控制对其繁荣和国内政治稳定至关重要的能源。②

---

　　① 德勤能源方案中心,Deloitte Market Point LLC. 美国液化天然气出口的全球性影响 [R/OL]. 2013. [2015-01-08]. https://www2. deloitte. com/cn/zh/pages/energy-and-resources/articles/exporting-the-american-renaissance. html.

　　② Jones B, Steven D, O'Brien E. Fueling a New Order? The New Geopolitical and Security Consequences of Energy [R]. Washington D C: Brookings Edu, 2014.

美国在页岩气领域取得的先发优势使俄罗斯意识到过于依赖欧洲市场的风险,也使中国意识到需要降低对中东油气资源的依赖,而两国在能源安全领域暴露的风险刚好可以通过彼此间的有效合作加以规避。不过,正如国内有学者指出的,互利共赢只是合作双方的愿望和期待,但现实状况可能是单赢少利或少赢薄利,也可能是近薄利、长赢利。简单的双赢互利本身其实不足以解决中俄两国绝对利益和相对利益之间的差别和博弈过程。[①] 与俄罗斯的境遇有所不同的是,页岩气革命为中国提供了更多的选择。随着北美非常规油气产量的剧增,亚太地区正迅速从液化天然气供不应求的区域市场转变为供大于求的市场。为此,俄罗斯天然气工业股份公司只能迅速锁定通往中国的"西伯利亚力量"天然气管道项目所需的资源投入,否则它有可能被中亚和东南亚的供应商打败,这些供应商已经有了向中国输送能源的管线设施。它也可能被北美、澳大利亚和东非的供应商打败,这些供应商正积极建造天然气液化和出口设施,以便将液化天然气运往亚洲。[②] 乌克兰危机的爆发更加坚定了俄罗斯向东看的战略决心,克里姆林宫决定尽早结束旷日持久的中俄天然气价格谈判,并于 2014 年 5 月 21 日与中国签署了价值 4000 亿美元的长期天然气合约。该协议规定,俄罗斯将于 2018 年起每年向中国供应 380 亿立方米天然气,这相当于 2016 年中国天然气需求量的 18%。不仅如此,作为中俄能源合作的另一项重大项目——亚马尔液化天然气项目第一条 LNG 生产线于 2017 年 12 月 9 日正式投产。该项目是"一带一路"倡议提出后实施的首个海外特大型项目,建成后每年将至少有 400 万吨 LNG 运往中国市场。[③]

---

①　徐小杰.石油啊,石油:全球油气竞赛和中国的选择[M].北京:中国社会科学出版社,2011:17.

②　Ratner E, Rosenberg E. China Has Russia Over a Barrel [J/OL]. Foreign Policy. (2014-05-19)[2015-01-10]. http://www.foreignpolicy.com/articles/2014/05/19/china_has_russia_over_a_barrel_putin_oil_gas_energy.

③　中俄合作"亚马尔项目"首条 LNG 生产线正式投产[N/OL].新华网.(2017-12-09)[2017-12-15]. http://www.xinhuanet.com/world/2017-12/09/c_1122084376.htm.

由于中俄签署协议的时机恰逢俄罗斯与西方交恶,西方媒体认为除了显而易见的能源和经济利益外,中俄两国签署能源合作协议更多是为了追求战略利益。这一点针对俄罗斯而言或许不无道理。毕竟,通过签署对华供气合同,莫斯科可以有效降低西方国家利用能源消费市场和能源管道作为对俄施压工具的经济诱因。该协议的签署意味着,俄罗斯在保证了欧洲主要供气国地位的同时,又开辟了亚洲天然气市场。由此,乌克兰作为俄罗斯油气资源运往欧洲重要过境国的地位会有所下降,以及以此对俄进行要挟的效果会大打折扣。就此而论,签订合约无疑是俄罗斯对西方制裁做出的最有力的回击。除此之外,普京总统之所以积极推动东西伯利亚天然气管线建设,还有现实的经济因素考虑。目前能源部门占俄罗斯出口收入的三分之二,接近 GDP 三分之一,并且超过俄联邦财政收入的二分之一。考虑到国际市场油气价格的大幅走低,即便未来数年能够确保本国在欧洲的油气市场份额,俄罗斯对欧出口收入也必将随之下滑。这一暗淡的经济前景迫使克里姆林宫不得不更积极地开拓亚太市场。[①]

然而,如果说中国与俄罗斯签署天然气协议主要是基于地缘政治目标,并且两国能源合作必然是以损害西方国家利益为代价的话,这一判断显然有失偏颇。不少西方学者倾向于以一种零和思维方式思考中俄天然气合作,认为中俄之所得必是美日欧等国之所失。这种观点的基本假设就是,新兴大国的出现只会损害现有强国,尤其是美国、欧盟成员国以及日本的利益。在这种思维定势中,中国和俄罗斯很容易一起被贴上打破自由世界现有秩序始作俑者的标签。美国、欧盟和日本的怀疑都落到了两个东方大国身上,只不过美国和日本担心的是中国,欧盟担心的则是俄

---

① Skalamera M, The Sino-Russian Gas Partnership: Explaining the 2014 Breakthrough [R]. Cambridge: Harvard Kennedy School Belfer Center for Science and International Affairs, 2014: 2.

罗斯罢了。①

　　诚然,中俄天然气合作协议对西方国家来说打击无疑是沉重的,因为这打破了西方国家试图孤立俄罗斯的企图,但这并不意味着中国赞同俄罗斯兼并克里米亚,而是中国决心建立起稳定的海外能源供应链。不仅如此,如果从维护地区能源安全视角分析,中俄加强天然气合作将是多赢之举。对于东北亚国家而言,中俄天然气大单不仅有助于中国改善本国的能源结构,降低空气污染对周边国家带来的潜在危害,而且还会降低亚洲天然气溢价的不利影响。受气源不足和基础设施落后等因素的制约,即便与西方国家购买同一品级的天然气,东北亚国家一般都要支付所谓的"亚洲溢价"。俄罗斯天然气进入中国市场无疑能够缓解东亚对于天然气的迫切需求,消解亚洲溢价产生的根源性因素,同时有助于提高东北亚国家相对于资源国的议价能力。

　　对于欧盟而言,中俄天然气合同至少在短期内不会对欧洲构成直接的竞争,因为出口至中国的天然气主要采自位于俄罗斯东西伯利亚的恰扬达和科维克塔等天然气田。中国之所以首选东西伯利亚的天然气,不仅是因为该区域离国内的天然气消费市场更接近,而且更重要的是中国不愿与欧洲形成同源竞争,让俄罗斯能在东西方之间套利。毕竟,此前中俄天然气谈判久拖不决,就是因为中国不愿接受俄罗斯出口至欧洲的天然气价格。对于中国而言,如果东西伯利亚的天然气难以满足中国的需求,那么萨哈林和西西伯利亚天然气也是替代选项。由于俄罗斯远东地区的天然气资源处于开发初期,中国参与俄罗斯的油气资源开发只会增加全球资源供应总量,缓解国际能源价格上涨的压力,并且降低与欧盟各国竞争西亚和北非天然气资源的可能性。为此,美国 PFC 能源咨询公司前高管尼科斯·查福斯(Nikos Tsafos)认为,任何能够增强中国安全感的协议可能都是好消息。尤其是如果不能签署这些协议,那么那些天然

---

　　① 白根旭.中俄油气合作:现状与启示[M].丁晖,赵卿,李滨,译.北京:石油工业出版社,2013:3.

气就会被深埋地下而得不到开发。[①]

相对于日本和欧盟各国而言,实力地位决定了美国对华能源合作态度将会对中国的切身利益带来更大的影响。为了确保国内经济发展所需的能源供应,以及解决发展过程中产生的环境问题,中国需要营造有利于中外合作的国际环境。考虑到不论是实施"一带一路"倡议,还是在开发本国非常规油气资源过程中,中国都离不开与包括美国在内的发达国家的积极合作,因此,积极参与全球能源治理体系仍是中国确保本国能源安全的最佳选择。当然,中国肯定会以自己的方式参与全球治理体系,其中就包括努力同各种类型的能源供应国建立合作关系,而这些供应国一般都赞同中国的战略目标及政治哲学。[②]

中俄能源合作能够有效地平衡页岩气革命为美国带来的战略优势,为俄罗斯赢得了战略回旋余地。更为重要的是,它还可能促使美国在确保海上能源通道安全领域与中国达成战略上的妥协,并在非常规油气开发领域同中国展开更多的合作。首先,中国可以凭借本国日益增强的海上力量,并利用自己在中美俄大三角关系中较为有利的处境,在确保海上能源通道畅通方面对于美国形成"确保相互阻断"的态势。具体而言,与俄罗斯交好有助于中国集中必要的资源发展本国的海上力量,中国海军可以扩充攻击型潜艇舰队,建造包括海南岛的一个大型新设施在内的南部沿海新基地,使其能够借助水雷和鱼雷的威胁,对美国的东亚盟国在南海北部的能源交通进行限制。中国军队还可以打造更多的反舰弹道导弹,以使其具备从本土攻击航母和超级油轮等高价值目标的能力。[③] 这些从本质上而言都只是防御性措施,因为它们有助于督促美国及其盟友

① Tsafos N. The Russia-China gas deal: a $400 billion mirage? [J/OL]. The National Interest. (2014-05-29)[2015-01-18]. http://nationalinterest.org/feature/the-russia-china-gas-deal-400-billion-mirage-10556.

② Speed P A, Dannreuther R. China, Oil, and Global Politics [M]. London: Routledge, 2011: 169-170.

③ 弗里德伯格.中美亚洲大博弈[M].洪曼,张琳,王宇丹,译.北京:新华出版社,2012: 185-186.

在针对中国实施海上封锁的决策上更加谨言慎行。如果美国认识到中国继续发展本国海上力量乃是基于正当理由，那么中国也将默认美国在亚太地区有着重要的利益，并需要保持相应的军事存在。当然，这种战略妥协在很大程度上要通过相互发出信号，而不是通过明确协商达成。①

其次，正如中国建立"蓝水海军"是中美军事互信的最好保障那样，美国帮助中国开发本国非常规油气资源，将比试图阻止中俄能源合作更有效。实际上，美国在一定程度上促使中俄两国加快了能源合作进程：中国对于能源的不安全感越强烈，就会投入越多的资源加强与俄罗斯在能源领域的合作。只有当中美两国在非常规油气领域的合作能帮助中国开采本国储量丰富的页岩气和致密油资源，并满足国内发展所需时，中俄能源合作的动力才会得以消解。中美在该领域的有效合作还能使两国政府避免将彼此视为主要地缘政治对手，而更多地将对方视为能解决彼此能源需求的重要合作伙伴。

得益于美国的页岩气和致密油革命，中美两国的双边能源关系变得更加密切了。在政府层面，两国高层都很重视为促进能源安全和环境保护而开展的能源合作。为此，早在 2009 年 11 月 17 日，中国国家主席胡锦涛和美国总统奥巴马在北京启动了"中美页岩气资源项目"，双方还签署了《中美关于在页岩气领域开展合作的谅解备忘录》等文件。双方的合作主要建立在共同利益基础上。对于中国政府而言，积极开发页岩气资源，除了能应对空气污染外，还能减少对进口天然气的依赖。对于美国政府而言，基于经济、环境与地缘战略方面的考虑，同样也支持中国在页岩气领域的可持续发展。首先，中国的页岩气开发将为美国企业提供重要的商机。其次，中国的页岩气开发能够带来全球环境效益，特别是降低碳排放。美国的专业技术可以帮助降低生产现场的甲烷排放，增加中国页岩气开发有助于降低中国对煤炭的过高依赖。

---

① Jones B, Steven D, O'Brien E. Fueling a New Order? The New Geopolitical and Security Consequences of Energy [R]. Washington D C: Brookings Edu, 2014: 19.

再次,中国页岩气的生产可减少全球天然气市场的供应压力,并降低中国对伊朗和俄罗斯能源供应的依赖。[①] 而中美两国在能源和环境领域的合作也为双方签署《中美气候变化联合声明》创造了良好的条件,并且在也一定程度上有助于中国兑现将于 2030 年左右达到本国二氧化碳排放达到峰值的承诺。

最后,中国还需要预判页岩气革命以及美俄能源博弈对国际能源市场的潜在不利影响,提前防范相应的政治风险。尽管美国页岩气革命增加了全球能源供给总量,增强了国际能源市场的稳定性,但是由于国际油价的大幅走低,中东和拉美等地的一些石油出口国可能出现经济和社会的动荡。为了对冲美国增加的油气产量,一些石油出口国已经放慢了本国油气资源的开采步伐,而壳牌等国际石油公司由于国际油价的大幅走低也削减了油气勘探和开发预算。一个大油田的投产往往需要十年左右的时间,因此潜在危害要等若干年后才会显现。就此而言,美国页岩气的繁荣,以及国际油价的下跌,掩盖了未来全球能源供应不足的风险。一旦油价过低导致过多的高成本生产商被迫离场,那么全球经济有可能将再次面临石油供不应求的局面。

与之类似,禁止俄罗斯油气公司进入国际资本市场,并且限制它们获得西方石油技术,将会导致俄罗斯国内油气投资的下降,进而会损害俄罗斯作为世界主要能源出口国的生产能力。长期以来,加强同跨国石油公司的合作是俄能源外交的重要组成部分。如果缺少这些国际巨头的雄厚财力、技术实力以及开发经验,俄罗斯国内能源公司要想开发远东偏远地区的油气田将会面临更为重大的挑战。就此而言,西方国家对俄实施制裁,将会为中俄能源合作协议的履行带来更多不确定性因素。除非中国油气公司在资本、技术、设备以及油服等领域能够充当西方公司在俄罗斯扮演的角色,否则俄罗斯在远东地区的油气开发进程难免放缓,这可能会

---

① 桑德罗,吴竞超,杨晴,等.关于实现中国页岩气目标的建议[R].纽约:哥伦比亚大学全球能源政策中心,2014:38.

影响俄罗斯兑现其对中国作出的中长期油气出口承诺。在这种情况下，中国油气公司或许应该利用西方油气公司规避经济制裁的契机，积极增加自身在俄罗斯油气上游领域的投资，在俄罗斯国内建立起一条相对完整的产业价值链，以确保俄罗斯在未来对华持续供应油气资源。

（四）结语

确保一国的能源安全是一项相当艰巨的系统化工程，它离不开对资源、技术与市场关系的深入理解和灵活掌控。一个国家要想成为全球能源竞技场上的最终优胜者，掌握先进的能源开发技术是前提，赢得相应的市场份额是关键，占有发展必需的油气资源是基础。正是在非常规油气开发领域取得的重大突破，使得美国的能源独立进程得以快速推进。而美国对海外油气资源依存度的迅速下降有助于保持全球的资源平衡，这无疑能降低大国为了获取能源资源导致冲突的可能性。然而，美国也在最大限度地扩大自身的页岩气和致密油产量，并利用由此带来的能源供给和经济效益，积极推进地缘政治目标。比如，降低自身对动荡不安的波斯湾地区油气资源的依赖，拉近同欧盟和日本等重要盟国的关系，并试图削弱俄罗斯的权力和影响力来源。另外，美国对中东石油依赖程度的降低也为其提供了在与中国发生冲突时封锁中国海上能源通道的机会。

在国际能源市场从供不应求逐渐转向供大于求的背景下，俄罗斯面临着既要确保油气出口的高额利润，又要维护海外市场份额的难题，而乌克兰危机的升级则促使俄政府加快了"战略东移"的步伐。在欧洲各国积极降低对俄能源依赖的情况下，与中国签署巨额天然气合同会在经济和政治上增强俄罗斯相对于西方国家的谈判筹码，这也促使俄罗斯愿意在价格上对中国做出让步。对于中国而言，美国能源独立进程的加快将使中国不得不承担更大的与能源生产和运输相关的地缘政治风险。然而，美俄能源博弈升级同样为中国提供了俄罗斯在资源上对中国开放的机会。中俄天然气合作在一定程度上降低了中国对不稳定国家和不安全的能源运输通道的依赖。即便如此，"西伯利亚力量"天然气管道并非一些西方媒体所称的政治管道。实际上,中俄能源合作主要是建立在坚实的经济利益基础上。它能够确保俄罗斯在东北亚地区的能源市场份额,满足日益富足的中国对于清洁能源的旺盛需求。这一相互依赖的经济利益要比政治因素更加牢固坚实。不仅如此,中俄能源合作还能够打通俄罗斯远东资源与亚太市场的联系关节,实现"资源"与"市场"的紧密联系,这无疑能够促进国际能源市场的繁荣与稳定。除了能够享受国际油气市场价格走低带来的好处外,这也是美国页岩气革命带给中国的另一大利好因素。此外,通过签署中俄能源合作协议,中国其实也向美国发出了需要加快推进中美在海上能源通道以及非常规油气领域合作的信号。

结　　论

回顾历史,人类文明的进步总是建立在能源持续稳定供应的基础之上。城市与大都市是经济增长的引擎,创造了全球国内生产总值的近80％,城市化进程提高了人们的生活水平,导致了更加旺盛的能源需求,从而消耗了更多的能源。自 2008 年以来,全球已有超过一半的人口居住在城市地区,预计到 2030 年,这一比例将进一步提升至 60％。可以预见,在未来数十年内,城市化在全球范围内的快速扩展势必带来商品能源需求的显著增长,由此将带来城市的大气污染和全球气候变暖的加剧。据统计,2016 年全球约有 700 万人因空气污染而过早死亡。世界气象组织分析表明,2013 年至 2017 年这五年间的全球平均气温是有记录以来最高的,其中,2017 年是有记录以来最热的三个年份之一,气温比前工业化时期高出 1.1 摄氏度。[①]

面对这种情况,有三条路径可供选择:第一条路是限制人口与能源需求的增长,回到城市化之前的能源贫困状态;第二条路是维持现状,等待资源枯竭与环境危机的到来;第三条路是推行更明智的能源政策,在努力提高能源效率的同时利用更清洁的能源替代传统高污染燃料。对于目前全球 70 多亿人口而言,第一条道路已被贴上此路不通的告示,因为传统的农耕文明根本无法养活这么多人;第二条道路意味着为了满足当代人的需求罔顾子孙后代的发展需求,也不应是人类的理性选择;第三条道路则是可以兼顾资源、环境协调发展的可持续发展之路,将有助于我们打破

---

① 联合国. 2018 年可持续发展目标[R/OL]. 2018:10-15. [2018-11-06]. https://unstats. un. org/sdgs/files/report/2018/TheSustainableDevelopmentGoalsReport2018-ZN. pdf.

经济繁荣与能源消耗之间齐头并进的锁定关系。

从能源史角度看,人类文明史同样也是一部能源利用的进化史。人类对能源的利用经历了薪柴时代、煤炭时代与油气时代。其中,油气时代还应进一步细分为石油时代与天然气时代。如果说 19 世纪、20 世纪还是以煤炭、石油为主的高污染燃料的黄金时代的话,那么 21 世纪很有可能会是以天然气、可再生能源为主的清洁能源的黄金时代。究其根源,煤炭、石油的黄金时代逝去并不是缘于其产量达到峰值水平。实际上,按照当前的消耗量计算,煤炭的资源可采储量仍可供人类使用上百年,石油的资源可采储量亦足够人类使用半个多世纪,并且全球石油产量其至资源可采储量都还处于上升期。这一点正如格林斯潘所言:"如果历史是一个指南的话,那么在传统的石油储备枯竭之前,它必将被更便宜的能源取代。事实上,在庞大的煤矿储备尚未被开采使用之前,石油就已经取代了煤;而煤也在林地尚未被砍伐殆尽之前就取代了木材。创新已经开始改变汽车的动力来源,许多研究正在设法降低对汽油的需求。不过,这需要时间,全世界所有人都将不可避免地在未来一段时间内经历石油市场的不确定性。"①如果说格林斯潘预言的石油时代的终结主要源于创新驱动的话,那么真正推动能源技术变革的动力源于我们对于安全、清洁、经济的能源的渴望。事实上,相较于被替代的能源,开发和利用清洁能源有助于我们得以避免在经济发展、能源安全与环境保护这些目标之间做取舍,即在满足人类对能源的旺盛需求的同时,尽可能降低对环境的破坏,为人类最终能走向能源与环境协调发展的道路架起桥梁。当今世界正处于能源转型的时代,煤炭、石油等传统化石燃料正逐步被更加清洁的能源所替代。

自改革开放以来,中国经历了快速的城镇化进程,同时也在能源可及性和可再生能源发展方面取得了举世瞩目的成就。无论是从城镇人口总

---

① 特扎基安. 每秒千桶:即将到来的能源转折点:挑战及对策[M]. 李芳龄,译,北京:中国财政经济出版社,2009:21.

量,还是每年净增量看,中国城镇化的规模都已跃居全球首位。中国仅用
了不足 40 年时间就将本国城镇人口从 1978 年的 1.7 亿提升至 2017 年
的 8.1 亿,城镇化率也从 1978 年的不足 20% 提升至 2017 年的近 60%。[①]
在确保人人获得可负担、可靠的现代能源方面,中国取得了更大的成就。
早在 2015 年,中国用电人口比例已经达到 100%,高出全球平均水平 13
个百分点。[②] 不仅如此,中国在可再生能源领域同样表现出色。2017 年,
中国可再生能源投资额占全球总量的 45%,高居世界首位;新增光伏装
机 53 吉瓦,占全球新增装机 54%,累计装机达到 131 吉瓦,占全球总装
机 33%;新增风电装机 20 吉瓦,占全球新增装机 38%,累计装机达到
188 吉瓦,占全球总装机 35%。[③]

　　然而,如果从全球能源转型进程看,目前中国仍处于追赶状态。直到
20 世纪 60 年代,中国才进入煤炭时代,这比英国晚了 300 多年,比德国
晚了 100 多年,比美国晚了大约 80 年。迄今为止,中国是全球少数几个
仍以煤炭为主要能源的国家。尽管近几年煤炭在中国一次能源消费总量
中的比重已经有了较大幅度下降,不过 2017 年该比重仍达 60.3%,而全
球比重仅为 27.4%。[④] 由于中国能源消费总量极为庞大,这种以煤为主的
能源消费结构带来了严重的环境污染问题。据绿色和平组织统计,2017 年
中国 365 座城市 PM2.5 平均浓度为 44.1 微克/立方米。[⑤] 即便这一数值

---

　　① 国家统计局. 中华人民共和国 2017 年国民经济和社会发展统计公报[EB/OL]. (2018-02-28)[2018-11-12]. http://www. stats. gov. cn/tjsj/zxfb/201802/t20180228_1585631. html.

　　② 联合国. 2018 年可持续发展目标[R/OL]. 2018:23. [2018-11-06]. https://unstats. un. org/sdgs/files/report/2018/TheSustainableDevelopmentGoalsReport2018-ZN. pdf.

　　③ REN21. Renewables 2018 Global Status Report [R/OL]. 2018:24, 90-93, 109-110. [2018-11-15]. http://www. ren21. net/wp-content/uploads/2018/06/17-8652_GSR2018_FullReport_web_final_. pdf.

　　④ BP. BP Statistical Review of World Energy 2018 [DB/OL]. 2018:9. [2018-07-20]. https://www. bp. com/content/dam/bp/en/corporate/pdf/energy-economics/statistical-review/bp-stats-review-2018-full-report. pdf.

　　⑤ 绿色和平组织. 绿色和平发布 2017 年中国 365 个城市 PM2.5 浓度排名[EB/OL]. (2018-01-10)[2018-05-10]. http://www. greenpeace. org. cn/air-pollution-2017-city-ranking/.

相较于污染最严重的时期已经有了较大幅度的改善,但仍远高于世界卫生组织制定的 PM2.5 年均浓度 10 微克/立方米的准则值。[①] 糟糕的空气质量给人们的健康带来了严重危害,导致了中国的人均寿命缩短了 25 个月。[②] 不仅如此,化石燃料的大规模消耗也迫使中国承受越来越大的温室气体减排压力。

随着人们环保意识的提高,煤燃烧所排放的污染物和二氧化碳越发令人难以接受,同时为了积极应对上述挑战,中国政府明确承诺将于 2030 年左右确保本国的二氧化碳排放达到峰值,届时单位国内生产总值碳排放比 2005 年下降 60%～65%。这意味着煤炭在中国作为一次能源的黄金时代已经渐行渐远,然而,这并不意味着中国清洁能源的黄金时代已经到来。事实上,只有当清洁能源呈现出产业发展、政策实施与公众利益同步推进的特征时,方可谓进入了黄金时代。[③] 就当前情况看,尽管大力发展清洁能源产业已成共识,不过上述三者之间的步调并不一致。如果说政策层面已步入黄金时代的话,那么公众认知则处于白银时代,而产业发展或许尚处于青铜时代。

首先,就政策层面而言,中国政府在推动清洁能源开发与利用方面可谓不遗余力。为了加快能源产业绿色转型发展,习近平总书记提出要推动能源的消费革命、供给革命、技术革命和体制革命,并且加强国际合作。随后,中国政府强调今后能源发展的重点将从总量扩张转向提质增效,未来新增能源需求主要依靠清洁能源予以满足。具体而言,到 2030 年中国能源消费总量控制在 60 亿吨标准煤以内,能源强度将达到目前世界平均水平,

---

①　世界卫生组织.关于颗粒物、臭氧、二氧化氮和二氧化硫的空气质量准则(2005 年全球更新版)〔EB/OL〕. 2005:11.〔2018-11-15〕. http://apps.who.int/iris/bitstream/10665/69477/3/WHO_SDE_PHE_OEH_06.02_chi.pdf.

②　International Energy Agency. Energy and Air Pollution 〔M〕. Paris: OECD/IEA, 2016: 170.

③　中国社会科学院世界经济与政治研究组、《世界能源中国展望》课题组.世界能源中国展望〔M〕.北京:社会科学文献出版社,2013:4.

非化石能源占一次能源消费比重将提高到 20％ 左右,天然气占比将达到
15％。[①] 这种强有力的政府主导型政策能为清洁能源产业发展提供稳定预
期,即政府愿为投资者创造一个有利于清洁能源产业发展的环境,这将有
助于刺激清洁能源企业加大投资力度,扩大清洁能源供给,同时倒逼能源
用户加快能源消费升级换代,提高清洁能源需求量。

其次,就公众层面而言,普通能源消费者对于扩大清洁能源消费还存
在意愿不强的问题。鉴于国内大气污染物中超过 60％ 的 PM2.5 来自煤炭
和石油燃烧,因此,加快清洁能源的替代进程无疑有助于中国解决雾霾围
城的困局。尽管向清洁能源转型的环境效应显而易见,不过成本由谁来承
担并不明确。煤炭等高污染燃料的生产与消费具有强烈的负外部性,在完
善的市场经济体制中,政府可以通过税收等政策工具将环境外部性纳入能
源价格中,这有助于提高清洁能源的竞争力。从理论上讲,中国防治大气
污染的法律法规能够将环境成本内部化,不过由于缺乏行之有效的定价机
制,导致了清洁能源价格相较于煤炭高得多,公众自然缺乏强烈的意愿去
使用清洁能源。

最后,相对于中国旺盛的需求而言,中国清洁能源的供给相对乏力。
以天然气为例,尽管在 2006 年至 2016 年间中国的天然气产量年均增长
8.9％,远高于全球 2.2％ 的增长率,同期中国天然气消费量年均增速更是
高达 13.7％,比全球高出 11 个百分点,中国的天然气供给能力明显不足,
由此导致中国天然气进口量从 2007 年的 13 亿立方米攀升至 2017 年的 912
亿立方米,对外依存度达 38％。中国天然气产量相对较低与其资源禀赋不
佳及开发效率不高不无关系,2017 年中国用仅占全球 2.8％ 的天然气资源
可采储量贡献了全球 4.1％ 的产量。然而,美国在同一时期仅用了全球

---

① 国家发展改革委,国家能源局.能源生产和消费革命战略(2016—2030)[EB/OL].2016:
8-9.[2017-06-01].http://www.ndrc.gov.cn/zcfb/zcfbtz/201704/t20170425_845284.html.

4.5％的天然气可采储量贡献了全球 20％的产量。[①] 相较于美国而言,中国的资源开发效率并不算高。美国在开发天然气方面之所以如此高效,主要源于美国已经建立了一套行之有效的能鼓励天然气开采技术与商业模式创新的市场化机制,为类似于页岩气之父米歇尔等人施展才华提供了舞台。此外,由于福岛核事故余波未平,人们对核电的安全性仍有顾虑;风电、光伏等可再生能源尽管增长迅速,但是由于起步比较晚,其供给量相对于中国庞大的能源需求而言仍然有限。

　　展望未来,为了推动经济发展、能源安全与环境保护之间的协调发展,中国需要制定可持续的能源发展战略,在供给侧与需求侧两端做出积极的调整,同时通过国际合作维护本国的能源安全。首先,为了积极推进能源生产与消费革命,构建清洁低碳、安全高效的现代能源体系,中国政府在制定清洁能源发展战略时应遵循如下思路,以确保能源安全为先,同时还要兼顾环保目标,坚持节能优先的总方略,积极增加清洁能源有效供给,强化国际能源合作力度,降低清洁能源替代成本。就能源发展目标而言,保障能源的稳定供应是我国能源安全的基本目标之所在,而关注能源的使用安全则是我国能源安全更高的目标。伴随着经济社会的发展,目前我国在能源领域的主要矛盾已经由原先的能源的供不应求逐渐转化为人民日益增长的美好生活需要与清洁能源不平衡不充分发展之间的矛盾。从政策目标看,为了完成十九大报告提出的到 2035 年基本实现建设美丽中国的目标,需要我国在确保能源供应安全的同时,更加重视能源的使用安全问题。这一转变不仅要求中国要有强烈的政治意愿以及与之匹配的市场条件,而且还要在经济发展方式、能源技术开发以及能源治理等方面做出积极的调整。

　　其次,就供给侧而言,多元化仍将是确保能源安全的黄金法则。为了

---

① BP. BP Statistical Review of World Energy 2018 [DB/OL]. 2018:26-30. [2018-07-20]. https://www.bp.com/content/dam/bp/en/corporate/pdf/energy-economics/statistical-review/bp-stats-review-2018-full-report.pdf.

有效防范能源供应中断以及环境风险,中国需要加快实施能源结构多元化战略进程,坚定不移地将原先以煤炭为主的自给自足的能源供应模式转变为以煤、油、气、核和可再生能源多轮驱动的新型能源供应模式。得益于技术进步和政策激励,当前全球能源结构相较于 20 世纪 70 年代已更加多元和均衡。鉴于此,中国可以借鉴发达国家的经验,更多地开发清洁高效的能源来替代高污染的传统燃料。基于全球能源转型趋势,未来中国大体可以遵循如下路径:首先是逐步淘汰日常生活中传统生物质能的使用;其次是持续扩大国内的电气化率,加强煤炭的清洁高效利用,减少将煤炭作为最终能源产品的使用;再者是积极推动天然气在电力以及工业部门逐步替代煤炭;最后,需要解决的终极问题是,更多地开发和利用可再生能源和核能,以便使电力部门逐步脱碳。[①]

鉴于目前中国能源消费总量仍未达峰值,积极推进能源转型将会不可避免地导致已供不应求的天然气供应变得更紧张。对此,我们应通过培育多样化的市场主体来化解能源结构多元化带来的资源稀缺问题。在一定程度上,国内天然气资源的供不应求不仅与中国天然气资源禀赋不佳有关,也与其开采权主要集中于少数几家国有公司不无关系。鉴于此,政府需要在天然气资源勘探与开发领域降低行业准入门槛,鼓励多元资本参与开发进程。政府应以组建自然资源部为契机,放松对矿产资源的前置性审批,同时加强事中监管及事后责任追究。

此外,如何在技术以及制度上确保可再生能源的可持续发展,也是当前不可回避的问题。从技术上看,智能电网具有坚强的网架和集成先进的技术,可以解决规模电能间存在的随机性、不稳定、储存、互补的问题,将低密度的电能提升为稳定、连续和优质的电能,为可再生能源、常规电源以及电力客户提供互动平台,促进大范围全局资源与信息的整体优化调配,从而最大限度地挖掘电力系统接纳清洁能源,尤其是可再生能源发

---

① 斯皮德.中国能源治理:低碳经济转型之路[M].张素芳,王伟,刘喜梅,译.北京:中国经济出版社,2015:43.

电的潜力,为各种电能的持续发展提供重要保障。① 从制度上看,中国要想确保可再生能源产业的持续健康发展,体制创新是不可或缺的环节。鉴于可再生能源产业在其发展的初始阶段缺乏经济竞争力,政府的前瞻性规划与政策支持必不可少。当然,这并不意味着政府比市场更适合决定能源转型的路径抉择。事实上,从各国以往经验看,只有富有活力的市场和企业家才能有效地创造出最适合消费者需求的清洁能源技术和商业模式。② 有鉴于此,政府应该努力营造鼓励创新、有助于市场机制有效运行的制度环境,并将清洁能源技术创新与试错的权利留给市场主体。

再者,在需求侧方面,合理的定价机制将对清洁能源市场发展起促进作用。化石能源的补贴导致了能源的低效利用以及过度消费,增加了污染物的排放。就短期而言,中国政府可以采取措施逐步取消对化石能源的补贴,以便有效地提高能源的利用效率、增强可再生能源竞争力、推动产业结构升级。从中长期来看,国内能源市场需要建立并健全能反映化石能源资源稀缺与环境外部性的价格形成机制,以促进清洁能源技术的创新与应用,实现可再生能源产业的市场化发展。为此,政府应该确立一个渐进的市场化改革目标,并给予企业明确的信号和稳定的预期,为迎接清洁能源的黄金时代做好准备。换言之,市场机制不应只是促进清洁能源产业发展的辅助性手段,而应作为实现该目标的基本工具。只有不断地完善能源市场,使其对企业和消费者持续增加经济刺激,才能加快清洁能源黄金时代的到来。

就体制机制改革而言,如果说还有比能源价格改革更为优先的事项,那就是政府应以机构改革为契机,完成监管职能的转变。具体而言,政府应将自身职能从先前的"价格管理者"转变为"税率管理者",以更主动的姿态解决能源使用衍生的公共问题,这较之直接干预价格、扭曲市场价格

---

① 徐小杰.中国 2030:能源转型的八大趋势与政策建议[M].北京:中国社会科学出版社,2015:50-51.

② 卡森,维塞斯瓦伦.汽车不确定的未来[M].杨春晓,译.北京:中信出版社,2009:242.

结构的行为更为合理可行。为了降低能源价格改革带来的社会阻力,政府可以将税收所得用于转移支付或社会福利项目再融资,以便降低能源价格上涨对于低收入家庭的冲击。在市场机制激励不足时,政府调控能够为其提供有益的补充。届时,税率调节或将成为政府追求能源效率、社会公平和环境质量等目标的有效政策工具。

最后,中国还需要积极推进"一带一路"建设,加强国际能源合作,确保海外能源供应安全。从近期看,积极开展国际能源合作的意义在于,在全球范围内配置能源资源能够有效地缓解资源短缺对我国经济社会发展的不利影响。在合理的资源价格机制引导下,中国高度污染的以煤为主的一次能源消费结构有望被更加清洁的能源所替代,从而改善国内的生态环境。从长远看,积极开展国际能源合作有利于增强国内能源资源可持续供应的基础,从而带来更为长远的能源安全。然而,鉴于我国极为庞大的能源进口量,过于依赖某一地区或者某单一运输通道的供应模式都存在相当风险与不良影响。有鉴于此,中国不仅需要强化进口能源来源多元化策略,而且同样需要在能源运输通道、运输方式乃至能源贸易方式等方面追求多样化。① 与此同时,中国企业在海外开展能源投资时,同样需要防范潜在的投资风险。这一点对于那些希望获取中东、非洲等地能源资源的中国企业来说显得尤为重要,因为这些地区往往具有很高的地缘政治风险,有着错综复杂的民族、宗教乃至种族矛盾。对此,中国能源企业需要改变"少说多做、只做不说"的企业文化,提高自身行为的透明度和企业的社会责任感。对于中国政府而言,需要向世界表明本国在清洁能源转型方面取得的重要进展,在此基础上提出与全球能源治理趋势并行不悖的中国方案。

---

① 陈新华.能源改变命运:中国应对挑战之路[M].北京:新华出版社,2008:28.

参考文献

中文著作：

[1] 白根旭.中俄油气合作:现状与启示[M].丁晖、赵卿、李滨,译.北京:石油工业出版社,2013.

[2] 波特.国家竞争优势[M].李明轩,邱如美,译.北京:中信出版社,2012.

[3] 蔡德林.国际贸易运输地理[M].北京:中国商务出版社,2006.

[4] 陈新华.能源安全要重视内部因素,强调政策体制保障[J].中国能源,2003(5).

[5] 陈新华.能源改变命运:中国应对挑战之路[M].北京:新华出版社,2008.

[6] 陈新华.大变革时代中国能源决策如何保持定力[N].中国能源报,2016-12-19(001).

[7] 陈雅莉.美国的"再平衡"战略:现实评估和中国的应对[J].世界经济与政治,2012(11).

[8] 戴.资源投资:如何规避风险,从巨大的潜力中获利[M].王煦逸,译.上海财经大学出版社,2012.

[9] 德勤能源方案中心,Deloitte Market Point LLC.美国液化天然气出口的全球性影响[R/OL].2013.[2015-01-08].https://www2.deloitte.com/cn/zh/pages/energy-and-resources/articles/exporting-the-american-renaissance.html.

[10] 2535亿美元!特朗普访华期间中美企业签"大单"[N/OL].新

华网.（2017-11-09）［2018-03-06］. http：∥news. xinhuanet. com/world/2017-11/09/c_1121931967. htm.

［11］范必.中国能源政策研究［M］.北京：中国言实出版社,2013.

［12］范必.全产业链市场化改革初探［J］.中国行政管理,2014(6).

［13］范必.中国油气改革报告［M］.北京：人民出版社,2016.

［14］范必,徐以升,张萌,等.世界能源新格局：美国"能源独立"的冲击及中国应对［M］.北京：中国经济出版社,2014.

［15］弗里德伯格.中美亚洲大博弈［M］.洪曼,张琳,王宇丹,译.北京：新华出版社,2012.

［16］弗里德曼.世界又热又平又挤［M］.王玮沁,译.长沙：湖南科学技术出版社,2009.

［17］邰若素.邰若素气候变化报告［M］.张征,译.北京：社会科学文献出版社,2009.

［18］戈雷利克.富油？贫油？［M］.兰晓荣,刘毅,吴文洁,译,北京：石油工业出版社,2010.

［19］郭关玉,戴修殿.中德可再生能源合作：基础、机制和问题［J］.中国地质大学学报(社会科学版),2012(4).

［20］郭晓丹,何文韬,肖兴志.战略性新兴产业的政府补贴、额外行动与研发活动变动［J］.宏观经济研究,2011(11).

［21］郭晓丹,何文韬.战略性新兴产业政府 R&D 补贴信号效应的动态分析［J］.经济学动态.2011(9).

［22］郭苏建,周云亨,叶瑞克,等.全球可持续能源竞争力报告 2015［M］.浙江大学出版社,2015.

［23］国际能源署.开发中国的天然气市场：能源政策的挑战［M］.朱起煌,译.北京：地质出版社,2003.

［24］国际危机组织.南海翻波（一）［EB/OL］.亚洲报告,No. 223.（2012-04-23）［2013-01-31］. http：∥www. crisisgroup. org/∼/media/Files/asia/north-east-asia/Chinese/223-stirring-up-the-south-china-sea-i-chinese.

[25] 国家发展改革委.全国水力资源复查成果发布[EB/OL].(2005-11-28)[2017-06-05]. http://www. gov. cn/ztzl/2005-11/28/content_110675. htm.

[26] 国家发展改革委.可再生能源发展"十三五"规划[EB/OL]. 2016.[2018-10-12]. http://www. ndrc. gov. cn/xxgk/zcfb/ghwb/201612/W020190905497880506725. pdf.

[27] 国家发展改革委,国家能源局.天然气发展"十三五"规划[EB/OL].(2016-12-24)[2017-12-03]. http://www. ndrc. gov. cn/zcfb/zcfbghwb/201701/W020170119368974618068. pdf.

[28] 国家发展改革委,国家能源局.能源生产和消费革命战略(2016—2030)[EB/OL].(2016-12-29)[2017-06-01]. http://www. ndrc. gov. cn/zcfb/zcfbtz/201704/t20170425_845284. html.

[29] 国家发改委能源研究所.中国2030年风电发展展望:风电满足10%电力需求的可行性研究[R/OL]. 2010.[2017-06-01]. http://www. efchina. org/Reports-zh/reports-efchina-20100430-zh.

[30] 国家可再生能源中心.中国可再生能源产业发展报告2015[M].北京:中国经济出版社,2015.

[31] 国家能源局.关于印发页岩气发展规划(2016—2020年)的通知[EB/OL].(2016-09-30)[2016-11-01]. http://www. gov. cn/xinwen/2016-09/30/content_5114313. htm.

[32] 国家能源局.风电发展"十三五"规划[EB/OL]. 2016.[2017-06-03]. http://www. nea. gov. cn/135867633_14804706797341n. pdf.

[33] 国家能源局.太阳能发展"十三五"规划[EB/OL]. 2016.[2017-06-06]. https://www. iea. org/media/pams/china/IEA_

PAMS ＿ China ＿ China13thSolarEnergyDevelopmentFiveYear
Plan20162020. pdf.

［34］国家能源局.生物质能发展"十三五"规划［EB/OL］. 2016.
［2017-06-05］. http：// zfxxgk. nea. gov. cn/auto87/201612/
W020161205 345785970165. docx.

［35］国家能源局.电力领域"弃水""弃风""弃光"状况缓解［EB/
OL］.（2019-01-29）［2019-03-06］. http：// www. gov. cn/
xinwen/2019-01/29/content_5361942. htm.

［36］国家能源局.国家能源局关于 2018 年度全国可再生能源电力发
展监测评价的通报［EB/OL］.（2019-06-04）［2019-09-01］. http：
// zfxxgk. nea. gov. cn/auto87/201906/t20190610_3673. htm.

［37］国家统计局.中华人民共和国 2017 年国民经济和社会发展统
计公报［EB/OL］.（2018-02-28）［2018-10-12］. http：// www.
stats. gov. cn/tjsj/zxfb/201802/t20180228_1585631. html.

［38］国家统计局. 2018 年国民经济和社会发展统计公报.
［EB/OL］.（2019-02-28）［2019-03-08］. http：// www. stats.
gov. cn/tjsj/zxfb/201902/t20190228_1651265. html.

［39］国网能源研究院.2013 中国新能源发电分析报告［M］.北京：中
国电力出版社,2013.

［40］国务院.国务院关于加快培育和发展战略性新兴产业的决定
［EB/OL］.（2010-10-10）［2017-06-01］. http：// www. gov.
cn/zwgk/2010-10/18/content_1724848. htm.

［41］国务院.国务院关于印发"十三五"节能减排综合工作方案的通
知［EB/OL］.（2017-01-05）［2017-06-05］. http：// www. gov.
cn/zhengce/content/2017-01/05/content_5156789. htm.

［42］国务院办公厅.国务院关于促进光伏产业健康发展的若干意见
［EB/OL］.（2013-07-01）［2017-06-06］. http：// www. gov.
cn/zwgk/2013-07/15/content_2447814. htm.

[43] 国务院办公厅.能源发展战略行动计划(2014—2020 年)[EB/OL].(2014-11-19)[2017-06-01].http://www.gov.cn/zhengce/content/2014-11/19/content_9222.htm.

[44] 国务院发展研究中心资源与环境政策研究所.中国石油资源的开发与利用政策研究[M].北京:中国发展出版社,2010.

[45] 国务院发展研究中心,壳牌国际有限公司.中国天然气发展战略研究[M].北京:中国发展出版社,2015.

[46] 国土资源部.全国页岩气资源潜力调查评价及有利区优选成果[EB/OL].[2012-03-02].http://www.mlr.gov.cn/xwdt/jrxw/201203/t20120302_1069466.htm.

[47] 国家发展改革委,国家能源局.清洁能源消纳行动计划(2018-2020 年)[EB/OL].(2018-10-30)[2019-05-08].http://www.ndrc.gov.cn/zcfb/gfxwj/201812/W020181204575699521824.pdf.

[48] 韩晓平.美丽中国的能源之战[M].北京:石油工业出版社,2014.

[49] 何建坤.新型能源体系革命是通向生态文明的庇佑之路[J].中国地质大学学报(社会科学版),2014(2).

[50] 胡鞍钢,吕永龙.能源与发展:全球化条件下的能源与环境政策[M].北京:中国计划出版社,2001.

[51] 华贲.天然气与中国能源低碳转型战略[M].广州:华南理工大学出版社,2015.

[52] 郄建荣.环保部:中国几乎所有污染物排放均世界第一[EB/OL].(2016-12-05)[2017-12-02].http://news.sohu.com/20161205/n474930734.shtml.

[53] 霍夫迈斯特.我们为什么恨石油公司[M].王文玉,译.北京:东方出版社,2013.

[54] 霍尔姆斯,吉原俊井.21 世纪中国海军战略[M].阎峰,译.上

海：上海交通大学出版社,2015.

[55] 贾桂德,尹文强.国际海洋法发展的一些重要动向[J].太平洋学报,2012,20(1).

[56] 卡尔索普,杨保军,张泉.TOD在中国:面向低碳城市的土地使用与交通规划设计指南[M].北京:中国建筑工业出版社,2014.

[57] 卡普兰.季风:印度洋与美国权力的未来[M].吴兆礼,毛悦,译.北京:社会科学文献出版社,2013.

[58] 卡森,维塞斯瓦伦.汽车不确定的未来[M].杨春晓,译.北京:中信出版社,2009.

[59] 克莱尔.石油政治学[M].孙芳,译.海口:海南出版社,2009.

[60] 里夫金.第三次工业革命[M].张体伟,孙豫宁,译.北京:中信出版社,2012.

[61] 李侃如.治理中国:从革命到改革[M].胡国成,赵梅,译.北京:中国社会科学出版社,2010.

[62] 李晓华,吕铁.战略性新兴产业的特征与政策导向研究[J].宏观经济研究,2010(9).

[63] 李昱.新能源企业发展背景下的碳国债发行设计[J].经济纵横,2012(10).

[64] 黎文靖,李耀淘.产业政策激励了公司投资吗[J].中国工业经济,2014(5).

[65] 丽丝.自然资源:分配、经济学与政策[M].蔡运龙,译.北京:商务印书馆,2002.

[66] 联合国.2018年可持续发展目标[R/OL].2018.[2018-11-06].https://unstats.un.org/sdgs/files/report/2018/TheSustainableDevelopmentGoalsReport2018-ZN.pdf.

[67] 联合国政府间气候变化专门委员会.气候变化2014综合报告:决策者摘要[EB/OL].2014.[2016-04-05].https://www.

ipcc. ch/pdf/assessment-report/ar5/syr/AR5＿SYR＿FINAL＿
SPM＿zh. pdf.

[68] 联合国气候变化框架公约. 巴黎协定[EB/OL]. 2015. [2017-
05-30]. http： // unfccc. int/files/essential ＿ background/
convention/application/pdf/chinese＿paris＿agreement. pdf.

[69] 林伯强. 2006 年中国能源发展报告[M]. 北京:中国计量出版
社,2006.

[70] 林伯强. 中国能源问题与能源政策选择[M]. 北京:煤炭工业出
版社,2007.

[71] 林伯强. 能源经济学:理论与政策实践[M]. 北京:中国财政经
济出版社,2008.

[72] 林伯强. 高级能源经济学[M]. 北京:中国财政经济出版
社,2009.

[73] 林伯强. 中国能源政策思考[M]. 北京:中国财政经济出版
社,2009.

[74] 林伯强. 中国能源思危[M]. 北京:科学出版社,2012.

[75] 林伯强,蒋竺均. 中国能源补贴改革和设计[M]. 北京:科学出
版社,2012.

[76] 林重庚,斯宾塞. 中国经济中长期发展和转型:国际视角的思考
与建议[M]. 余江,译. 北京:中信出版社,2011.

[77] 林建超. 世界新军事变革概论[M]. 北京:解放军出版社,2004.

[78] 刘鉴强. 环境维权引发中国动荡[N/OL]. FT 中文网. (2013-
01-04) [2013-03-05]. http： // www. ftchinese. com/story/
001048280.

[79] 刘劲松,李孟刚. 资源"走出去"与中国石油产业安全研究[M].
北京:经济科学出版社,2011.

[80] 刘明达,尤南山,刘碧寒. 基于城市样本的中国城市化与碳排放
相关性实证研究[J]. 地理与地理信息科学,2018(2).

[81] 刘一健.中国未来的海军建设与海军战略[J].战略与管理,1999(5).

[82] 刘悦.大国能源决策 1973-1974[M].北京:社会科学文献出版社,2013.

[83] 刘中民.毛泽东、邓小平、江泽民海洋战略思想探说[J].中国军事科学,2012(2).

[84] 刘振亚.中国电力与能源[M].北京:中国电力出版社,2012.

[85] 卢安武,洛基山研究所.重塑能源:新能源世纪的商业解决方案[M].秦海岩,鉴衡认证中心,译.长沙:湖南科学技术出版社,2015.

[86] 鲁宾.为什么你的世界会越来越小[M].北京:中信出版社,2011.

[87] 陆大道,陈明星.关于"国家新型城镇化规划(2014—2020)"编制大背景的几点认识[J].地理学报,2015(2).

[88] 陆国庆,王舟,张春宇.中国战略性新兴产业政府创新补贴的绩效研究[J].经济研究,2014(7).

[89] 罗宾逊.亚马尼与欧佩克[M].雷甲钊,译.北京:中国对外经济贸易出版社,1992.

[90] 绿色和平组织.绿色和平发布 2017 年中国 365 个城市 PM2.5 浓度排名[EB/OL].(2018-01-10)[2018-05-10].http://www.greenpeace.org.cn/air-pollution-2017-city-ranking/.

[91] 马克思,恩格斯.马克思恩格斯全集第 39 卷(上)[M].北京:人民出版社,1974.

[92] 迈克尔罗伊.能源:展望、挑战与机遇[M].王聿绚,译.北京:科学出版社,2011.

[93] 毛杰里.石油!石油!探寻世界上最富争议资源的神话、历史和未来[M].夏俊,徐文琴,译.上海人民出版社,2008.

[94] 美国国家能源政策研究组报告.美国国家能源政策[M].国土

资源部信息资源中心,译.北京:中国大地出版社,2001.

[95] 梅然.海军扩展与战略稳定:从英德竞争到中美关系[J].国际政治研究,2007(4).

[96] 米都斯.增长的极限:罗马俱乐部关于人类困境的报告[M].李宝恒,译.长春:吉林人民出版社,1997.

[97] 莫尔.转型期中国的环境与现代化:生态现代化的前沿[M]//周艳辉.增长的迷思:海外学者论中国经济发展.北京:中央编译出版社,2011.

[98] 穆献中.中国油气产业全球化发展研究[M].北京:经济管理出版社,2010.

[99] 奈.美国霸权的困惑[M].郑志国,译.北京:世界知识出版社,2002.

[100] 倪乐雄.中国海权战略的当代转型与威慑作用[J].国际观察,2012(4).

[101] 倪维斗.困局与突破:倪维斗院士谈能源战略[M].上海:上海辞书出版社,2012.

[102] 潘家华,庄贵阳,朱守先,等.低碳城市:经济学方法、应用与案例研究[M].北京:社会科学文献出版社,2012.

[103] 潘家华.中国城市智慧低碳发展报告[M].北京:中国社会科学出版社,2013.

[104] 潘家华.应对气候变化报告(2013)[M].北京:社会科学文献出版社,2013.

[105] 齐绍洲.中欧能源效率差异与合作[J].国际经济评论,2010(1).

[106] 齐晔.中国低碳发展报告(2013)政策执行与制度创新[M].北京:社会科学文献出版社,2013.

[107] 强化应对气候变化行动:中国国家自主贡献(全文)[EB/OL].(2015-11-18) [2017-11-30]. http:// www. scio. gov. cn/

xwfbh/xwbfbh/wqfbh/2015/20151119/xgbd33811/
Document/1455864/1455864.htm.

[108] 秦世平,胡润青.中国生物质能产业发展路线图 2050[M].北京:中国环境出版社,2015.

[109] 清华大学产业发展与环境治理研究中心.中国新兴能源产业的创新支撑体系及政策研究[R/OL]. 2014. [2015-08-01]. http://www.efchina.org/Reports-zh/reports-20130630-zh.

[110] 清华大学环境资源与能源法研究中心课题组.中国能源法(草案):专家建议稿与说明[M].北京:清华大学出版社,2008.

[111] 琼斯,查赞,奥利弗.北约指责俄方搅局欧洲页岩气开发[N/OL].金融时报.(2014-06-20)[2015-01-08]. http://www.ftchinese.com/story/001056855/? print=y.

[112] 全国人大.中华人民共和国能源法(征求意见稿)[EB/OL]. (2007-12-04)[2010-01-21].第一章,总则部分,http://news. xinhuanet.com/fortune/2007-12/04/content_7195580.htm.

[113] 任东明.可再生能源配额制政策研究:系统框架与运行机制[M].北京:中国经济出版社,2013.

[114] 桑德罗,吴竞超,杨晴,等.关于实现中国页岩气目标的建议[R].纽约:哥伦比亚大学全球能源政策中心,2014.

[115] 单卓然,黄亚平."新型城镇化"概念内涵、目标、规划策略及认知误区解析[J].城市规划学刊,2013(2).

[116] 史丹.新能源定价机制、补贴与成本研究[M].北京:经济管理出版社,2015.

[117] 史丹,朱彤.能源经济学理论与政策研究评述[M].北京:经济管理出版社,2013.

[118] 世界卫生组织.关于颗粒物、臭氧、二氧化氮和二氧化硫的空气质量准则(2005 年全球更新版)[EB/OL]. 2005. [2018-11-15]. http://apps.who.int/iris/bitstream/10665/69477/3/

WHO_SDE_PHE_OEH_06.02_chi.pdf.

[119] 世界银行. 中国可再生能源发展的新目标:迈向绿色未来 [R/OL]. 2014. [2017-06-05]. http://documents.worldbank. org/curated/en/979141468218106884/pdf/579060WP0Box350 icy0Note0CN00PUBLIC0.pdf.

[120] 世界银行,国务院体改办经济体制与管理研究所.基础设施咨询基金.中国:天然气长距离运输和城市配气的经济监管 [M].北京:石油工业出版社,2002.

[121] 世界银行,国务院发展研究中心联合课题组.2030年的中国: 建设现代、和谐、有创造力的社会[M].北京:中国财政经济出版社,2013.

[122] 世界银行,国务院发展研究中心.中国:推进高效、包容、可持续的城镇化(总报告)[R/OL]. 2014. [2015-01-03]. http:// www.cssn.cn/dybg/gqdy_ttxw/201403/W020140328524920 426573.pdf.

[123] 世界银行东亚和太平洋地区基础设施局,国务院发展研究中心产业经济研究部.机不可失:中国能源可持续发展[M].北京:中国发展出版社,2007.

[124] 斯米尔.能源神话与现实[M].北京国电通网络技术有限公司,译.北京:机械工业出版社,2016.

[125] 斯皮德.中国能源治理:低碳经济转型之路[M].张素芳,王伟,刘喜梅,译.北京:中国经济出版社,2015.

[126] 斯皮德,丹罗伊特.中国、石油与全球政治[M].张素芳,何永秀,译.北京:社科文献出版社,2014.

[127] 斯珀林,戈登.20亿辆汽车:驶向可持续发展的未来[M].王乃粒,译.上海交通大学出版社,2011.

[128] 特扎基安.每秒千桶:即将到来的能源转折点:挑战及对策 [M].李芳龄,译,北京:中国财政经济出版社,2009.

[129] 田春荣.2015年中国石油进出口状况分析[J].国际石油经济, 2016(3).

[130] 田春荣.2017年中国石油进出口状况分析[J].国际石油经济, 2018(3).

[131] 托雷斯.同舟共济:法国电力集团在中国的历程[M].北京:中国原子能出版社,2013.

[132] 王长尧.2018全球新能源企业500强榜单发布[EB/OL]. (2018-12-12)[2018-12-20]. http：// www. cnenergynews. cn/jp_482/pphd/201812/t20181213_751125. html.

[133] 王联合,周云亨.中美石油关系研究现状述评[J].国际论坛, 2008(4).

[134] 王伟,郭炜煜.低碳时代的中国能源发展政策研究[M].北京:中国经济出版社,2011.

[135] 王震.低碳经济与能源企业发展[M].北京:石油工业出版社,2010.

[136] 王正立.外国人看中国的资源问题[M].北京:中国大地出版社,2007.

[137] 汪海.构建避开霍尔木兹海峡的国际通道:中国与海湾油气安全连接战略[J].世界经济与政治,2006(1).

[138] 维克托,贾菲,海斯.天然气地缘政治[M].王震,王鸿雁,译.北京:石油工业出版社,2010.

[139] 吴敬琏.中国增长模式抉择(增订版)[M].上海:上海远东出版社,2008.

[140] 吴磊.能源安全与中美关系[M].北京:中国社会科学出版社,2009.

[141] 吴士存,朱华友.聚焦南海:地缘政治、资源、航道[M].北京:中国经济出版社,2009.

[142] 西蒙.没有极限的增长[M].黄江南,朱嘉明,译.成都:四川人

民出版社,1985.

[143] 习近平:积极推动我国能源生产和消费革命[EB/OL]. (2014-06-13) [2015-01-03]. http://news.xinhuanet.com/politics/2014-06/13/c_1111139161.htm.

[144] 习近平.决胜全面建成小康社会 夺取新时代中国特色社会主义伟大胜利:在中国共产党第十九次全国代表大会上的报告[EB/OL]. (2017-10-27) [2017-12-01]. http://www.gov.cn/zhuanti/2017-10/27/content_5234876.htm.

[145] 谢玮.中英能源合作新的窗口正在打开 核电有望成为赢家[N].中国经济周刊,2015(31):30-33.

[146] 徐洪峰,李林河.美国的中亚能源外交[M].北京:知识产权出版社,2010.

[147] 徐小杰.石油啊,石油:全球油气竞赛和中国的选择[M].北京:中国社会科学出版社,2011.

[148] 徐小杰.中国2030:能源转型的八大趋势与政策建议[M].北京:中国社会科学出版社,2015.

[149] 薛进军,赵忠秀.中国低碳经济发展报告2013[M].北京:社会科学文献出版社,2013.

[150] 薛力."马六甲困境"内涵辨析与中国的应对[J].世界经济与政治,2010(10).

[151] 杨光.中东非洲发展报告:防范石油危机的国际经验[M].北京:社会科学文献出版社,2005.

[152] 扬斯.能源安全:欧洲外交新挑战[M].蔡国田,译.北京:中国环境科学出版社,2011.

[153] 杨驿昉.我国天然气定价机制困境:交织的"市场之矛"与"计划之盾"[J/OL].国际燃气网. (2019-07-19) [2019-09-02]. https://gas.in-en.com/html/gas-3139504.shtml.

[154] 杨震.论后冷战时代的海权[D].上海:复旦大学,2012.

[155] 杨震,杜彬伟.从海权理论角度看戈尔什科夫的海上威力论及
其影响[J].东北亚论坛,2013(1).

[156] 耶金.石油风云[M].东方编译所,上海市政协翻译组,译.上
海译文出版社,1997.

[157] 耶金.能源重塑世界(上)[M].朱玉犇,阎志敏,译.北京:石油
工业出版社,2012.

[158] 耶金.能源重塑世界(下)[M].朱玉犇,阎志敏,译.北京:石油
工业出版社,2012.

[159] 叶玉.渐进主义与美国能源政策发展[J].国际展望,2010(2).

[160] 伊科诺米迪斯,达里奥.石油的优势[M].徐洪峰,李洁宇,译.
北京:华夏出版社,2009.

[161] 张洁.中国能源安全中的马六甲因素[J].国际政治研究,2005
(3).

[162] 张雷.矿产资源开发与国家工业化[M].北京:商务印书
馆,2004.

[163] 张妍.推动建设和谐世界与完善国际能源秩序[J].外交评论,
2007(4).

[164] 张永伟.页岩气:我国能源发展的新希望[N].光明日报,2011-
08-16(15).

[165] 张玉卓.中国清洁能源的战略研究及发展对策[J].中国科学
院院刊,2014(4).

[166] 赵宏图."马六甲困局"与中国能源安全再思考[J].现代国际
关系,2007(6).

[167] 赵英,倪月菊.中国产业政策变动趋势实证研究(2000—2010)
[M].北京:经济管理出版社,2012.

[168] 赵中华.中国城市清洁能源评价方法研究[D].北京:北京化工
大学,2007.

[169] 中俄合作"亚马尔项目"首条LNG生产线正式投产[N/OL].

新华网.（2017-12-09）［2017-12-15］.，http：// www. xinhuanet. com/world/2017-12/09/c_1122084376. htm.

[170] 中关村国际环保产业促进中心.谁能驱动中国:世界能源危机和中国方略[M].北京:人民出版社,2006.

[171] 中国国际经济交流中心课题组.中国能源生产与消费革命[M].北京:社会科学文献出版社,2014.

[172] 中国华能集团公司技术经济研究院课题组.全景式框架下可再生能源政策国别研究[M].北京:中国电力出版社,2014.

[173] 中国能源财经税收政策研究课题组.中国可持续能源财经与税收政策研究[M].北京:中国民航出版社,2006.

[174] 中国社会科学院世界经济与政治研究组,《世界能源中国展望》课题组.世界能源中国展望[M]. 北京:社会科学文献出版社,2013.

[175] 中国社科院国情分析研究小组.两种资源、两个市场[M].天津人民出版社,2001.

[176] 中国资源综合利用协会可再生能源专业委员会,中国可再生能源学会产业工作委员会.中国光伏分类上网电价政策研究报告[R/OL]. 2013. ［2017-06-05］. http：// www. efchina. org/Reports-zh/reports-20130402-zh.

[177] 中华人民共和国财政部,国家发展改革委.关于提高可再生能源发展基金征收标准等有关问题的通知[EB/OL].（2016-01-05）［2017-06-05］. http：// szs. mof. gov. cn/bgtZaiXianFuWu_1_1_11/mlqd/201601/t20160113_1649669. html.

[178] 中华人民共和国国家发展和改革委员会发展规划司.国家新型城镇化规划（2014—2020 年）[EB/OL].（2018-01-20）［2019-01-20］. http：// ghs. ndrc. gov. cn/zttp/xxczhjs/ghzc/201605/t20160505_800839. html.

[179] 中华人民共和国国民经济和社会发展第十二个五年规划纲要

[EB/OL]. (2011-03-16) [2017-06-03]. http：// www. gov. cn/2011lh/content_1825838. htm.

[180] 中华人民共和国国民经济和社会发展第十三个五年规划纲要 [EB/OL]. (2016-03-17) [2017-06-03]. http：// www. xinhuanet. com/politics/2016lh/2016-03/17/c_1118366322. htm.

[181] 中华人民共和国国务院新闻办公室. 中国的能源状况与政策 [EB/OL]. 2007. [2010-01-25]. http：// www. sdpc. gov. cn/ zcfb/zcfbtz/2007tongzhi/W020071227502848725829. pdf.

[182] 中华人民共和国国务院新闻办公室. 中国武装力量的多样化运用白皮书[EB/OL]. 2013. [2013-05-06]. http：// www. gov. cn/jrzg/2013-04/16/content_2379013. htm.

[183] 中华人民共和国中央人民政府. 国务院关于印发"十三五"国家战略性新兴产业发展规划的通知[EB/OL]. (2016-11-29) [2017-06-03]. http：// www. gov. cn/zhengce/content/2016-12/19/content_5150090. htm.

[184] 中华人民共和国中央人民政府. 2018 年风电并网运行情况 [EB/OL]. (2019-01-29) [2019-03-01]. http：// www. gov. cn/xinwen/2019-01/29/content_5361945. htm.

[185] 中华人民共和国中央人民政府. 国家能源局介绍 2019 年上半年能源形势等情况[EB/OL]. (2019-07-26) [2019-09-01]. http：// www. gov. cn/xinwen/2019-07/26/content_5415524. htm.

[186] 中华人民共和国自然资源部. 能源的概述及分类[EB/OL]. (2012-02-16) [2018-12-09]. http：// www. mlr. gov. cn/wskt/ 201202/t20120216_1064092. htm.

[187] 中商产业研究院. 2017 年度全球各国家汽车销量排行榜[EB/ OL]. (2018-07-09)[2018-09-03]. http：// finance. eastmoney. com/news/1355,20180709902986818. html.

[188] 周冯琦,胡秀莲,汉利.应对能源安全与全球变暖的挑战[M].
上海:学林出版社,2009.

[189] 周云亨,杨震.美国"能源独立":动力、方案及限度[J].现代国
际关系,2010(8).

[190] 周云亨.中国能源安全中的美国因素[M].上海:上海人民出
版社,2012.

[191] 周云亨.美国能源独立前景及对中国的影响[J].中共浙江省
委党校学报,2013(6).

[192] 周云亨,杨震.多元化策略:中国能源外交之道[J].新视野,
2012(1).

[193] 周云亨,方恺,叶瑞克.能源安全观演进与中国能源转型[J].
东北亚论坛,2018(6).

[194] 朱彤,王蕾.国家能源转型:德、美实践与中国选择[M].杭州:
浙江大学出版社,2015.

[195] 邹艳芬.中国能源安全测度[M].南昌:江西人民出版
社,2009.

英文著作:

[1] A public-private counter-piracy conference organized by the
UAE Ministry of Foreign Affairs in association with DP
World. Global Challenge, Regional Responses: Forging a
Common Approach to Maritime Piracy [M]. Dubai, United
Arab Emirates, 2011.

[2] Adelman M A. The Economics of Petroleum Supply [M].
Cambridge (MA): Massachusetts Institute of Technology
Press, 1993.

[3] Adelman M A. The Genie Out of the Bottle: World Oil since
1970 [M]. Cambridge (MA): Massachusetts Institute of

Technology Press, 1995.

[4] Alterman J B. The Vital Triangle [C] // Wakefield B, Levenstein S L. eds. China and the Persian Gulf: Implications for the United States. Washington D C: Woodrow Wilson International Center for Scholars, 2011.

[5] Alterman J B. The other side of the World: China, the United States, and the Struggle for Middle East Security [R]. Washington D C: Center for Strategic & International Studies, March 2017.

[6] Barnet B. Firm Resources and Sustained Competitive Advantage [J]. Journal of Management, 1991, 17(1).

[7] Blair B, Chen Y L, Hagt E. The Oil Weapon: Myth of China's Vulnerability [J]. China Security, 2006, 2(2).

[8] Bloomberg New Energy Finance. State of clean energy investment [EB/OL]. (2018-02-21) [2018-05-06]. https: // about. bnef. com/clean-energy-investment/.

[9] Bordoff J, Losz A. Oil Shock: Decoding the Causes and Consequences of the 2014 Oil Price Drop [EB/OL]. 2015(3). [2015-12-18]. http: // www. cirsd. org/uploads/magazines/ pdf/Jason% 20Bordoff% 20and% 20Akos% 20Losz. pdf _ 1429732733_english. pdf.

[10] Bordoff J, Stock J. The Implications of Lower Oil Prices for the U. S. Economy Amid the Shale Boom [R/OL]. (2014-12-04) [2015-11-10]. http: // energypolicy. columbia. edu/sites/ default/files/energy/CGEP _ economic% 20impacts% 20of% 20oil%20price%20drop. pdf.

[11] BP. BP Statistical Review of World Energy 2018 [DB/OL]. [2018-07-20]. https: // www. bp. com/content/dam/bp/en/

corporate/pdf/energy-economics/statistical-review/bp-stats-review-2018-full-report. pdf.

[12] BP. BP Statistical Review of World Energy 2019[DB/OL]. [2019-07-15]. https：// www. bp. com/content/dam/bp/business-sites/en/global/corporate/pdfs/energy-economics/statistical-review/bp-stats-review-2019-full-report. pdf.

[13] Caldwell M. Clinton's and Trump's Plans for Coal and Other Energy Sources [J]. Coal Age，2016(10).

[14] Campbell C J，Duncan R C. The coming oil crisis [M]. Brentwood，Essex，UK：Multi-Science Publishing，1997.

[15] Castaneda J G. Latin America's Left Turn [J]. Foreign Affairs，2006，85(3).

[16] Chatham House. Changing Climates：Interdependencies on Energy and Climate Security for China and Europe [R]. London：The Royal Institute of International Affairs，2007.

[17] Christoffersen G. The Role of China in Global Energy Governance [J]. China Perspectives，2016(2).

[18] CIA. The World FactBook 2018 [DB/OL]. (2019-01-04) [2019-07-01]. https： // www. cia. gov/library/publications/download/download-2018/index. html.

[19] Cimino C，Hufbauer G C. US Policies toward Liquefied Natural Gas and Oil Exports：An Update [J/OL]. Policy Brief，2014 (7). [2015-01-06]. http： // www. piie. com/publications/interstitial. cfm? ResearchID＝2641.

[20] CIEP. Study on Energy Supply Security and Geopolitics [M]. The Hague：Clingendael International Energy Program，2004.

[21] Cleantech Group，WWF. The Global Cleantech Innovation Index 2014 [R/OL]. [2015-05-10]. https： // www.

cleantech.   com/wp-content/uploads/2014/08/Global   _
Cleantech_Innov_Index_2014. pdf.

[22] Cleantech Group，WWF. The Global Cleantech Innovation
Index 2017 ［R/OL］. ［2019-09-03］. https：// wwf. fi/app/
uploads/2/n/l/5njozhvdv3luu5ebfk7urng/global _ cleatech _
innovation_index_2017_final_web. pdf.

[23] Clinton H. Climate Change，Hillary for President ［EB/OL］.
2016. ［2018-01-12］. https：// www. hillaryclinton. com/
issues/climate/.

[24] Cohen W M，Levinthal D A. Absorptive capacity：A new
perspective on learning and innovation ［J］. Administrative
Science Quarterly，1990，35(1).

[25] Columbia Global Energy Dialogues. The GCC and the New
Oil World ［R/OL］. Center on Global Energy Policy，2016.
［2016-11-01］. http：// energypolicy. columbia. edu/sites/
default/files/energy/The%20GCC%20and%20the%20New%
20Oil%20World. pdf.

[26] Davis C. AFRICOM's Relationship to oil，Terrorism and
China ［J］. Orbis，2009，53(1).

[27] Deese D A. Energy：economics，politics，and security ［J］.
International Security，1979，4(3).

[28] DePillis L. E. U. presses U. S. on oil-export ban ［N］.
Washington Post，2014-07-09(11).

[29] Dobbins J，Gompert D C，Shlapak D A，et al. Conflict with
China：Prospect，Consequences，and Strategy for Deterrence
［R/OL］. 2011. ［2012-07-08］. http：// www. rand. org/
content/dam/rand/pubs/occasional _ papers/2011/RAND _
OP344. pdf.

[30] Downs E S. The Chinese energy security debate [J]. The China Quarterly, 2004, 177.

[31] Downs E S. The Brookings Foreign Policy Studies Energy Security Series: China [R]. The Brookings Institution, 2006.

[32] Downs E S, Mesic R, Charles Jr T, et al. China's quest for energy security [M]. Rand Corporation, 2000.

[33] Dunn D H, McClelland M J L. Shale gas and the revival of American power: debunking decline? [J]. International Affairs, 2013, 89(6).

[34] Dutton P A. Charting a Course: US-China Cooperation at Sea [J]. China Security, 2009, 5(1).

[35] Economic Commission for Latin America and the Caribbean (ECLAC). Foreign Direct Investment in Latin America and the Caribbean [R]. Santiago, 2016.

[36] EIA. World Oil Transit Chokepoints [EB/OL]. (2017-07-25) [2017-09-01]. http://www.eia.gov/countries/analysisbriefs/World_Oil_Transit_Chokepoints/wotc.pdf.

[37] EIA. How much shale (tight) oil is produced in the United States? [EB/OL]. (2018-03-08) [2018-07-15]. https://www.eia.gov/tools/faqs/faq.php? id=847&t=6.

[38] EIA. Shale gas production [EB/OL]. (2018-11-28) [2018-12-20]. https://www.eia.gov/dnav/ng/ng_prod_shalegas_s1_a.htm.

[39] Emmerson C, Stevens P. Maritime Choke Points and the Global Energy System: Charting a Way Forward [R/OL]. Chatham House, 2012. [2017-09-03]. http://www.chathamhouse.org/sites/default/files/public/Research/Energy, %20Environment%20 and%20Development/bp0112_emmerson_stevens.pdf.

［40］ Ernst & Young. Renewable energy country attractiveness index ［R/OL］. Issue 50, 2017. ［2018-03-01］. https://www. greenmatch. ch/blog/ey-renewable-energy-country-attractiveness-index/ey-recai. compressed. pdf.

［41］ Europe-China Clean Energy Center. China-EU Energy Cooperation Roadmap 2020 ［R/OL］. 2015. ［2018-05-12］. https://core. ac. uk/download/pdf/76528716. pdf.

［42］ European Commission. EC Study on Energy Supply and Geopolitics ［R］. OECD/IEA, Paris, 2004.

［43］ European Commission. Climate Action ［DB/OL］. (2018-02-26) ［2018-05-10］. https:// ec. europa. eu/clima/citizens/eu _en.

［44］ Exxon Mobil. The Outlook for Energy: A View to 2040 ［R/OL］. Texas, 2013, http:// www. exxonmobil. com/ Corporate/Files/news_pub_eo2013. pdf.

［45］ Fattouh B, Henderson J, Sen A. Saudi-Russia Production Accord: The Freeze before the Thaw? ［J/OL］. Oxford Energy Comment, 2016 (2). ［2016-10-30］. https:// www. oxfordenergy. org/wpcms/wp-content/uploads/2016/02/Saudi-Russia-Production-Accord-The-Freeze-before-the-Thaw-1. pdf.

［46］ Fornés G, Philip A B. The China-Latin America Axis Emerging Markets and the Future of Globalization ［M］. Palgrave Macmillan, 2012.

［47］ Fouquet R. The slow search for solutions: Lessons from historical energy transitions by sector and service ［J］. Energy Policy, 2010, 38(11).

［48］ Gallagher K S. The Globalization of Clean Energy Technology: Lessons from China ［M］. Cambridge: The MIT

Press，2014.

[49] Global Wind Energy Council. Global Wind Report 2016：Annual Market Update [R/OL]. 2017. [2017-06-05]. http：//files. gwec. net/files/GWR2016. pdf? ref＝Website.

[50] Goldthau A. The Handbook of Global Energy Policy [M]. Oxford，UK：John Wiley & Sons，2013.

[51] Green M J，Twining D. Power and Norms in US Asia Strategy：Constructing an Ideational Architecture to Encourage China's Peaceful Rise [M]// China's Arrival：A Strategic Framework for a Global Relationship. Washington D C：Center for a new American Security，2009.

[52] Greening L A，Ting M，Krackler T J. Effects of changes in residential end-uses and behavior on aggregate carbon intensity：comparison of 10 OECD countries for the period 1970 through 1993[J]. Energy Economics，2001，23(2).

[53] Grove E. The Future of Sea Power [M]. London：Routledge，1990.

[54] Grunwald M. Seven myths about alternative energy [J]. Foreign Policy，2009(174).

[55] Heal G，Hallmeyer K. How Lower Oil Prices Impact the Competitiveness of Oil with Renewable Fuels [R/OL]. 2015. [2016-11-08]. http：// energypolicy. columbia. edu/sites/default/files/energy/How％ 20Lower％ 20Oil％ 20Prices％ 20Impact％ 20the％ 20Competitiveness％ 20of％ 20Oil％ 20with％20Renewable％20Fuels_October％202015. pdf.

[56] Henry R，Osowski C，Chalk P，et al. Promoting International Energy Security，Volume 3，Sea-Lanes to Asia [R]. Santa Monica：RAND Corporation，2012.

［57］ Herbert M. China's Search for Oil and Gas security: Prospects and Implications ［J］. China's Energy Crossroads: Forging a New Energy and Environmental Balance, Special report, 2015(47).

［58］ Hirschland M J, Oppenheim J M, Webb A P. Using energy more efficiently: An interview with the Rocky Mountain Institute's Amory Lovins ［J/OL］. The McKinsey Quarterly, 2008. ［2010-03-05］. http：// china. mckinseyquarterly. com/ Using＿energy＿more＿efficiently＿An＿interview＿with＿the＿Rocky＿Mountain＿Institutes_Amory_Lovins_2164.

［59］ Holmes J R, Yoshihara T. Is China a "Soft" Naval Power? ［J］. China Brief, 2009(8).

［60］ Hubbert M K. Nuclear energy and the fossil fuel［C］// Drilling and Production Practice. American Petroleum Institute, 1956.

［61］ Bonakdarpour M, Flanagan B, Holling C, et al. The Economic and Employment Contributions of Unconventional Gas Development in State Economies ［J］. IHS Global Insight, 2011 (12).

［62］ International Energy Agency. Our Mission ［EB/OL］. 2018. ［2018-03-01］. https：//www. iea. org/about/ourmission/.

［63］ International Energy Agency. China's Worldwide Quest for Energy Security ［R］. Paris: OECD/IEA, 2000.

［64］ International Energy Agency. Developing China's Natural Gas Market: The Policy Challenges ［R］. Paris: OECD/IEA, 2002.

［65］ International Energy Agency. Overseas Investments by Chinese National Oil Companies: Assessing the drivers and impacts [R]. Paris：OECD/IEA，2011.

[66] International Energy Agency. Energy and Air Pollution [M]. Paris：OECD/IEA，2016.

[67] International Energy Agency. World Energy Outlook 2017 [M/OL]. Paris：OECD/IEA，2017. [2018-03-01]. http：// www. iea. org/weo2017/.

[68] International Energy Agency. World Energy Outlook 2018 [M/OL]. Paris：OECD/IEA，2018. [2019-02-21]. http：// www. iea. org/weo2018/.

[69] International Renewable Energy Agency. Renewable Energy and Jobs：Annual Review 2019. [R/OL]. Abu Dhabi：United Arab Emirates，2019. [2019-09-03]. https：//www. irena. org/-/media/Files/IRENA/Agency/Publication/2019/ Jun/IRENA_RE_Jobs_2019-report. pdf.

[70] Jevons W S. The coal question：an inquiry concerning the progress of the nation，and the probable exhaustion of our coal-mines [M]. London：Macmillan，1866.

[71] Jones B，Steven D，O'Brien E. Fueling a New Order? The New Geopolitical and Security Consequences of Energy [R]. Washington D C：Brookings Edu，2014.

[72] Kalicki J H，Goldwyn D L. Energy and Security：toward a new foreign policy strategy [M]. Baltimore：The Johns Hopkins University Press，2005.

[73] Kamal-Chaoui L，Cointreau M. Better cities，better planet：examples of governing against climate change from OECD countries [M]. Urban Competitiveness and Innovation. Cheltenham：Edward Elgar Publishing，2014.

[74] Kaplan R D. China's Two-Ocean Strategy [M]// China's

Arrival: A Strategic Framework for a Global Relationship, Washington D C: Center for a new American Security,2009.

[75] Kong B. Institutional Insecurity [J]. China Security, 2006, 2 (2).

[76] Krupnick A J. Energy Policy and a Trump Administration [J]. Resources for the Future, 2016(11): 16-13.

[77] Ladislaw S. US Election Note: Energy and Climate Policy after 2016 [R/OL]. Chatham House, 2017. [2018-01-12]. https: // www. chathamhouse. org/sites/files/chathamhouse/ publications/research/2016-10-20-USElectionEnergy. pdf.

[78] Ladislaw S. Energy Opportunities in North America [R]. Statement before the House Committee on Foreign Affairs Subcommittee on Western Hemisphere, 2017.

[79] Ladislaw S, Leed M, Walton M A. New Energy, New Geopolitics: Background Report 1: Energy Impacts [R/OL]. Rowman & Littlefield, 2014. [2015-01-06]. http: // csis. org/ files/publication/140529_Ladislaw_New EnergyNewGeopolitics_ Background1_WEB. pdf.

[80] Ladislaw S, Leed M, Walton M A. New Energy, New Geopolitics: Background Report 3: Scenarios, Strategies, and Pathways [R/OL]. Rowman & Littlefield, 2014. [2015-01- 06]. http: // csis. org/files/publication/140605 _ Ladislaw _ NewEnergyNewGeopolitics_background3_Web. pdf.

[81] Ladislaw S, Sieminski A, Verrastro F, et al. U. S. Oil in the Global Economy: Markets, Policy and Politics [R]. Washington D C: Center for Strategic and International Studies, 2017.

[82] Lenard B, Sautin Y. Time for Natural Gas Diplomacy: A powerful new tool for America [J/OL]. (2014-02-05) [2015-

01-06]. http：// nationalinterest. org/commentary/time-natural-gas-diplomacy-9825.

[83] Lloyd's Register's Strategic Research Group，QinetiQ and the University of Strathclyde. Global Marine Trends 2030 [R/OL]. 2013. [2013-12-21]. http：// www. maritime industries. org/write/Uploads/News/2013/2nd％20Quarter/ Global_Marine_Trends_2030_Brochure. pdf.

[84] Lo C W H，Fryxell G E. Governmental and societal support for environmental enforcement in China：an empirical study in Guangzhou [J]. Journal of Development Studies，2005，41 (4).

[85] Lomborg B. The skeptical environmentalist：measuring the real state of the world [M]. Cambridge：Cambridge University Press，2001.

[86] Lowry W R. Disentangling energy policy from environmental policy [J]. Social Science Quarterly，2008，89(5).

[87] Lovins A B，Datta E K，Bustnes O E, et al. Winning the Oil Endgame：Innovation for Profits，Jobs，and Security [M]. Colorado：Rocky Mountain Institute，2005.

[88] McCrone A. The Force is with Clean Energy：10 Predictions for 2018 [EB/OL]. (2018-01-16) [2018-03-01]. https：// about. bnef. com/blog/clean-energy-10-predictions-2018/.

[89] McKinsey Global Institute. Preparing for China's Urban Billion [EB/OL]. 2009. [2015-01-03]. https：// www. mckinsey. com/～/media/McKinsey/Featured％20Insights/ Urbanization/Preparing％20for％20urban％20billion％20in％ 20China/MGI_Preparing_for_Chinas_Urban_Billion_full_ report. ashx.

[90] Medlock K B. Land of Opportunity? Policy, Constraints, and Energy Security in North America [R]. Houston: James A. Baker Ⅲ Institute for Public Policy of Rice University, 2014.

[91] Medlock K B, Jaffe A M, Hartley P. Shale Gas and U. S. National Security [R/OL]. (2011-07-19) [2014-12-21]. http://bakerinstitute.org/files/496/.

[92] Mitchell J. Renewing Energy Security [R]. RIIA Working Paper, London: Royal Institute of International Affairs, 2002.

[93] Morse E L, Lee E G, Ahn D P, et al. Energy 2020: North America, the New Middle East [R]. Citi Global Perspectives & Solutions (Citi GPS), 2012.

[94] Mowery D, Richard N. Sources of Industrial Leadership: Studies of Seven Industries [R]. Boston: Cambridge University press, 1999.

[95] Nair G, Gustavsson L, Mahapatra K. Owners perception on the adoption of building envelope energy efficiency measures in Swedish detached houses [J]. Applied Energy, 2010, 87 (7).

[96] National Petroleum Council. Prudent Development: Realizing the Potential of North America's Abundant Natural Gas and Oil Reserves [R]. Washington D C: NPC, 2011.

[97] Nauclér T, Enkvist P A. Pathways to a low-carbon economy: Version 2 of the global greenhouse gas abatement cost curve [J]. McKinsey & Company, 2009, 192(2).

[98] Office of the Secretary of Defense. Annual Report to Congress: Military and Security Developments Involving the People's Republic of China 2013 [R/OL]. Washington D C:

The Department of Defense，（2013-05-06）［2015-01-31］.
http：// www. defense. gov/pubs/2013 _ china _ report _
final. pdf.

［99］ President Trump Remarks at Energy Department ［EB/OL］.
（2017-06-29）［2017-09-01］. https：// www. c-span. org/video/？
430673-1/president-trump-speaks-energy-department.

［100］ Quek T. The Man Who Wants to Save a Lake：Beijing's
Efforts to Protect the Environment Thwarted by Local
Officials' Subterfuge in their Drive for Growth ［N/OL］.
Strait Times. （2007-01-21）［2010-03-01］. https：// www.
lexis-nexis. com.

［101］ Ramaswami A，Hillman T. Greenhouse gas emission
footprints and energy use benchmarks for eight U. S. cities
［J］. Environment Science & Technology，2010，5(15).

［102］ Ratner E，Rosenberg E. China Has Russia Over a Barrel
［J/OL］. Foreign Policy. （2014-05-19）［2015-01-10］. http：
// www. foreignpolicy. com/articles/2014/05/19/china_has_
russia_over_a_barrel_putin_oil_gas_energy.

［103］ REN21. Renewables 2018 Global Status Report ［R/OL］.
2018. ［2018-11-15］. http：// www. ren21. net/wp-content/
uploads/2018/06/17-8652_GSR2018_FullReport_web_final
_. pdf.

［104］ REN21. Renewables 2019 Global Status Report ［R/OL］.
2019. ［2019-09-01］，https：// www. ren21. net/wp-content/
uploads/2019/05/gsr_2019_full_report_en. pdf.

［105］ Romano G C. The energy transition and energy security of
cities：The urban dimension of Chinese energy issues ［M］//
Romano G C，Meglio J F. China's Energy Security：A

Multidimensional Perspective. London: Routledge, 2016.

[106] Røpke I, Christensen T H. Energy impacts of ICT - Insights from an everyday life perspective [J]. Telematics and Informatics, 2012, 29(4).

[107] Rourke, R. China Naval Modernization: Implications for U. S. Navy Capabilities—Background and Issues for Congress [R]. CRS Report for Congress, 2012.

[108] Rutter P, Keirstead J. A brief history and the possible future of urban energy systems [J]. Energy Policy, 2012 (3).

[109] Sakhuja V. Indian Ocean and the safety of sea lines of communication [J]. Strategic Analysis, 2001, 25(5).

[110] Shaffer B. Pipeline Problems: Ukraine isn't Europe's Biggest Energy Risk [J/OL]. Foreign Affairs. (2014-03-11) [2015-01-08]. http: // www. foreignaffairs. com/articles/ 141023/brenda-shaffer/pipeline-problems.

[111] Set America Free. The Hidden Cost of Oil [EB/OL]. 2007. [2012-07-08]. http: // www. setamericafree. org/saf _ hiddencostofoil010507. pdf.

[112] Sherwood D, Wilson D. Oceans Governance and Maritime Strategy [M]. Sidney: Allen & Unwin, 2000.

[113] Sirkin H L, Zinser M, Rose J. The shifting economics of global manufacturing: How cost competitiveness is changing worldwide [R]. Boston Consulting Group, 2014.

[114] Skalamera M. The Sino-Russian Gas Partnership: Explaining the 2014 Breakthrough [R]. The Geopolitics of Energy Project Belfer Center for Science and International Affairs, 2014.

[115] Smil V. World History and Energy [J]. Encyclopedia of Energy，2004(6)：549-561.

[116] Smil V. Energy Transition：History, Requirements, Prospects [M]. California：Greenwood Publishing Group，2010.

[117] Speed P A，Liao X L，Dannreuther R. The Strategic Implications of China's Energy Needs [M]. London：Oxford University Press，2002.

[118] Speed P A，Dannreuther R. China，Oil，and Global Politics [M]. London：Routledge，2011.

[119] Stevens P. The "Shale Gas Revolution"：Developments and Changes [M]. London：Chatham House，2012.

[120] Swaine M D，Mochizuki M M，Brown M L，et al. China's Military & the US-Japan Alliance in 2030：A Strategic Net Assessment [M]. Washington D C：Carnegie Endowment for International Peace，2013.

[121] The Clingendael International Energy Programme. Study EU Energy Supply Security and Geopolitics [R/OL]. 2004. [2017-06-08]. http：// www. clingendaelenergy. com/inc/upload/files/Study _ on _ energy _ supply _ security _ and _ geopolitics. pdf.

[122] The Department of Defense. Summary of the National Defense Strategy of the United States of America 2018 [R]. Washington D C：Department of Defense，2018.

[123] The National Intelligence Council. Global Trends 2030：Alternative Worlds [R]. Washington D C：US National Intelligence Council，2012.

[124] The New York Times. Donald Trump's Cabinet is

Complete. Here's the Full List [N/OL]. The New York Times. (2016-05-11) [2018-01-16]. https://www. nytimes. com/interactive/2016/us/politics/donald-trump-administration. html? mcubz=1.

[125] The White House. An America First Energy Plan [EB/OL]. 2017. [2018-03-01]. https://www. whitehouse. gov/america-first-energy.

[126] The White House. National Security Strategy of the United States of America [EB/OL]. 2017. [2018-03-02]. https://www. whitehouse. gov/wp-content/uploads/2017/12/NSS-Final-12-18-2017-0905. pdf.

[127] The World Bank. China: Air, Land and Water [M]. Washington D C: World Bank, 2001.

[128] Tsafos N. The Russia-China gas deal: a $400 billion mirage? [J/OL]. The National Interest. (2014-05-29) [2015-01-12]. http://nationalinterest. org/feature/the-russia-china-gas-deal-400-billion-mirage-10556.

[129] United States Environmental Protection Agency. FY 2018 EPA Budget in Brief [EB/OL]. 2017. [2018-01-16]. https://www. epa. gov/sites/production/files/2017-05/ documents/ fy-2018-budget-in-brief. pdf.

[130] U. S. Department of Energy. US Energy and Employment Report [R/OL]. January 2017. [2018-01-15]. https://www. energy. gov/sites/prod/files/2017/01/f34/us_energy_jobs_2017_final. pdf.

[131] U. S. Department of Energy. FY 2018 Congressional Budget Request Budget in Brief [EB/OL]. 2017. [2018-01-16]. https://www. energy. gov/sites/prod/files/2017/05/f34/

FY2018 BudgetinBrief_3. pdf.

［132］U. S. Energy Information Administration. Technically Recoverable Shale Oil and Shale Gas Resources: An Assessment of 137 Shale Formations in 41 Countries outside the United States ［R］. Washington D C, 2013.

［133］U. S. Energy Information Administration. Imports of all grades to Total U. S. 2016 ［EB/OL］. 2017. ［2019-09-01］. https: // www. eia. gov/petroleum/imports/browser/＃/? e ＝2016＆o＝0＆ot＝REG＆s＝2009＆vs＝PET_IMPORTS. WORLD-US-ALL. A.

［134］U. S. Energy Information Administration. U. S. Exports to China of Crude Oil and Petroleum Products ［EB/OL］. (2017-10-31) ［2018-03-05］. https: // www. eia. gov/dnav/ pet/hist/LeafHandler. ashx? n＝PET＆s＝MTTEXCH1＆f ＝M.

［135］Victor D G, Victor N M. Axis of Oil? ［J］. Foreign Affairs, 2003, 82 (2).

［136］Vivoda V. Evaluating energy security in the Asia-Pacific region: A novel methodological approach ［J］. Energy Policy, 2010, 38(9).

［137］Weitzman H. Resource nationalism: beyond ideology ［J］. Americas Quarterly, 2013, 1(3).

［138］Wilson C, Grubler A. Lessons from the history of technological change for clean energy scenarios and policies ［C］// Natural Resources Forum. Oxford, UK: Blackwell Publishing Ltd, 2011, 35(3).

［139］Wolf C. Crude Economics, Crude Politics: Who Wins and Who Loses with Cheap Oil? ［R/OL］. (2016-02-26) ［2016-

11-16］. http：// www. rand. org/blog/2016/02/crude-economics-crude-politics-who-wins-and-who-loses. html.

［140］ Yan H，Shen Q，Fan L C H，et al. Greenhouse gas emissions in building construction：A case study of One Peking in Hong Kong ［J］. Building and Environment，2010，45(4).

［141］ Yergin D. Energy Security in the 1990s ［J］. Foreign Affairs，1988，67 (1).

［142］ Zambelis C. China's Iraq oil strategy comes into sharper focus ［J］. China Brief，2013，13(10).

图书在版编目（CIP）数据

多维视野下的中国清洁能源革命 / 周云亨著. —杭州：浙江大学出版社，2020.11
ISBN 978-7-308-20116-2

Ⅰ.①多… Ⅱ.①周… Ⅲ.①无污染能源－能源发展－研究－中国 Ⅳ.①F426.2

中国版本图书馆 CIP 数据核字（2020）第 049991 号

多维视野下的中国清洁能源革命

周云亨　著

责任编辑	余健波
责任校对	高士吟
封面设计	周　灵
出版发行	浙江大学出版社
	（杭州市天目山路 148 号　邮政编码 310007）
	（网址：http://www.zjupress.com）
排　　版	杭州好友排版工作室
印　　刷	浙江新华数码印务有限公司
开　　本	710mm×1000mm　1/16
印　　张	15.5
字　　数	228 千
版 印 次	2020 年 11 月第 1 版　2020 年 11 月第 1 次印刷
书　　号	ISBN 978-7-308-20116-2
定　　价	58.00 元